Jon Speelmans Buch der Schachaufgaben

Jon Speelman

Aus dem Englischen übertragen von Hans-Peter Hansen

GAMBIT

Die Originalausgabe erschien unter dem Titel *Jon Speelman's Chess Puzzle Book*
bei Gambit Publications Ltd 2008
Deutsche Erstausgabe bei Gambit Publications Ltd 2009

ISBN-13: 978-1-906454-02-9
ISBN-10: 1-906454-02-7
(Englische Ausgabe: ISBN-13: 978-1-904600-96-1; ISBN-10: 1-904600-96-4).

VERTRIEB:
Weltweit: Central Books Ltd, 99 Wallis Rd, London E9 5LN, England.
Tel. +44 (0)20 8986 4854 Fax +44 (0)20 8533 5821.
E-Mail: orders@Centralbooks.com

Gambit Publications Ltd, 99 Wallis Rd, London E9 5LN, England.
E-Mail: info@gambitbooks.com
Website (wird regelmäßig aktualisiert): www.gambitbooks.com

Englische Ausgabe editiert von Graham Burgess
Deutsche Bearbeitung und Satz: Petra Nunn
Titelbild: Wolff Morrow
Druck: The Cromwell Press, Trowbridge, Wiltshire, England.

10 9 8 7 6 5 4 3 2 1

Inhalt

Zeichenerklärung 4
Einführung 5

Teil 1: Die Elemente
Springergabeln 7
Ungedeckte Figuren 12
Linienöffnung und -schließung 17
Fesselungen 22
Spieße 27
Überlastete Figuren und Ablenkungen 31
Mattangriffe 36
Die Grundreihe 44
Patt 48
Bauernumwandlung 52

Teil 2: Taktik in der Praxis
Fingerübungen 57
Bunter Strauß 70
Schwierigere Beispiele 83

Lösungen 94

Zeichenerklärung

+	Schach
++	Doppelschach
#	Matt
!!	brillanter Zug
!	starker Zug
!?	interessanter Zug
?!	zweifelhafter Zug
?	schwacher Zug
??	grober Fehler
1-0	die Partie endet mit einem Sieg von Weiß
½-½	die Partie endet remis
0-1	die Partie endet mit einem Sieg von Schwarz
(*n*)	*n*-te Wettkampfpartie
(D)	siehe folgendes Diagramm

Einführung

Als John Nunn mich überredete, ein Buch über Taktik zu verfassen, hegte ich zunächst einige Zweifel, da schon zahlreiche Bücher dieses Genres auf dem Markt sind. Nachdem ich mich dann endlich vor den Computer gesetzt hatte, wurde ich viel optimistischer, da es meiner Meinung nach eine einfache Botschaft gibt, die es zu verinnerlichen gilt: Taktik ist eine Kombination von Sehvermögen und Berechnung; beides ist notwendig und in der Aufregung des praktischen Spiels nicht offensichtlich – auch für die besten Spieler nicht.

Das Sehvermögen ergibt sich aus der Mustererkennung, aus der man dann Kandidatenzüge ableiten kann. Diesem im Unterbewusstsein ablaufenden Prozess liegt zweifellos eine tiefgründige wissenschaftliche Theorie zugrunde, aber der praktische Effekt für Schachspieler besteht darin, dass man durch Übung – etwa das Durcharbeiten von Beispielen in einem Buch wie diesem – eher Züge sieht, die funktionieren könnten, wobei die Betonung auf „könnten" liegt.

Im Berechnungsteil prüft man dann, ob diese Züge auch wirklich klappen. Man muss sich darüber im Klaren sein, dass die Beispiele in diesem Buch zwar im Allgemeinen so gewählt sind, dass sie auch funktionieren, man aber im echten Leben nie vorher weiß, ob eine wunderschöne kombinatorische Idee zum Erfolg führt oder nur ein Hirngespinst ist – man kann lediglich versuchen, die Idee zu verifizieren.

In der utopischen – oder möglicherweise dystopischen – Welt eines Alexander Kotow berechnet man zu diesem Zweck jede Verzweigung eines „Analysenbaums" genau einmal, aber in der Realität (zumindest in meiner) kommt es häufig vor, dass man sich eine Variante ansieht und nichts findet, aber das Gefühl nicht los wird, dass sie funktionieren sollte, und sich noch einmal damit beschäftigt. Man sollte aber nicht immer wieder vor- und zurückspringen, weil man unbedingt etwas erzwingen will, und so zu viel Bedenkzeit verbrauchen.

Da es eine meiner Ansicht nach recht einfache Botschaft zu vermitteln gilt, habe ich mit voller Absicht hauptsächlich einfache oder zumindest klare Beispiele gewählt. In meiner Jugend habe ich hunderte von kleinen Taktikaufgaben aus Büchern und Zeitschriften gelöst und bin immer der Meinung gewesen, dass der beste Weg zur Erzielung von Fortschritten nicht darin besteht, blindlings gegen eine Mauer anzurennen, sondern eine Reihe niedrigerer Hindernisse zu überwinden und sich dadurch kleine, aber angenehme Erfolgserlebnisse zu verschaffen.

Ich habe das Material in zwei Hauptabschnitte eingeteilt: Die Elemente und Taktik in der Praxis. Im ersten Teil sind die Stellungen nach ihrem zugrundeliegenden taktischen Thema sortiert, damit man weiß, wonach man suchen soll; der zweite Teil besteht dagegen aus drei großen „Tests" von „Fingerübungen" über „Bunter Strauß" bis hin zum letzten Abschnitt „Schwierige Beispiele".

Die Verbesserung der taktischen Fähigkeiten ist keineswegs dunkle Magie, und ich hoffe, dass dem Leser das vorliegende Buch in diesem Sinne Vergnügen bereiten wird.

Teil 1: Die Elemente

Springergabeln

Den Anfang macht die Springergabel, da sie eines der gängigsten taktischen Elemente darstellt. Als einziger „Hüpfer“ im normalen Schach (in der Problemwelt gibt es noch viele andere) ist der Springer in der Lage, jede andere Figur anzugreifen, ohne sich selbst einer Bedrohung auszusetzen.

Der Springer ist für Anfänger eine schwierige Figur, und selbst sehr erfahrene Spieler können das Spiel gegen ihn schwierig finden, insbesondere beispielsweise in Endspielen, in denen der Gegner über zwei der Biester verfügt, oder in einem Mittelspiel, in dem der Springer plötzlich auf ein unerwartetes Feld geht und damit nicht unbedingt sofort eine Gabel anbringt, aber einen Angriff vorbereitet.

Jedenfalls beginne ich wie in allen Kapiteln dieses Abschnitts mit einfachen Beispielen und gehe dann zu schwierigeren über.

W

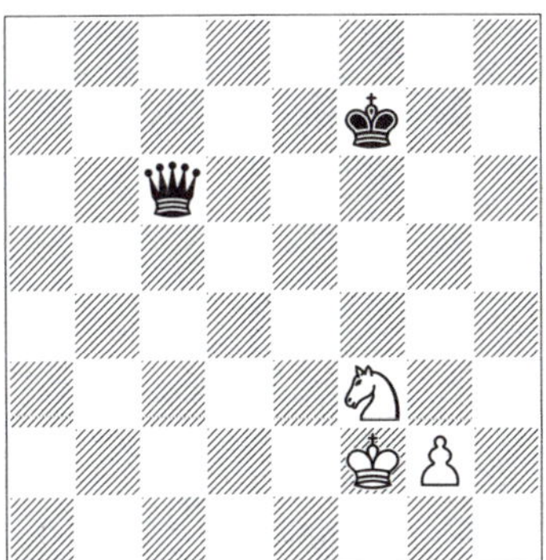

SG01 Weiß am Zug
(Lösung: siehe Seite 94)

W

SG02 Weiß am Zug
Hier hat Weiß mehr zu tun, da er die Gabel erst noch vorbereiten muss.
(Lösung: siehe Seite 94)

W

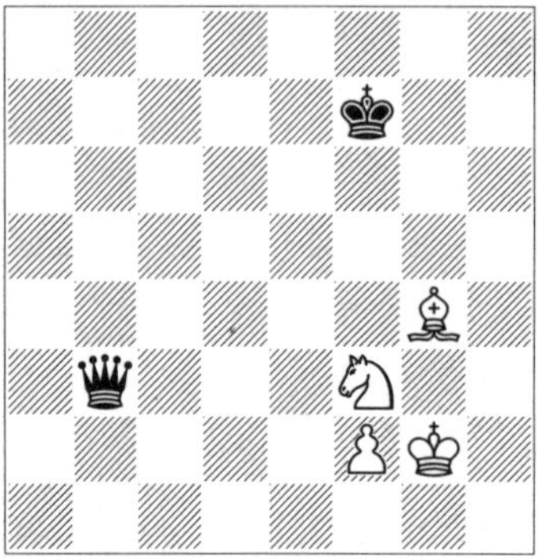

SG03 Weiß am Zug

Dieses Beispiel ähnelt stark dem vorhergehenden, aber hier macht der Läufer die Arbeit.

(Lösung: siehe Seite 94)

W

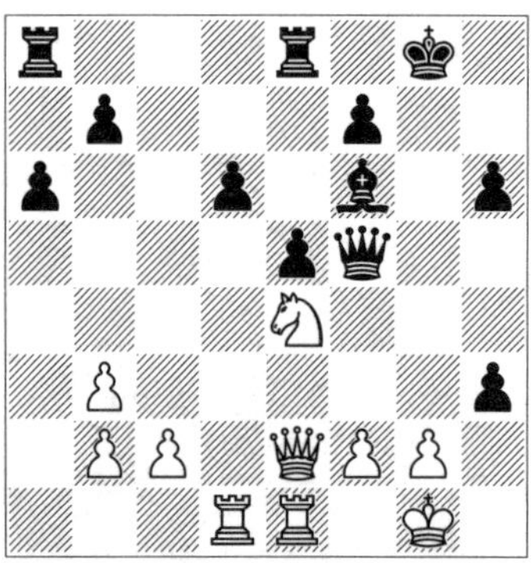

SG04 Weiß am Zug

Nun zu einem praktischen Beispiel, in dem das Prinzip dasselbe ist, wenngleich es durch die Gegenwart so vieler Figuren versteckt wird.

(Lösung: siehe Seite 95)

W

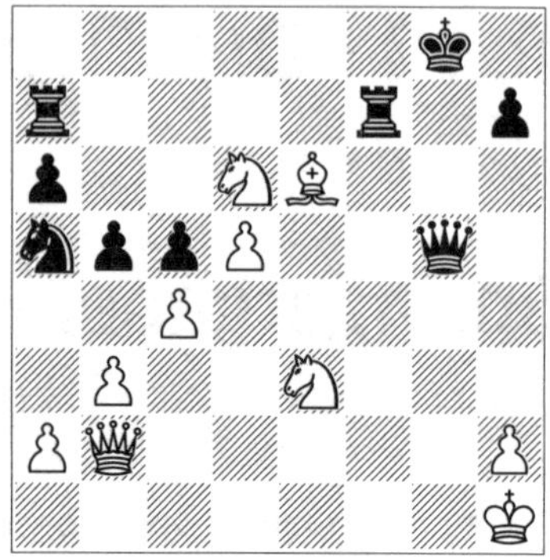

SG05 Weiß am Zug

(Lösung: siehe Seite 95)

W

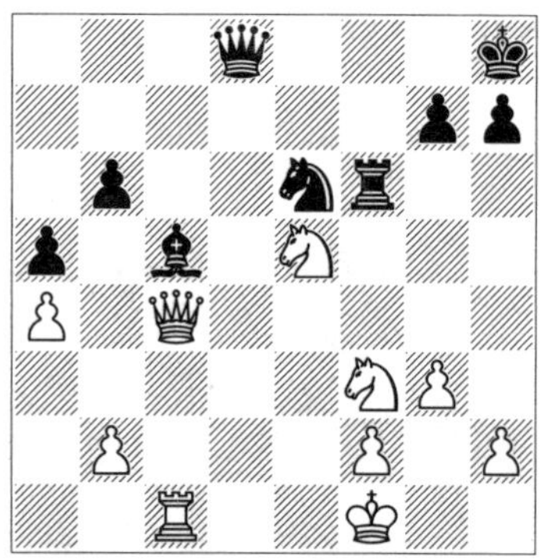

SG06 Weiß am Zug

Schwarz steht mit einem Bauern weniger mit dem Rücken zur Wand, scheint aber noch zähen Widerstand leisten zu können. Wie bewies Weiß, dass dem nicht so ist?

(Lösung: siehe Seite 95)

S

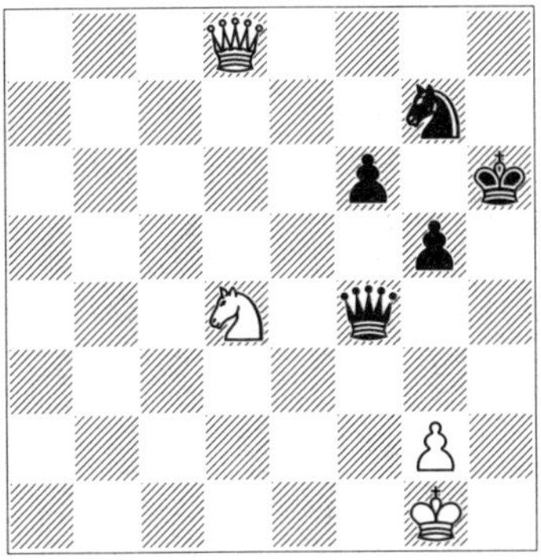

SG07 Schwarz am Zug

Mit 51...g4?? beging Schwarz einen groben Fehler. Was folgte darauf?

(Lösung: siehe Seite 95)

W

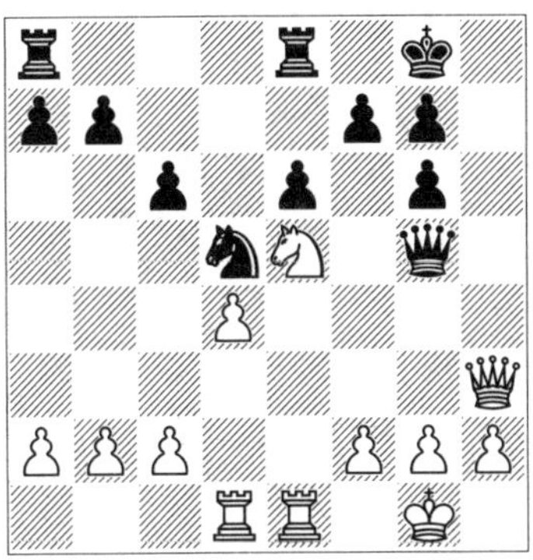

SG08 Weiß am Zug

Die schwarze Stellung sieht recht solide aus, aber Weiß konnte sofort einen wichtigen Bauern einheimsen. Wie?

(Lösung: siehe Seite 95)

W

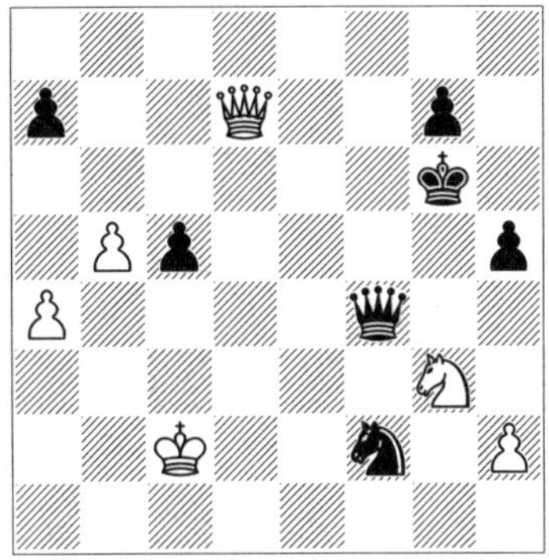

SG09 Weiß am Zug

Diese Position mit Damen und Springern auf offenem Brett sieht sehr unklar aus, aber Weiß fand einen Weg, durch Vereinfachungen in ein gewonnenes Endspiel abzuwickeln. Wie?

(Lösung: siehe Seite 95)

W

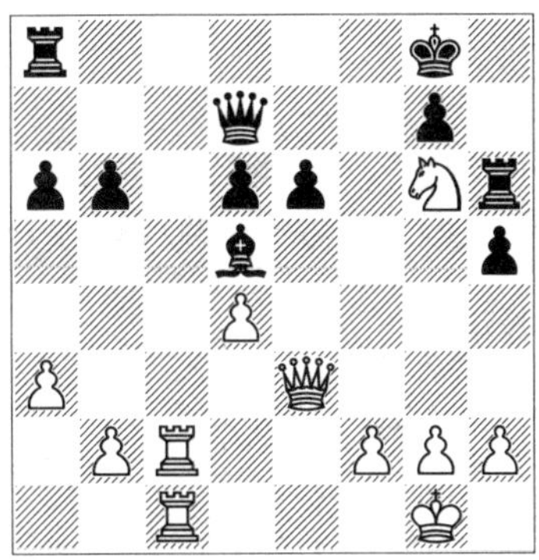

SG10 Weiß am Zug

Weiß hat offensichtlich großen Vorteil, aber wie lautet der sauberste Gewinnweg (natürlich mit einer Springergabel), und wie gewinnt Weiß, wenn Schwarz die Gabel vermeidet?

(Lösung: siehe Seite 95)

S

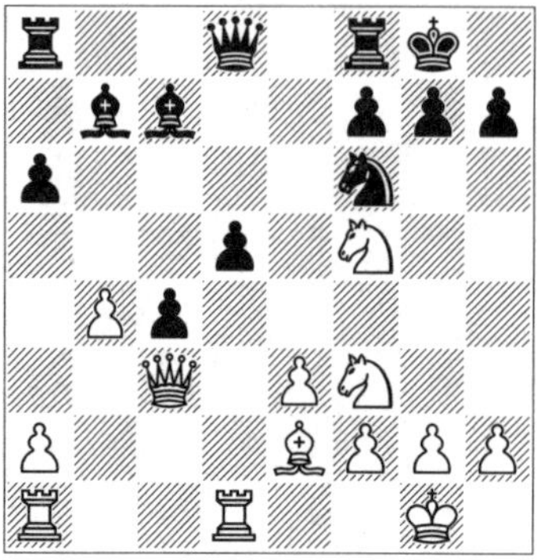

SG11 Schwarz am Zug

Hier schoss einer der besten Spieler der Geschichte mit 20...♗c8?? einen seltenen Bock. Wie konnte Weiß danach zwei Bauern gewinnen?

(Lösung: siehe Seite 95)

W

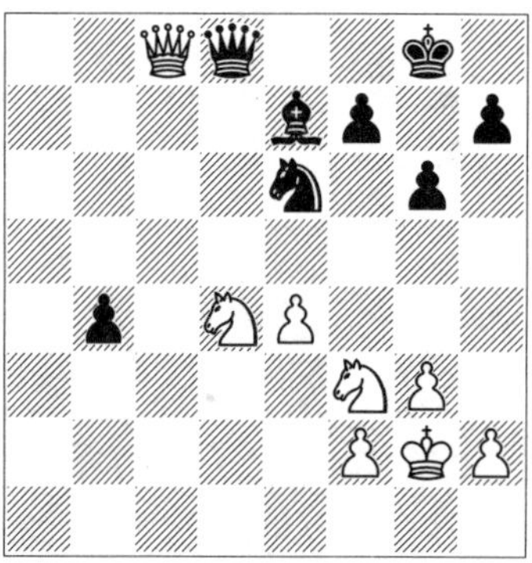

SG12 Weiß am Zug

Schwarz hatte zuletzt 50...♕d6-d8?? gezogen. Wie lautet die Antwort?

(Lösung: siehe Seite 95)

W

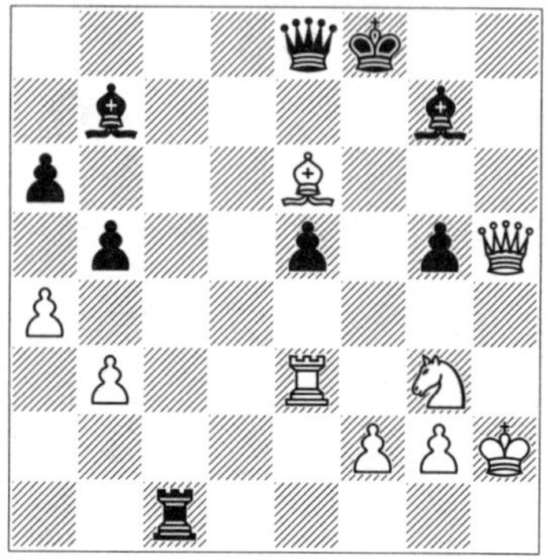

SG13 Weiß am Zug

In dieser deutlich unübersichtlicheren Stellung hat Weiß starken Angriff auf den weißen Feldern, muss aber seine Figuren noch koordinieren. Wie lautet der sauberste Gewinnweg mit einer Zugfolge, bei der eine Springergabel eine wichtige Rolle spielt?

(Lösung: siehe Seite 96)

S

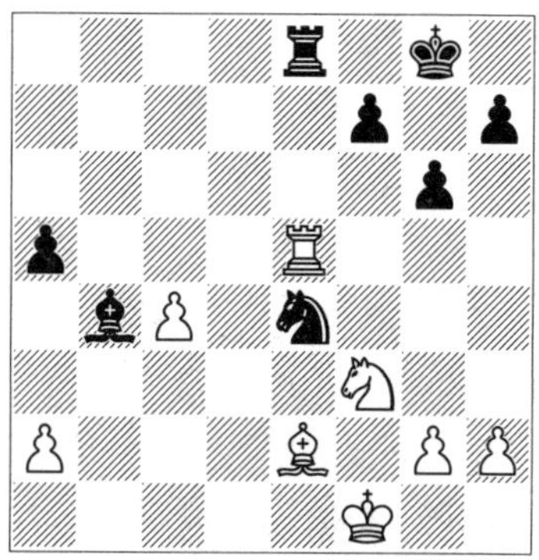

SG14 Schwarz am Zug

In dieser Blitzpartie spielte Schwarz das natürlich aussehende 26...♖xe5, übersah aber etwas viel Besseres. Was?

(Lösung: siehe Seite 96)

W

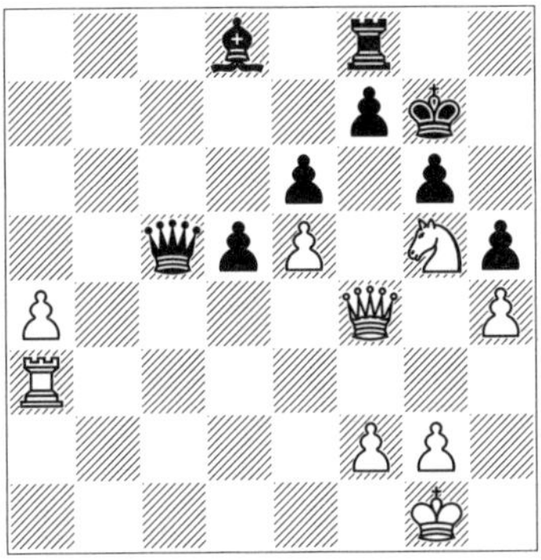

SG15 Weiß am Zug

In Blitzpartien wie derjenigen, aus der diese Stellung stammt, ergeben sich häufig elementare taktische Wendungen. Wie konnte Weiß hier eine Springergabel anbringen?

(Lösung: siehe Seite 96)

S

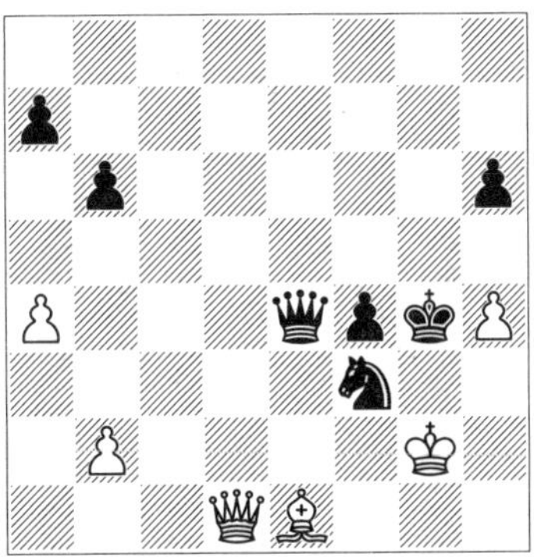

SG16 Schwarz am Zug

(Lösung: siehe Seite 96)

S

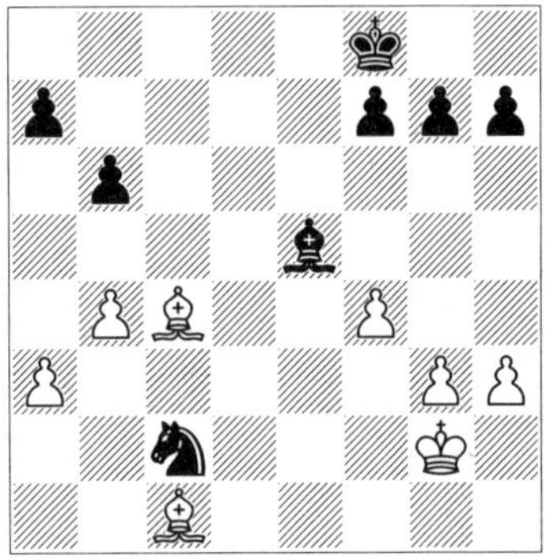

SG17 Schwarz am Zug

Endspiele mit Läufer und Springer gegen zwei Läufer können sehr unangenehm zu verteidigen sein, insbesondere gegen einen guten Techniker, wie Weiß im vorliegenden Fall. Schwarz fand jedoch eine sofortige Rettung. Wie?

(Lösung: siehe Seite 96)

W

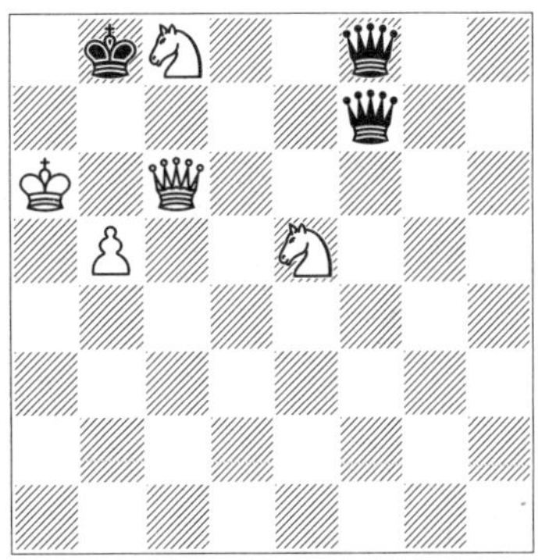

SG18 Weiß am Zug

Das ist das Ende einer Studie. Wie lautet die Hauptvariante?

(Lösung: siehe Seite 97)

Ungedeckte Figuren

In diesem Abschnitt betrachten wir verschiedene Methoden zur Ausnutzung der ungedeckten Stellung gegnerischer Figuren.

Manchmal ist es notwendig, Figuren ungeschützt zu lassen, was erfahrene Spieler aber nach Möglichkeit zu vermeiden versuchen. Der Gegner kann *eine* ungedeckte Figur vielleicht unter Tempogewinn angreifen und seine Stellung auf irgendeine Art und Weise verbessern, aber zwei (oder mehr) ungedeckte Figuren können häufig zu großem Ärger führen, da sie vielleicht beide gleichzeitig angegriffen werden können.

Im vorigen Kapitel haben wir Springergabeln untersucht. Hier betrachten wir zunächst Gabeln mit anderen Figuren, am häufigsten mit der Dame wegen ihrer großen Beweglichkeit. Eine andere Möglichkeit zur gleichzeitigen Aufstellung von zwei Drohungen sind Abzugsangriffe, durch die eine Figur eine „Batterie" öffnet, d. h. einen Angriff einer dahinter stehenden Figur (Turm, Läufer oder Dame) freilegt. Dieser „Batterieangriff" kann ein Schach sein, also ein Abzugsschach; gelegentlich können sowohl die Batterie als auch die ziehende Figur Schach bieten, was ein „Doppelschach" ergibt – die Atombombe der Schachtaktik – wenngleich dies normalerweise eher bei Mattangriffen passiert als bei Kombinationen zwecks reinen Materialgewinns.

Beginnen wir mit einem uncharakteristischen Einsteller eines großen Spielers:

W

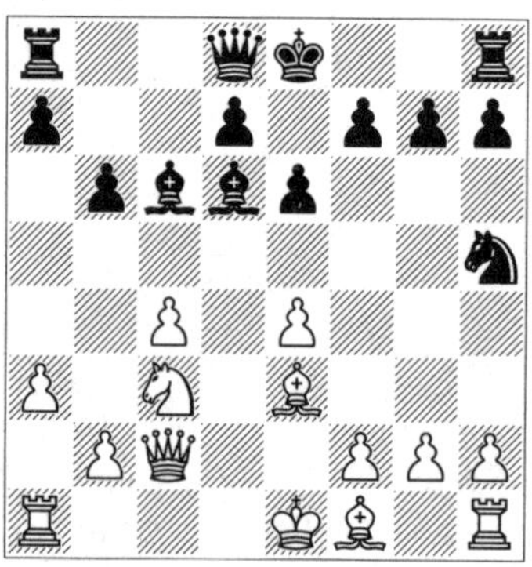

UF01 Weiß am Zug
(Lösung: siehe Seite 97)

W

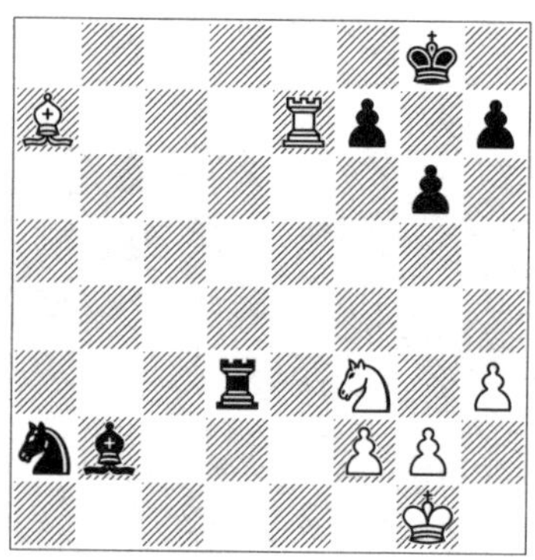

UF02 Weiß am Zug
(Lösung: siehe Seite 97)

S

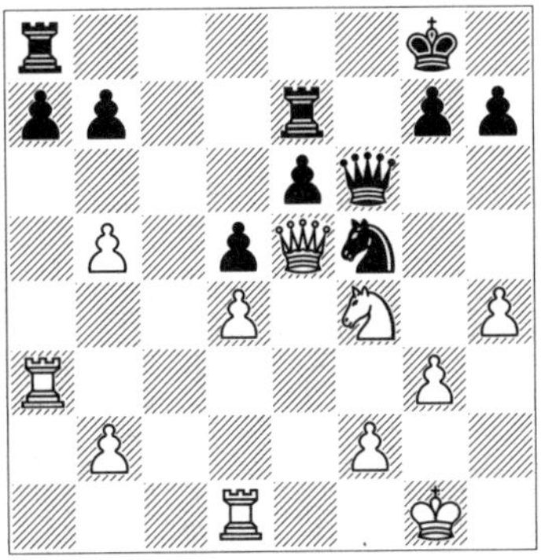

UF03 Schwarz am Zug
Schwarz zog 27...b6. Warum war das keine gute Idee?
(Lösung: siehe Seite 98)

W

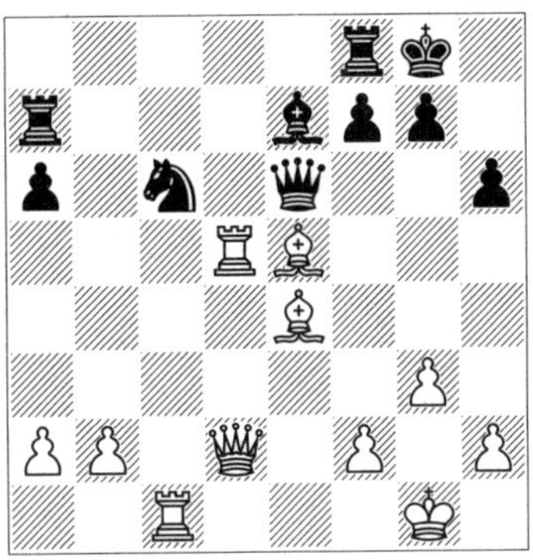

UF04 Weiß am Zug
Hier spielte Weiß 24 ♗xg7 ♔xg7. Was kam danach?
(Lösung: siehe Seite 98)

S

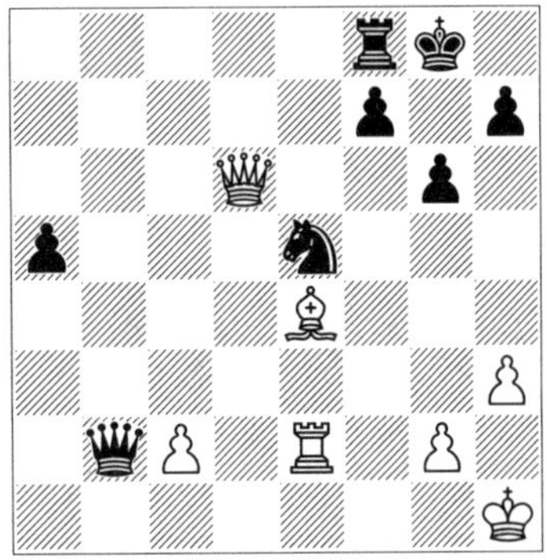

UF05 Schwarz am Zug
(Lösung: siehe Seite 98)

W

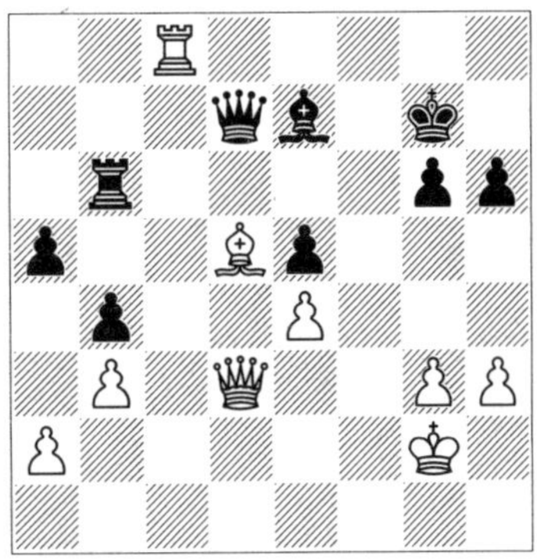

UF06 Weiß am Zug
Sowohl die schwarze Dame als auch der schwarze Turm sind ungedeckt. Weiß kann unter Ausnutzung des ersten Faktors großen Vorteil erlangen und mit Hilfe des zweiten Faktors einen tödlichen Schlag anbringen. Wie lauten die beiden Varianten (die beide auf die gleiche Weise beginnen)?
(Lösung: siehe Seite 98)

W

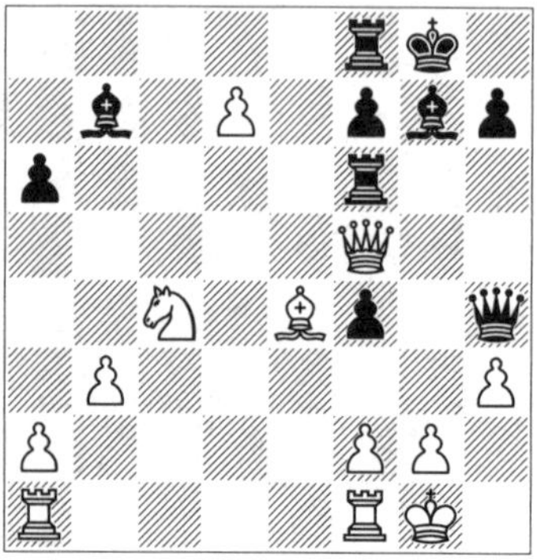

UF07 Weiß am Zug
(Lösung: siehe Seite 98)

S

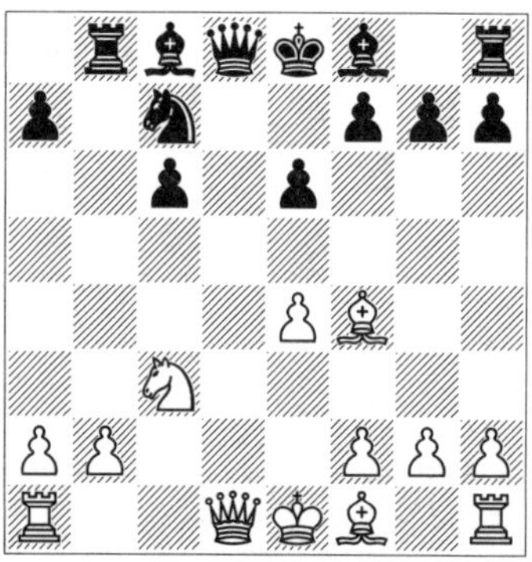

UF08 Schwarz am Zug

In dieser Stellung (die sich offensichtlich noch in der Eröffnungsphase befindet) beging der Nachziehende mit 11...♖xb2?? einen groben Fehler. Was war an diesem Zug auszusetzen?

(Lösung: siehe Seite 99)

S

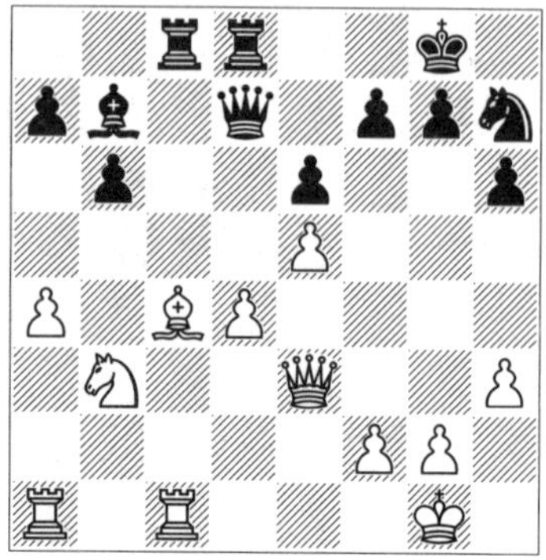

UF09 Schwarz am Zug

Weiß hatte gerade 23 ♘d2-b3? gespielt. Keine gute Idee, aber warum nicht?

(Lösung: siehe Seite 99)

W

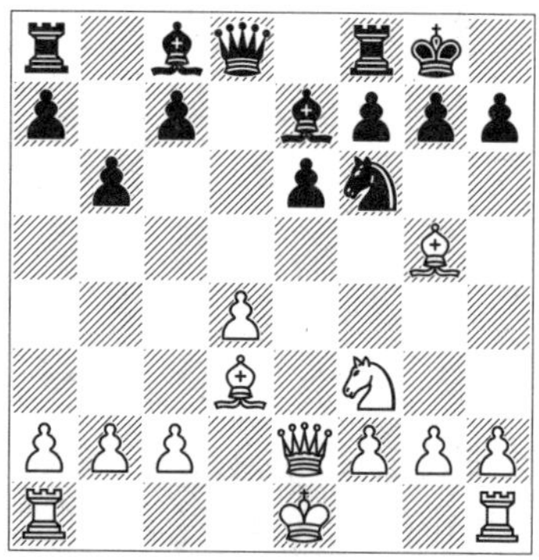

UF10 Weiß am Zug
(Lösung: siehe Seite 99)

W

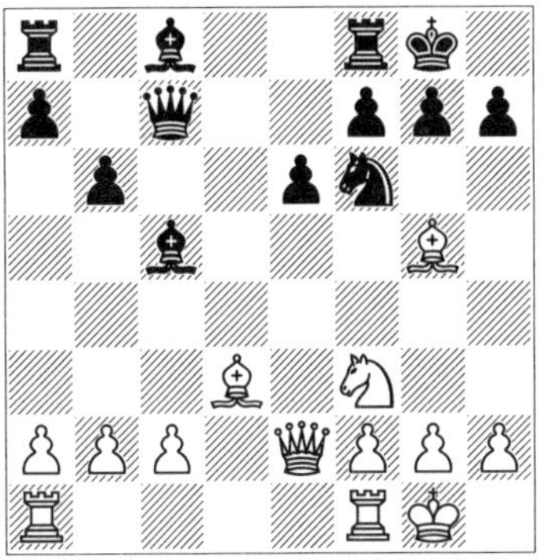

UF11 Weiß am Zug
Kann Weiß Material gewinnen?
(Lösung: siehe Seite 99)

S

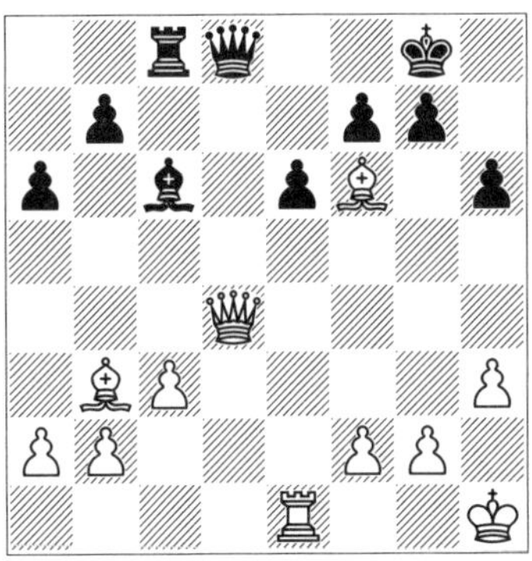

UF12 Schwarz am Zug
In dieser unangenehmen Stellung schlug Schwarz mit der Dame zurück (23...♕xf6). Wie setzte Weiß fort?
(Lösung: siehe Seite 100)

W

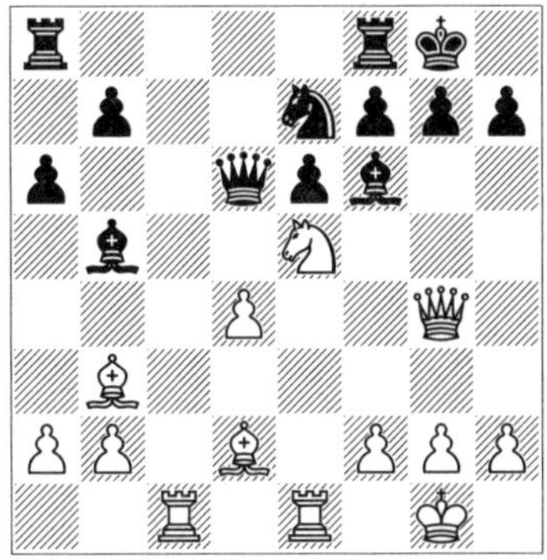

UF13 Weiß am Zug
Weiß schlug mit dem sehr thematischen 20 ♘xf7 ♖xf7 21 ♖xe6 zu, wonach Schwarz 21...♕d7 versuchte. Wie lautete die Entgegnung?
(Lösung: siehe Seite 100)

W

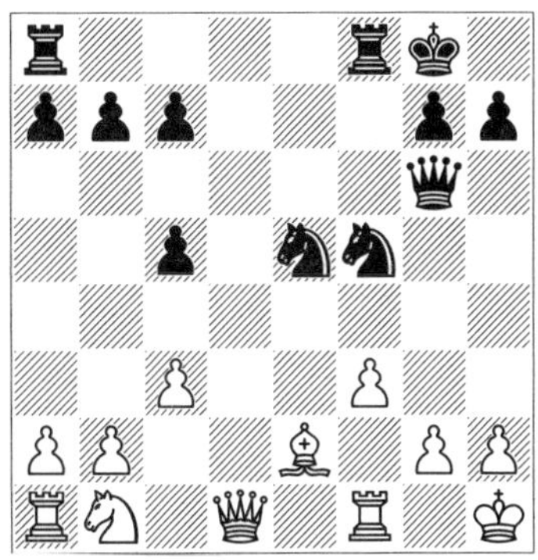

UF14 Weiß am Zug
Weiß vertilgte unvorsichtigerweise mit 15 ♕d5+ ♔h8 16 ♕xc5 einen Bauern (auf 16 ♕xe5 folgt 16...♖fe8). Wie wurde dies radikal widerlegt?
(Lösung: siehe Seite 100)

W

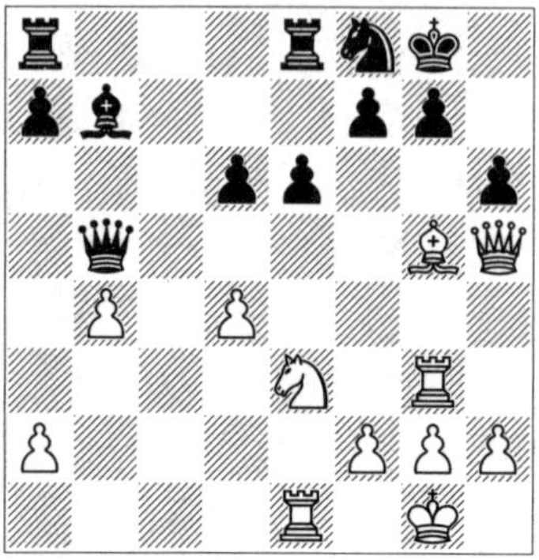

UF15 Weiß am Zug

Wie kann Weiß sich entfesseln und durch einen teuflischen Mechanismus Material gewinnen?

(Lösung: siehe Seite 100)

Linienöffnung und -schließung

Schachfiguren (außer dem Springer) brauchen offene Linien, um effektive Arbeit leisten zu können. Im taktischen Spiel sieht man daher häufig Manöver zur Öffnung von Linien für die eigenen Figuren und/oder zur Schließung von Linien, die sich der Gegner zunutze zu machen gedenkt. Diese Manöver können im Allgemeinen unter anderen Themen eingeordnet werden, aber hier habe ich einige Beispiele zusammengestellt, um diesen besonderen Aspekt hervorzuheben.

W

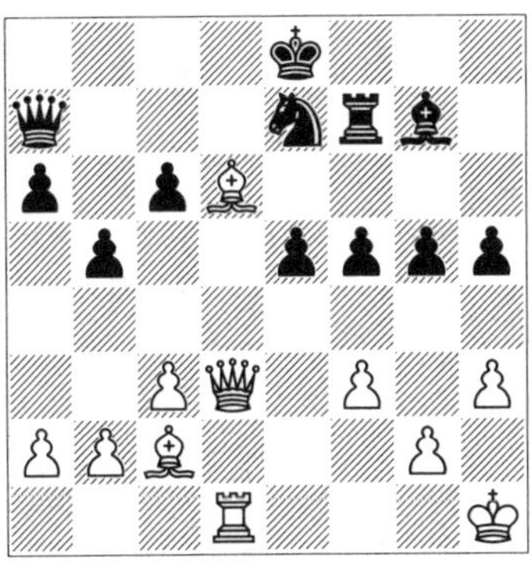

LÖ01 Weiß am Zug
(Lösung: siehe Seite 101)

S

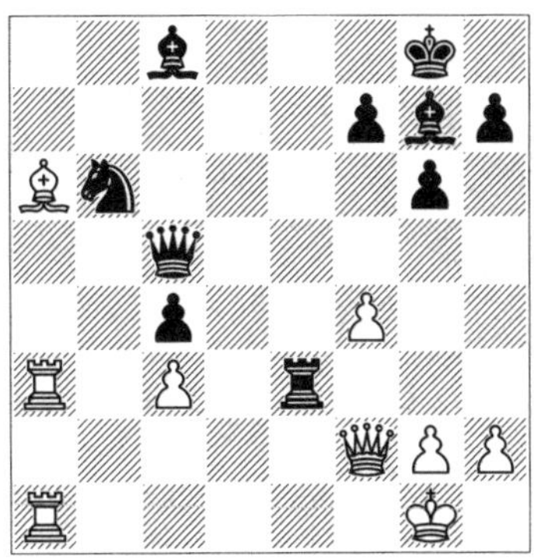

LÖ02 Schwarz am Zug
(Lösung: siehe Seite 101)

W

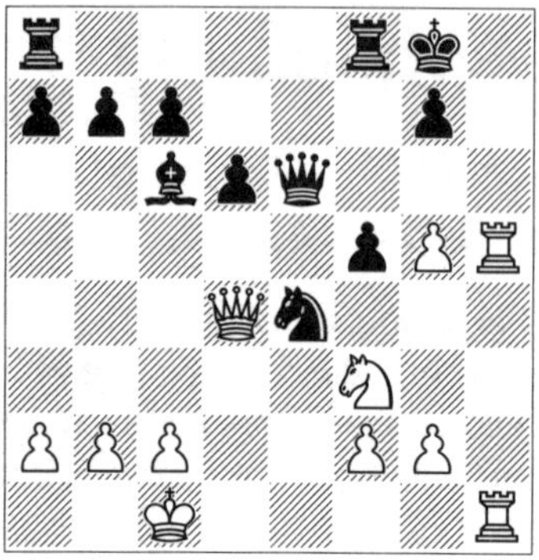

LÖ03 Weiß am Zug
(Lösung: siehe Seite 101)

S

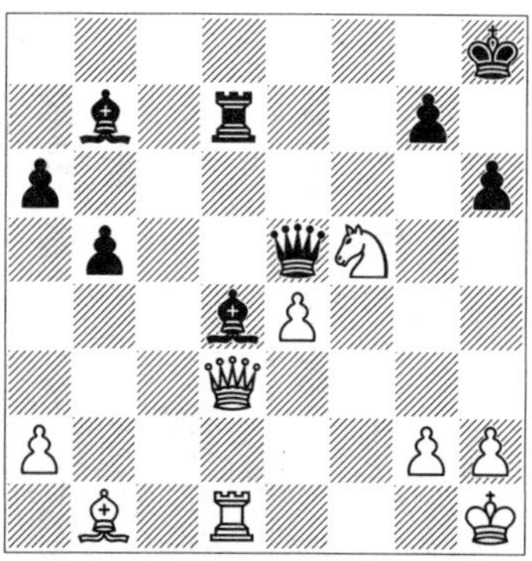

LÖ04 Schwarz am Zug
In dieser berühmten Stellung gab Schwarz auf. Warum war das verfrüht?
(Lösung: siehe Seite 101)

W

LÖ05 Weiß am Zug
(Lösung: siehe Seite 101)

W

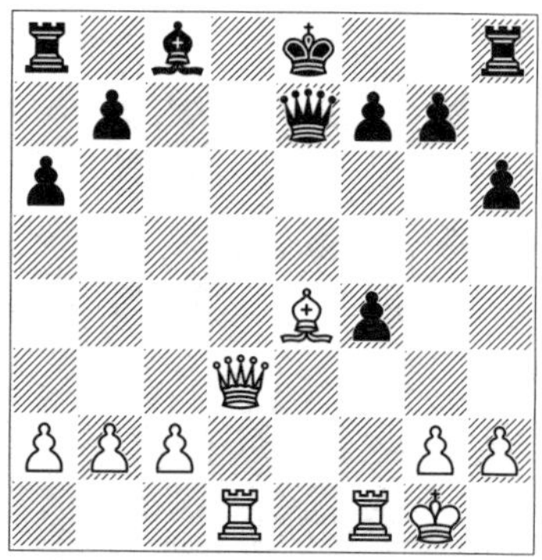

LÖ06 Weiß am Zug
(Lösung: siehe Seite 102)

W

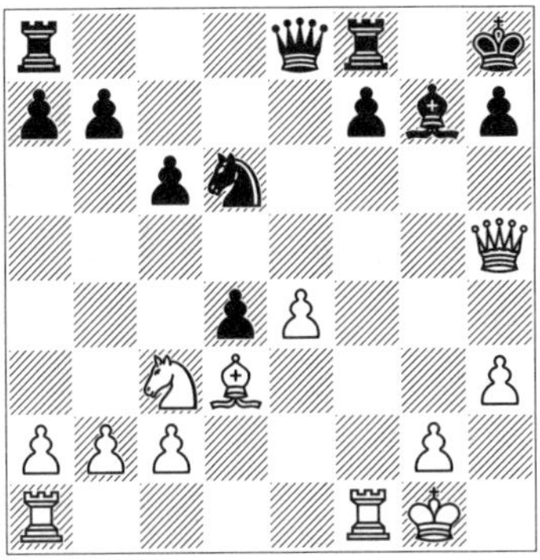

LÖ07 Weiß am Zug
(Lösung: siehe Seite 102)

W

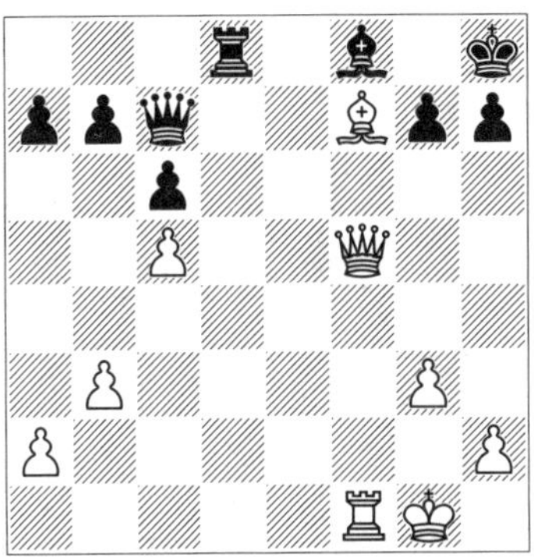

LÖ08 Weiß am Zug
(Lösung: siehe Seite 102)

W

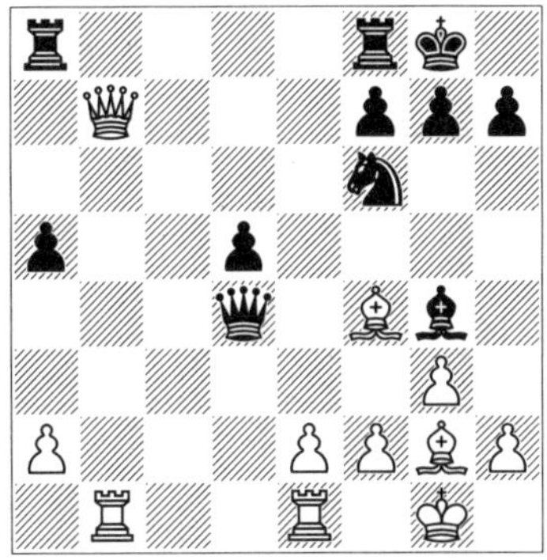

LÖ09 Weiß am Zug
(Lösung: siehe Seite 103)

W

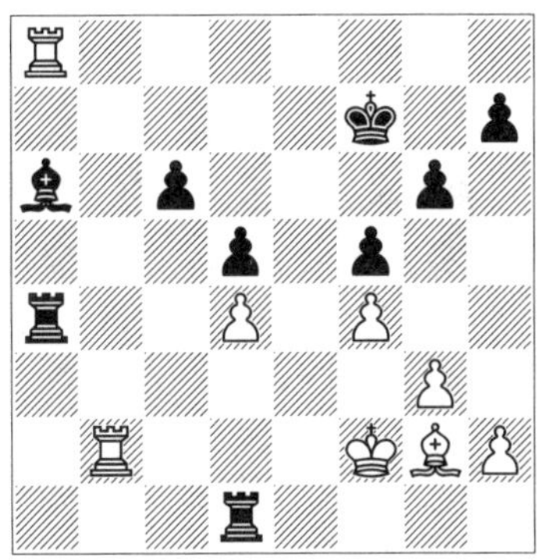

LÖ10 Weiß am Zug
(Lösung: siehe Seite 103)

S

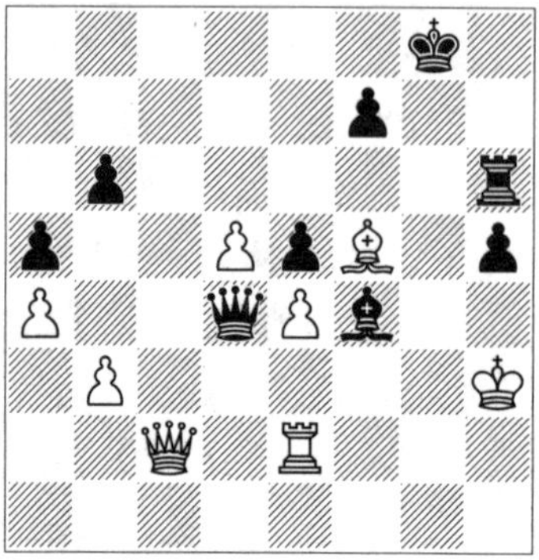

LÖ11 Schwarz am Zug
(Lösung: siehe Seite 103)

W

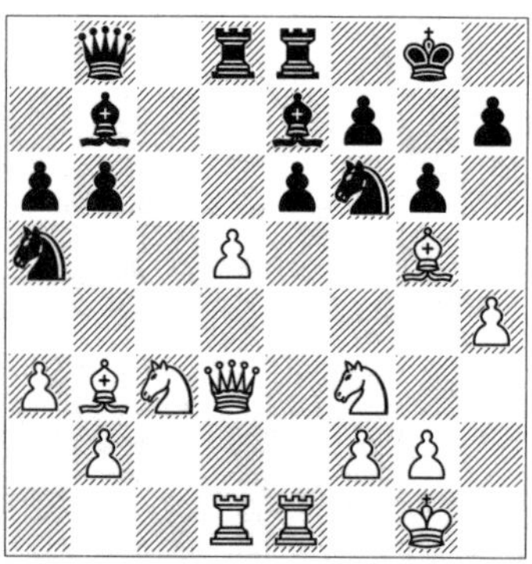

LÖ12 Weiß am Zug

Wie lautet der Zug, den Weiß machen will, und wie funktioniert er (ohne groß ins Detail zu gehen)?

(Lösung: siehe Seite 103)

W

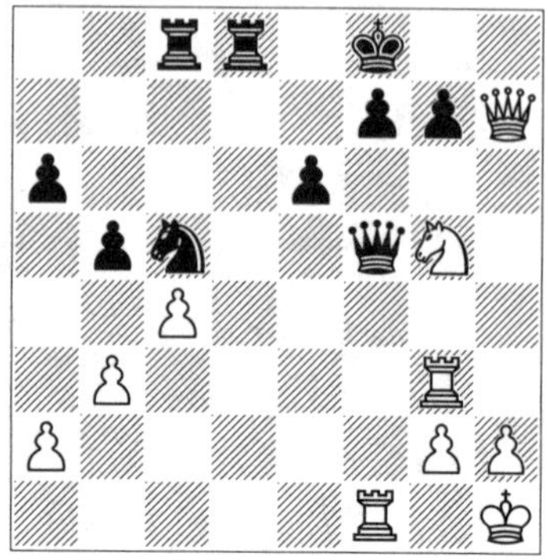

LÖ13 Weiß am Zug
(Lösung: siehe Seite 104)

W

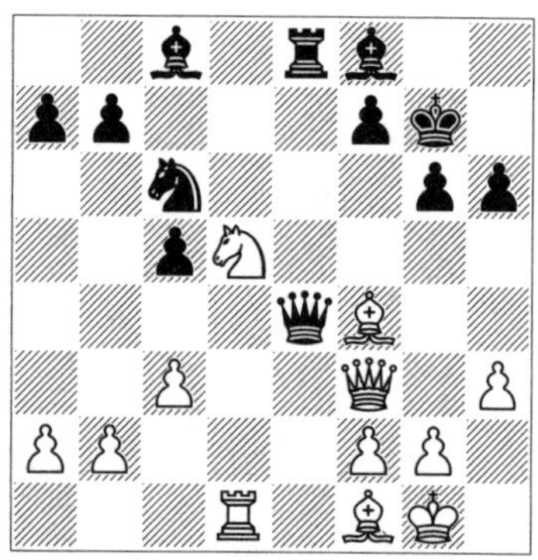

LÖ14 Weiß am Zug
(Lösung: siehe Seite 104)

W

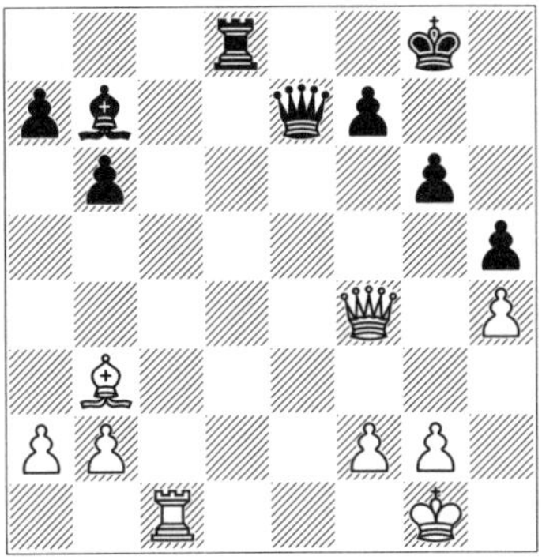

FE03 Weiß am Zug
(Lösung: siehe Seite 105)

S

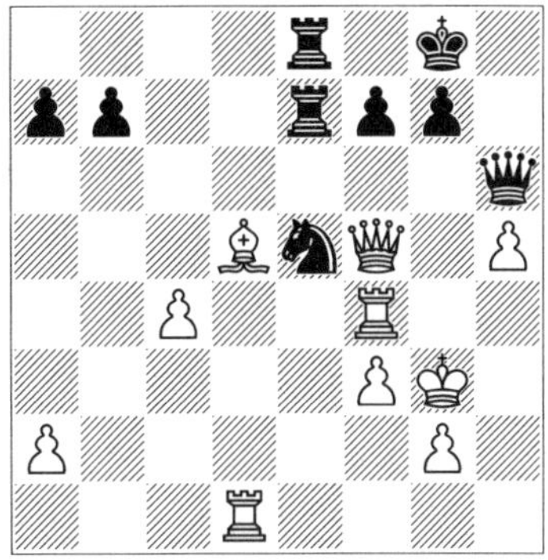

FE05 Schwarz am Zug
Weiß hatte unter Ausnutzung der Fesselung schon zweimal seine Dame nach g6 gestellt. Nun spielte Schwarz 36...g6?. Warum war dies ein entscheidender Fehler?
(Lösung: siehe Seite 105)

W

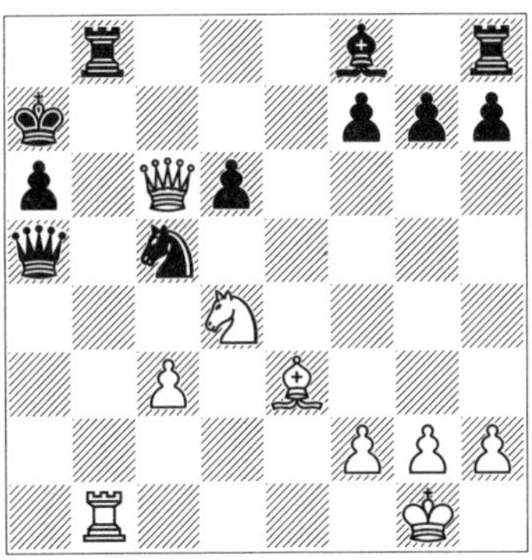

FE04 Weiß am Zug
(Lösung: siehe Seite 105)

S

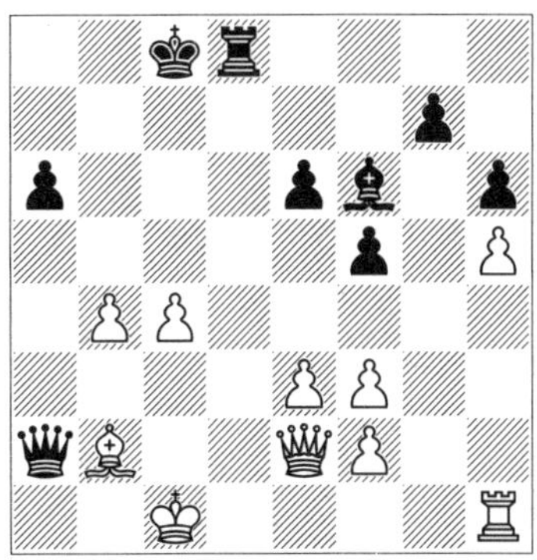

FE06 Schwarz am Zug
(Lösung: siehe Seite 106)

W

FE07 Weiß am Zug
(Lösung: siehe Seite 106)

S

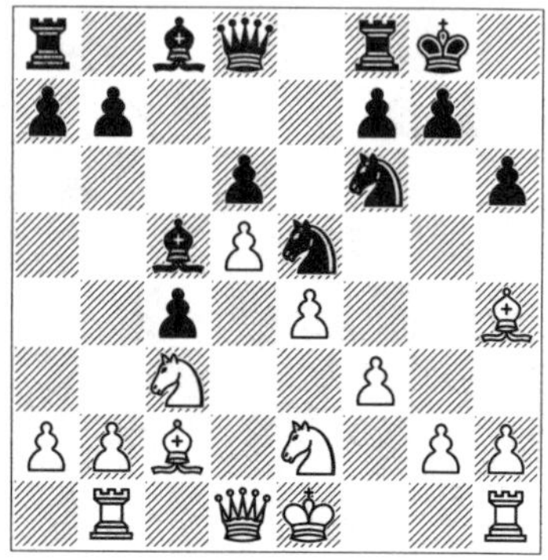

FE09 Schwarz am Zug
(Lösung: siehe Seite 106)

S

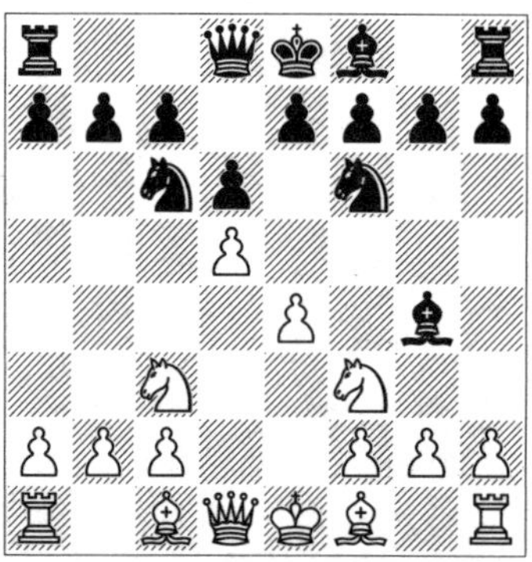

FE08 Schwarz am Zug
Ist 5...♘e5 möglich und warum?
(Lösung: siehe Seite 106)

S

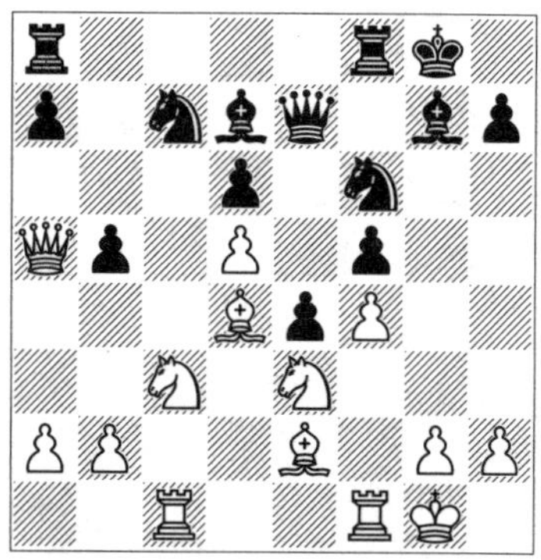

FE10 Schwarz am Zug
Schwarz spielte 20...♖fc8 und machte später Remis. Warum ist 20...♘cxd5 schlecht?
(Lösung: siehe Scitc 107)

W

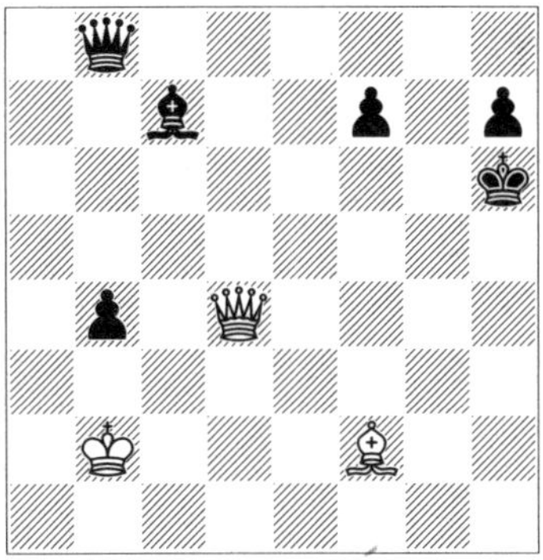

FE11 Weiß am Zug
(Lösung: siehe Seite 107)

S

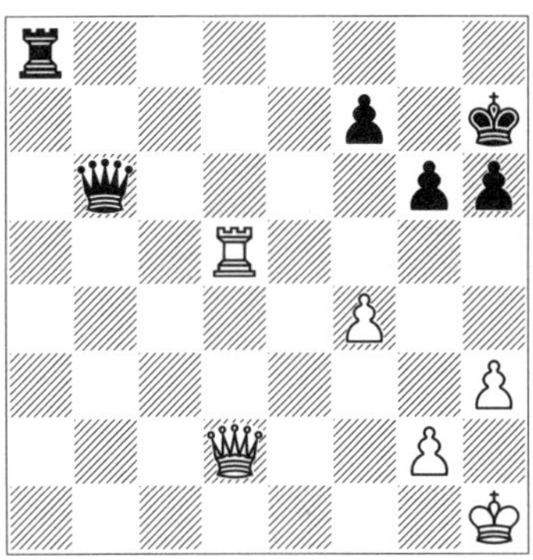

FE12 Schwarz am Zug
Schwarz beginnt mit 1...♖a1+ 2 ♔h2 ♕g1+ 3 ♔g3 ♖a3+. Dann sollte 4 ♔g4 ♕h2 5 ♕f2 ♖xh3 für Schwarz gewonnen sein, aber wie lautet die Antwort auf 4 ♖d3?
(Lösung: siehe Seite 107)

W

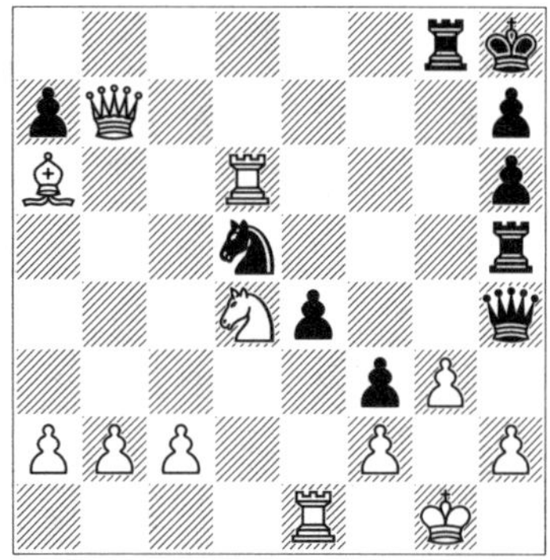

FE13 Weiß am Zug
Weiß scheint kurz vor dem Matt zu stehen, verfügt aber über eine kombinatorische Rettung. Wie lautet sie?
(Lösung: siehe Seite 107)

S

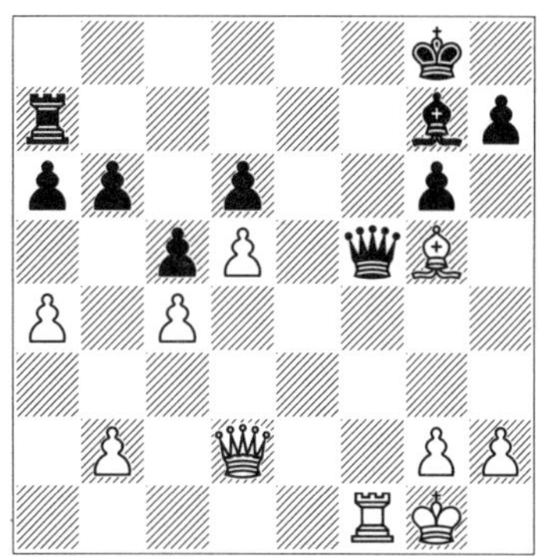

FE14 Schwarz am Zug
Nach 23...♗d4+ 24 ♗e3 spielte der Nachziehende 24...♕g5. Warum war das nicht so clever, wie es aussah?
(Lösung: siehe Seite 107)

W

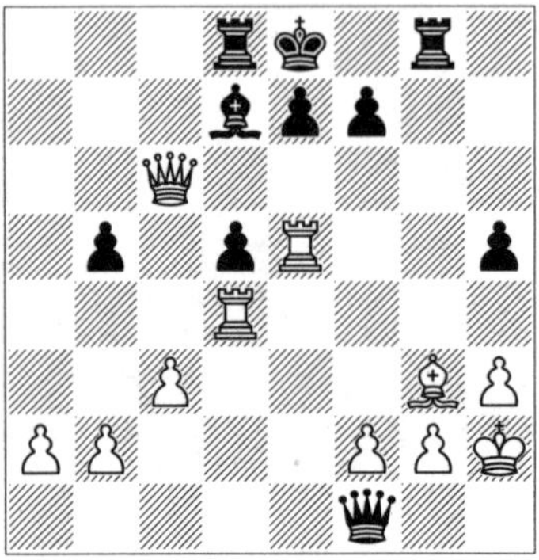

FE15 Weiß am Zug

Weiß baute mit 1 ♖exd5 eine Fesselung auf, so dass 1...♗xc6 mit 2 ♖xd8# beantwortet werden kann. Was spielte Schwarz darauf?

(Lösung: siehe Seite 107)

Spieße

Eine weitere äußerst schlagkräftige Waffe im Arsenal des Schachspielers ist der Spieß. Dabei bietet man in der Regel Schach und kann nach dem Wegziehen des gegnerischen Königs eine dahinter stehende Figur schlagen. Manchmal kann ein Spieß aber auch dann effektiv sein, wenn eine andere hochwertige Figur angegriffen wird und fliehen muss.

W

SP01 Weiß am Zug
(Lösung: siehe Seite 108)

W

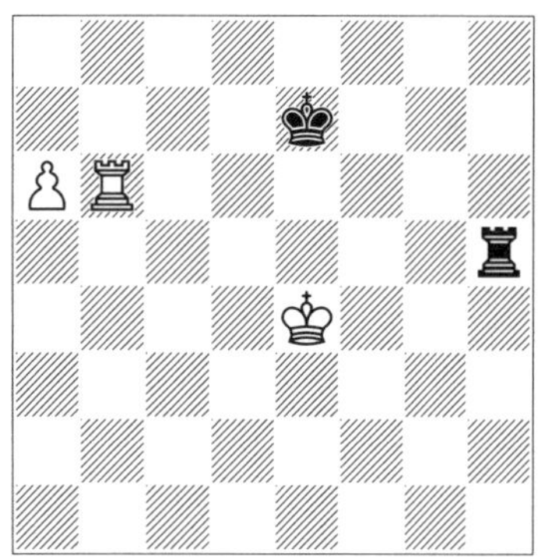

SP02 Weiß am Zug
(Lösung: siehe Seite 108)

S

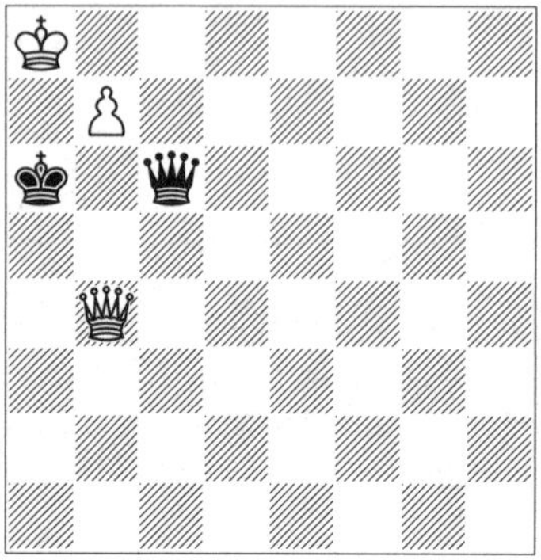

SP03 Schwarz am Zug
Was spielt Weiß auf 1...♕d5, 1...♕f3 oder 1...♕g2?
(Lösung: siehe Seite 108)

W

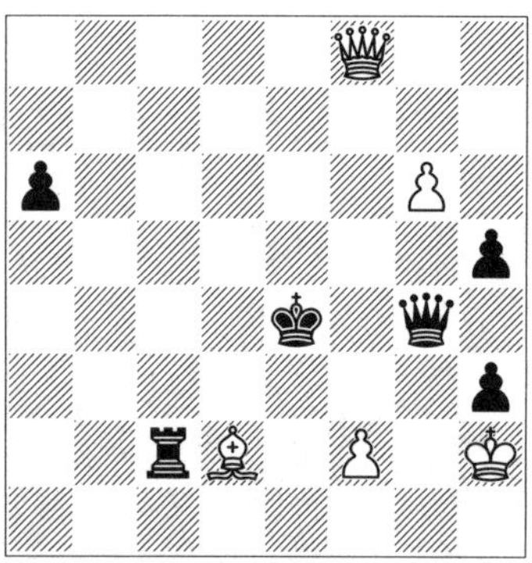

SP04 Weiß am Zug
(Lösung: siehe Seite 108)

W

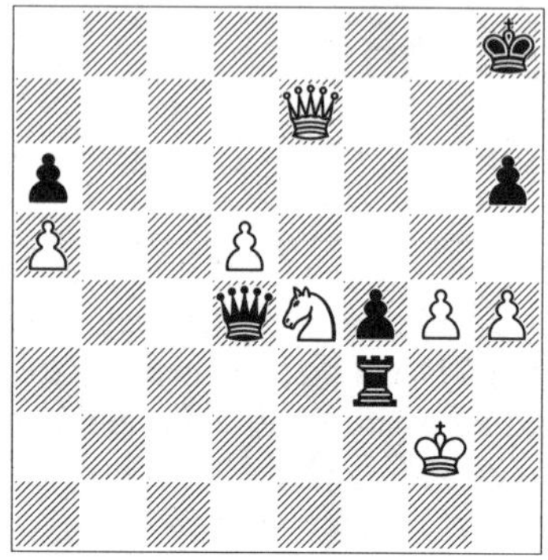

SP05 Weiß am Zug
(Lösung: siehe Seite 108)

S

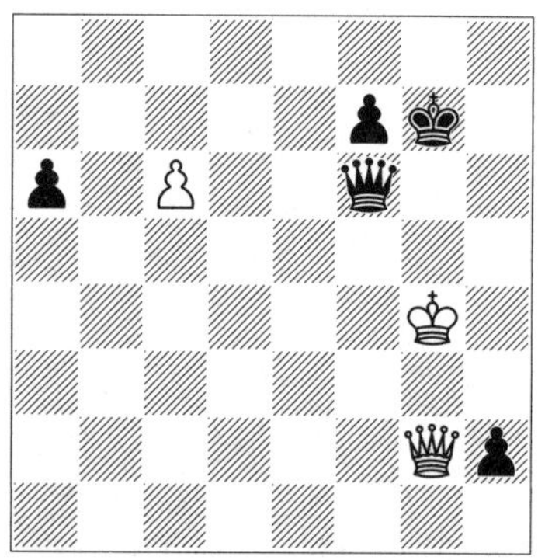

SP06 Schwarz am Zug
(Lösung: siehe Seite 108)

W

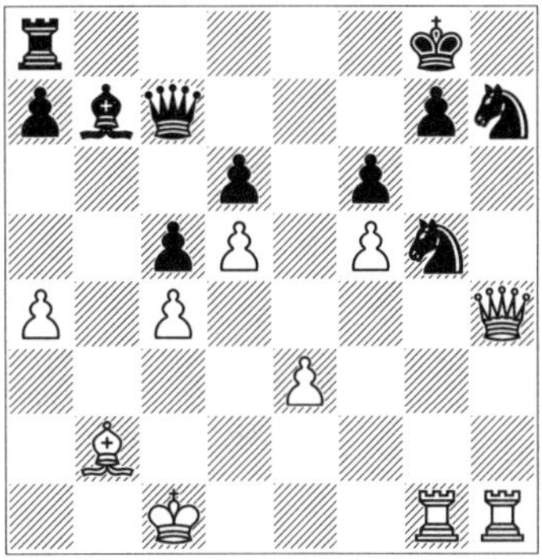

SP07 Weiß am Zug
(Lösung: siehe Seite 109)

S

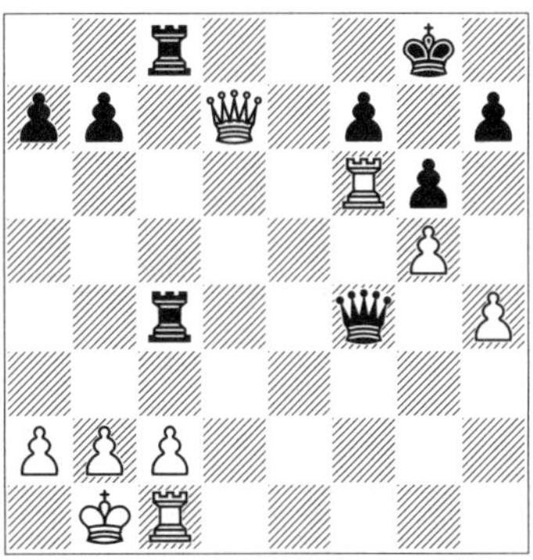

SP08 Schwarz am Zug
(Lösung: siehe Seite 109)

W

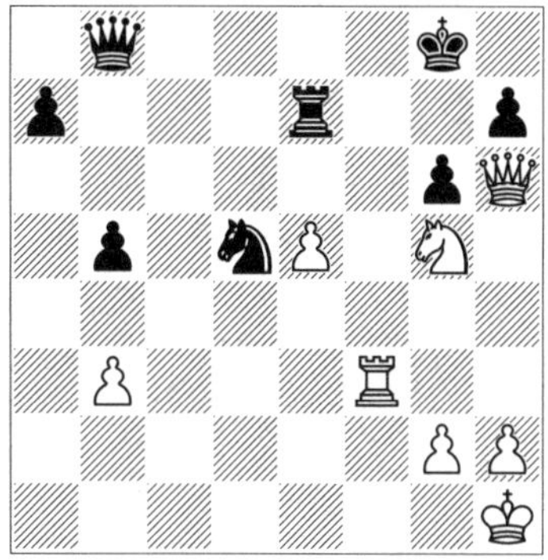

SP09 Weiß am Zug
(Lösung: siehe Seite 109)

W

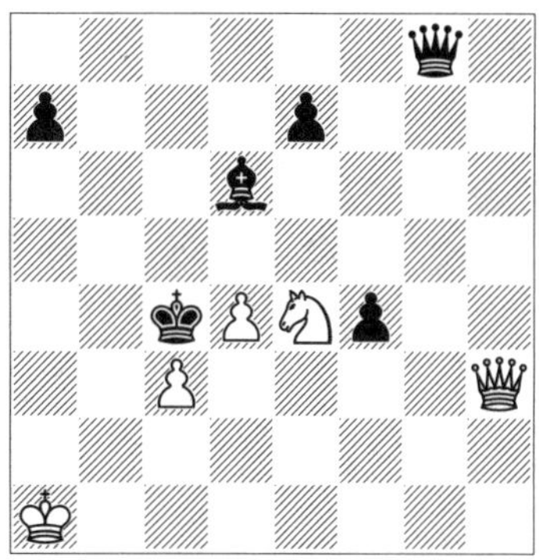

SP10 Weiß am Zug
(Lösung: siehe Seite 109)

W

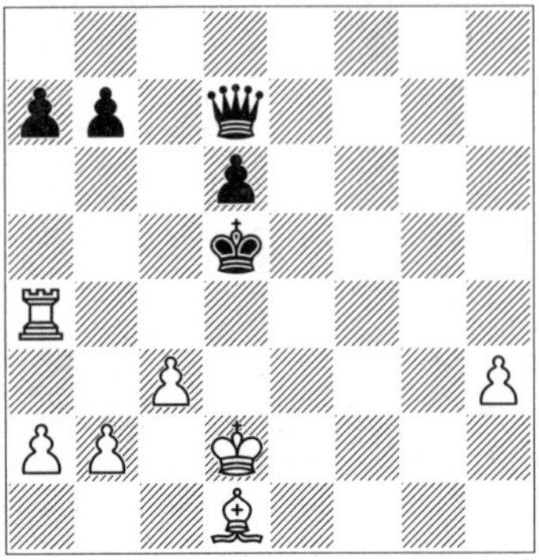

SP11 Weiß am Zug

Die Hauptvariante ist sehr kurz, aber auch sehr hübsch.

(Lösung: siehe Seite 109)

W

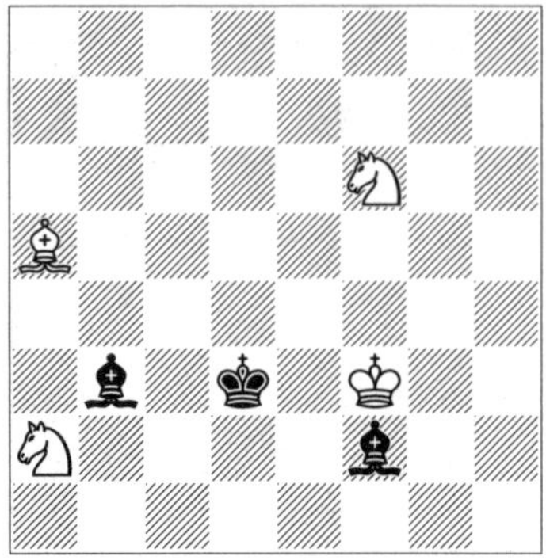

SP12 Weiß am Zug

(Lösung: siehe Seite 109)

Überlastete Figuren und Ablenkungen

In einer Schachpartie versuchen idealerweise beide Seiten, keine Figuren ungedeckt zu lassen und alle wichtigen Punkte sicher zu verteidigen. Da dies in der Hitze des Gefechts jedoch schwer zu bewerkstelligen ist, gibt es häufig Momente, in denen bei einem der Spieler eine oder mehrere Einheiten ungedeckt sind, wovon der Gegner durch einen Angriff zu profitieren versuchen kann.

Es kann auch sein, dass Figuren für die Verteidigung einer wichtigen Schwäche verantwortlich sind, wie eines Bauern oder eines Feldes in der Nähe des Königs oder der Grundreihe. In diesem Fall können sie zu verlockenden Angriffszielen werden und förmlich danach schreien, durch eine taktische Operation gestört zu werden.

W

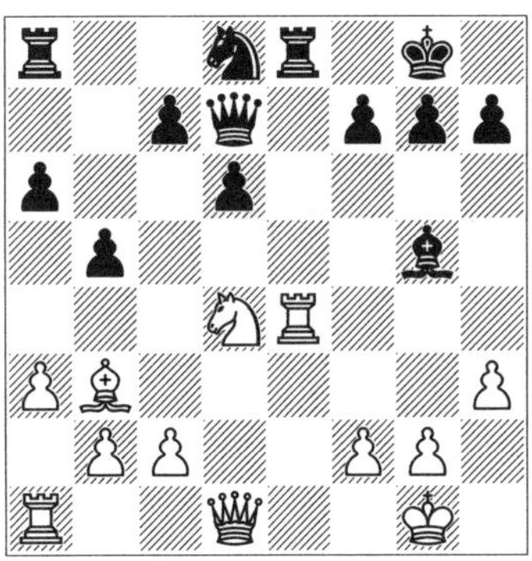

ÜL01 Weiß am Zug
(Lösung: siehe Seite 110)

W

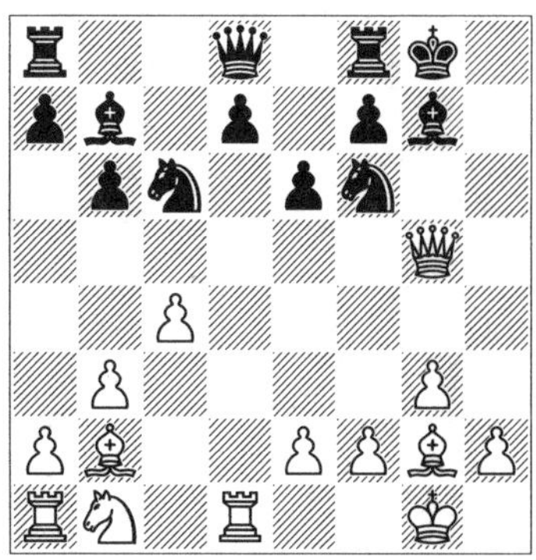

ÜL02 Weiß am Zug
(Lösung: siehe Seite 110)

S

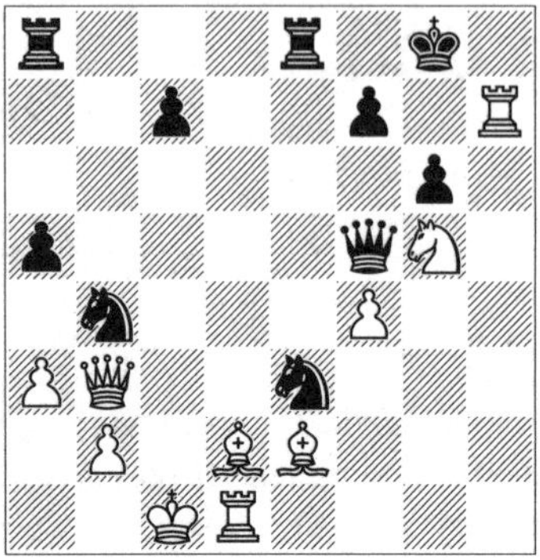

ÜL03 Schwarz am Zug
(Lösung: siehe Seite 110)

S

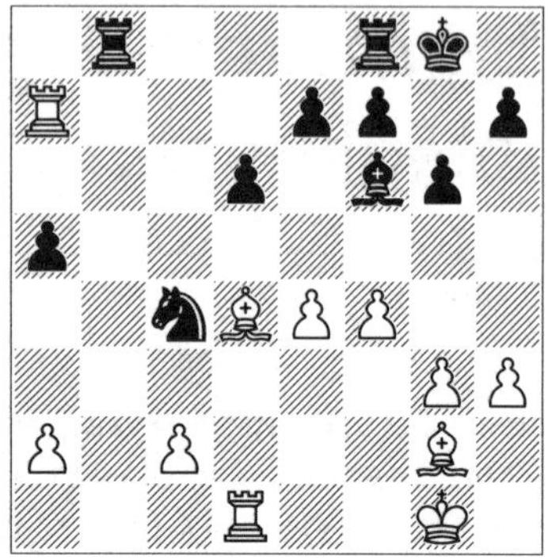

ÜL05 Schwarz am Zug
(Lösung: siehe Seite 110)

W

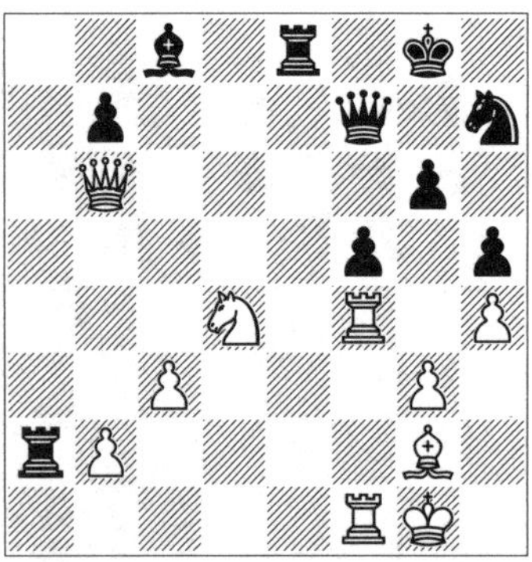

ÜL04 Weiß am Zug
(Lösung: siehe Seite 110)

S

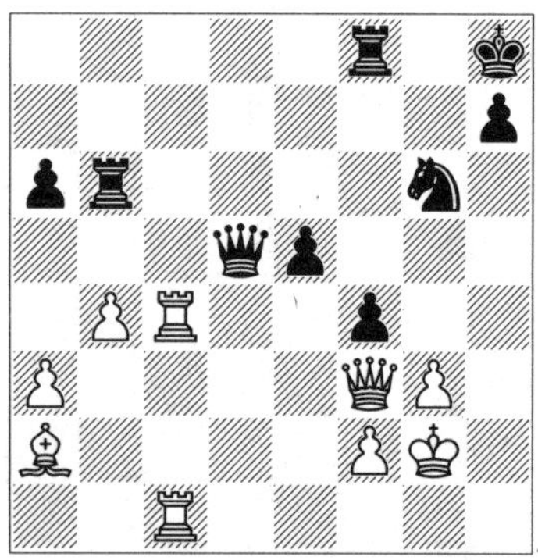

ÜL06 Schwarz am Zug
(Lösung: siehe Seite 111)

W

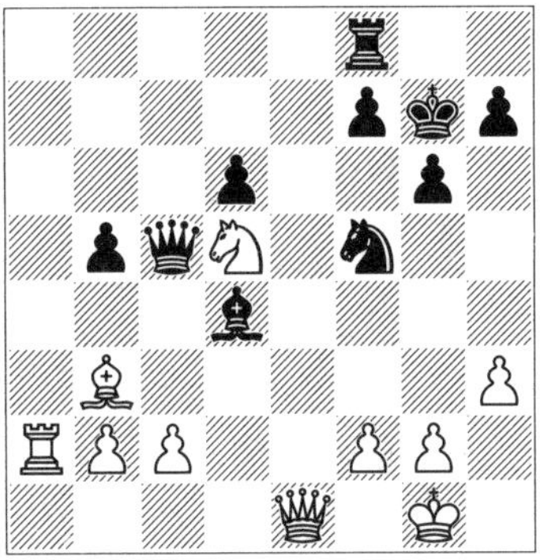

ÜL07 Weiß am Zug

Weiß spielte 26 c3?. Warum war dieser natürlich aussehende Zug ein fataler Fehler?

(Lösung: siehe Seite 111)

S

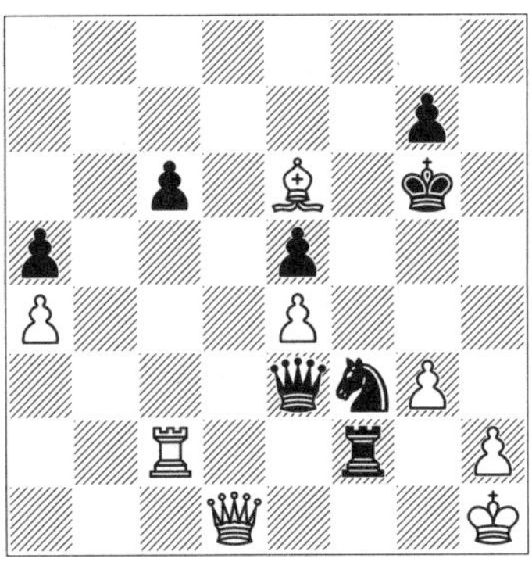

ÜL08 Schwarz am Zug

In Gewinnstellung fand Schwarz eine hübsche Abkürzung zum Sieg mit Hilfe einer Ablenkung. Wie?

(Lösung: siehe Seite 111)

S

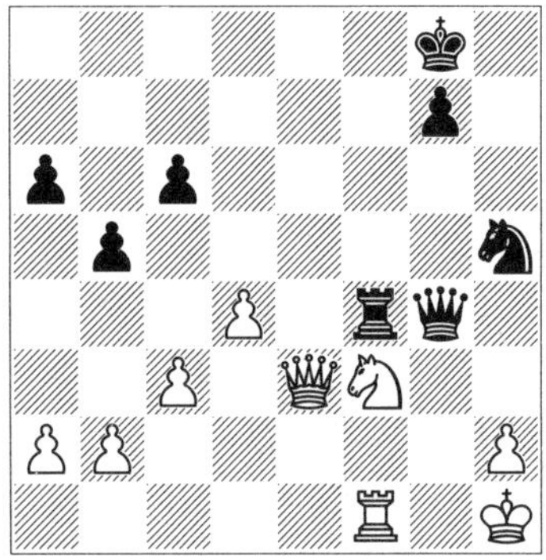

ÜL09 Schwarz am Zug

Welchen Zug sollte Schwarz hier zuerst in Erwägung ziehen, und warum funktioniert er?

(Lösung: siehe Seite 111)

W

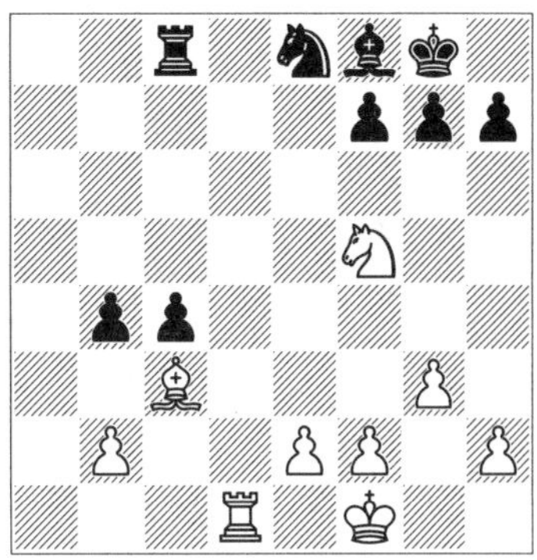

ÜL10 Weiß am Zug

Wie erzwang Weiß die Punkteteilung?

(Lösung: siehe Seite 111)

S

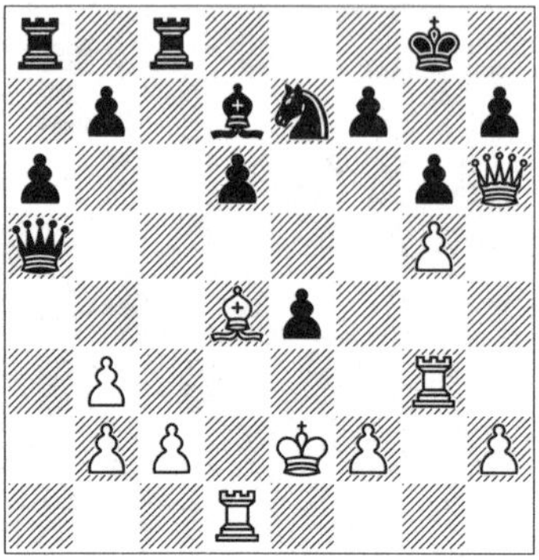

ÜL11 Schwarz am Zug
(Lösung: siehe Seite 112)

W

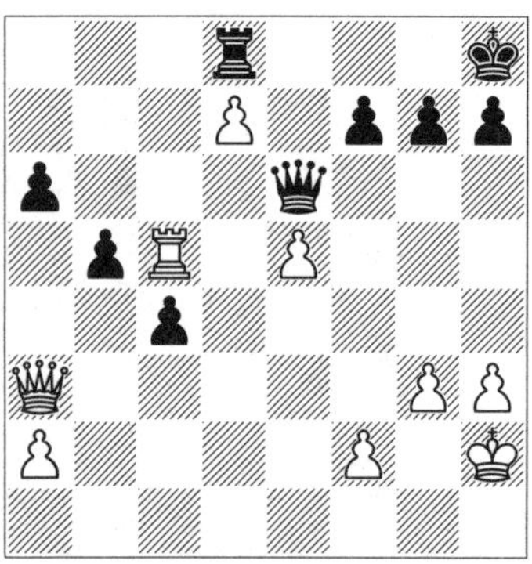

ÜL12 Weiß am Zug
Wie konnte Weiß seinen Freibauern und die schwache Grundreihe des Nachziehenden zum Sieg verwerten?
(Lösung: siehe Seite 112)

W

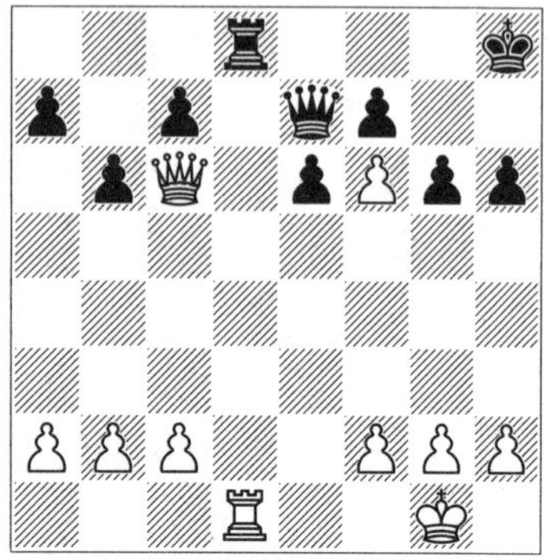

ÜL13 Weiß am Zug
(Lösung: siehe Seite 112)

W

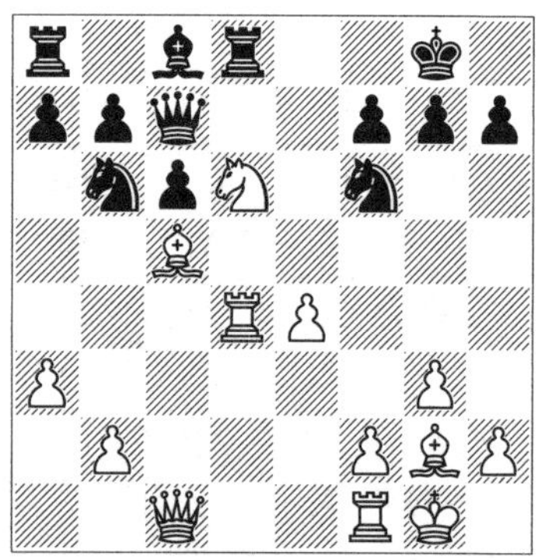

ÜL14 Weiß am Zug
Weiß steht mit seinem Läuferpaar und Raumvorteil offensichtlich klar besser, aber es ist schwer zu sehen, dass er hier in nur zwei Zügen den Sieg erzwingen kann. Wie stellte er das an?
(Lösung: siehe Seite 112)

W

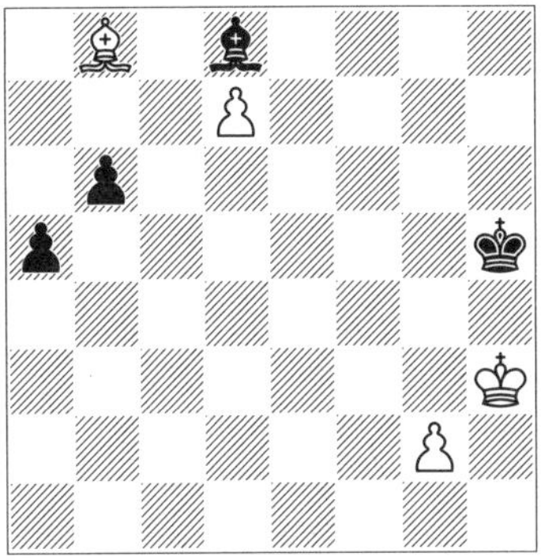

ÜL15 Weiß am Zug
(Lösung: siehe Seite 112)

S

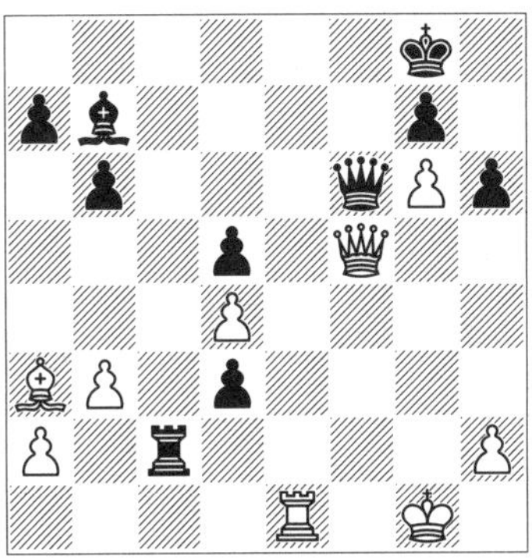

ÜL16 Schwarz am Zug
(Lösung: siehe Seite 112)

S

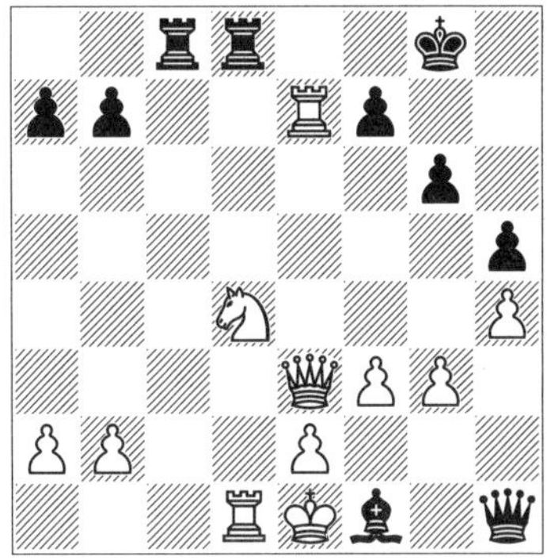

ÜL17 Schwarz am Zug
(Lösung: siehe Seite 113)

W

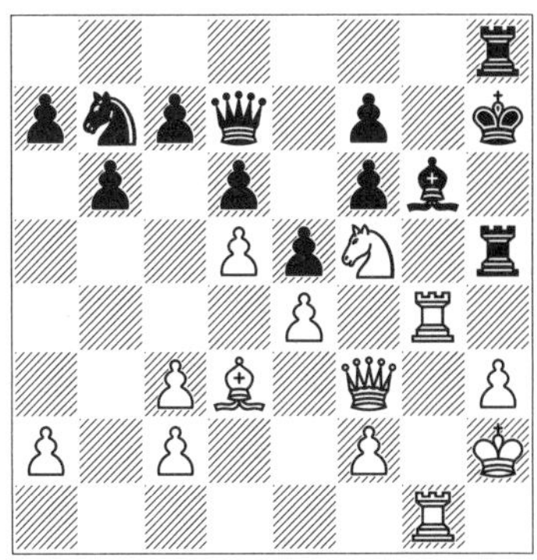

ÜL18 Weiß am Zug
(Lösung: siehe Seite 113)

Mattangriffe

Damit ein Mattangriff gegen einen kompetenten Verteidiger Erfolg hat, muss der Angreifer sich irgendeine Art von entscheidendem Vorteil verschaffen.

Eine Möglichkeit besteht in einer Übermacht der Streitkräfte, aber das wird normalerweise nicht besonders interessant sein – der Angreifer wird den Gegner mehr oder weniger nach Belieben erledigen können. In einer ernsten Partie ist es wahrscheinlicher, dass es ein oder mehrere Angriffsziele in der Nähe des Königs gibt, die der Angreifer aufs Korn nehmen und der Verteidiger nicht ausreichend decken kann.

In vielen Fällen sind diese Angriffsziele einem geschwächten Farbkomplex gleichzusetzen. Bei kurzer schwarzer Rochade handelt es sich dabei entweder um alle schwarzen Felder vor dem schwarzen König – f6, h6 und das besonders wichtige Feld g7 – oder die weißen Felder: h7 und/oder f7.

Es gibt auch spezielle Schwachpunkte vor der Rochade, vor allem f2 und f7, für die lange Rochade charakteristische Muster (MA30) und ganz spezielle Mattbilder wie das erstickte Matt (MA23 und MA24). Und zur Grundreihe gibt es so viele schöne Kombinationen, dass sie ein eigenes Kapitel verdient.

Den Anfang machen Angriffe gegen den unrochierten König und die ewigen Schwachpunkte f7 und f2.

W

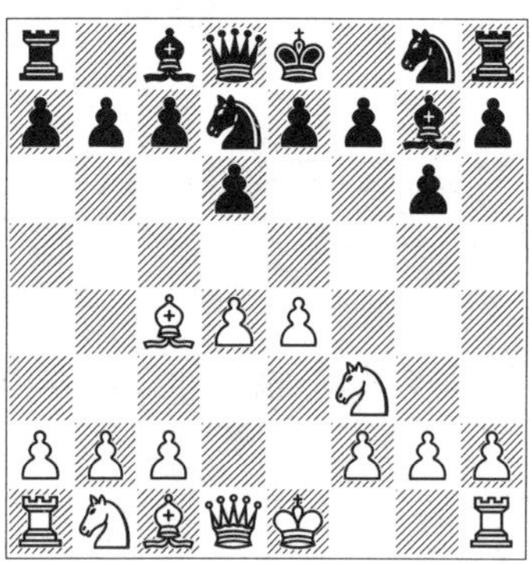

MA01 Weiß am Zug
(Lösung: siehe Seite 113)

W

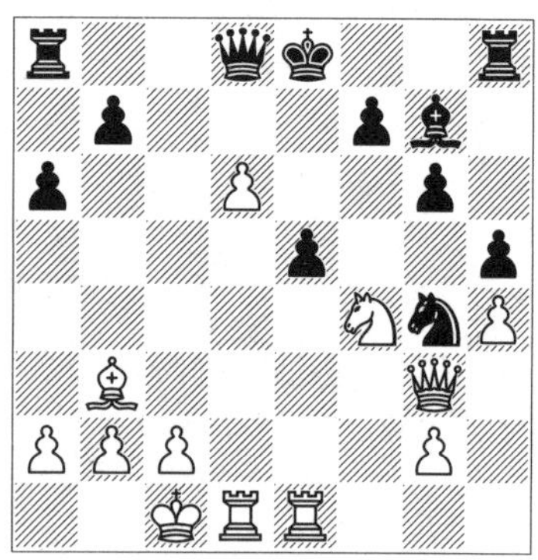

MA02 Weiß am Zug
(Lösung: siehe Seite 114)

W

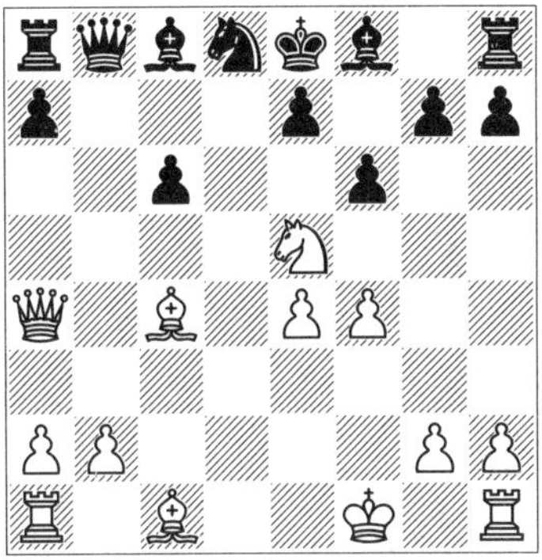

MA03 Weiß am Zug
(Lösung: siehe Seite 114)

W

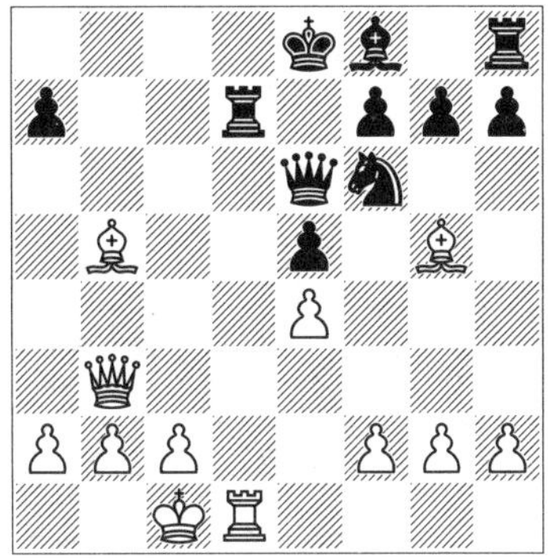

MA04 Weiß am Zug
(Lösung: siehe Seite 114)

Der unrochierte König kann auch in einen Angriff geraten, wenn das Zentrum zu früh geöffnet wird und der Gegner Entwicklungsvorsprung erlangt, wie die nächsten beiden Beispiele belegen.

W

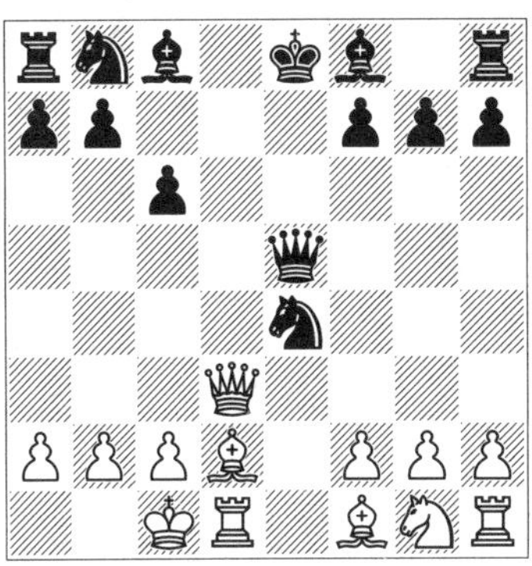

MA05 Weiß am Zug
(Lösung: siehe Seite 115)

W

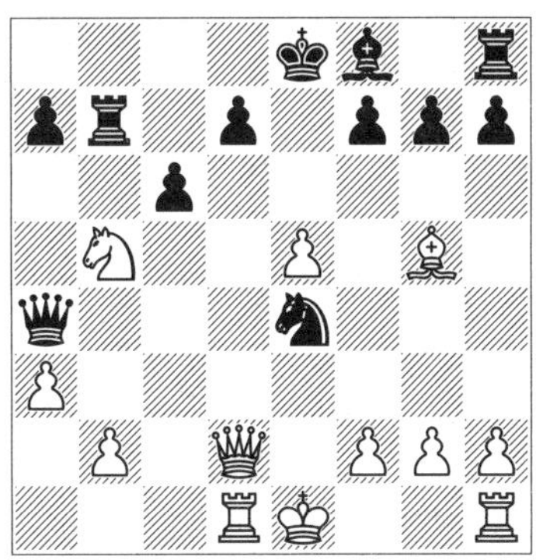

MA06 Weiß am Zug
(Lösung: siehe Seite 115)

Es folgen Beispiele mit rochiertem König.

S

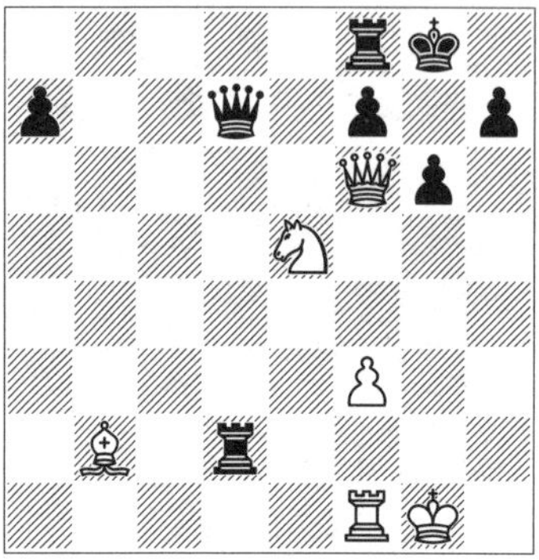

MA07 Schwarz am Zug
Was spielt Weiß in diesem offensichtlich komponierten Beispiel auf a) 1...♕h3 und b) 1...♕e6?
(Lösung: siehe Seite 115)

S

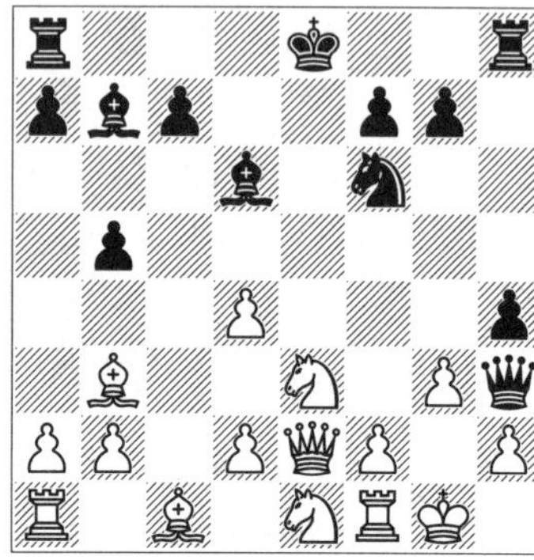

MA09 Schwarz am Zug
(Lösung: siehe Seite 115)

W

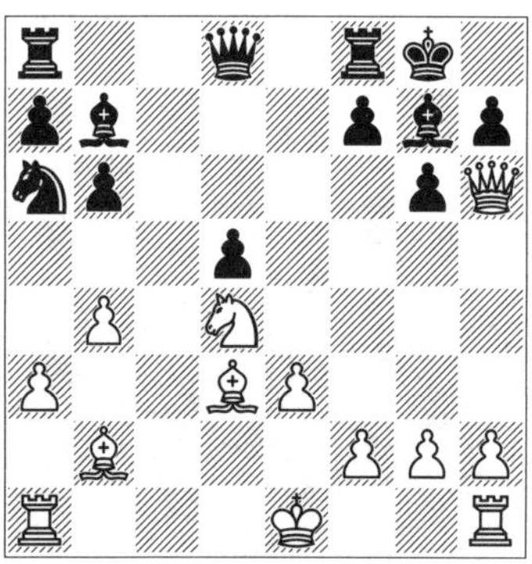

MA08 Weiß am Zug
(Lösung: siehe Seite 115)

W

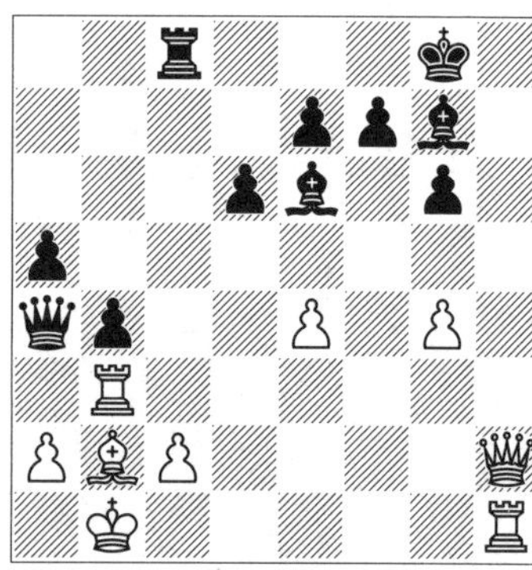

MA10 Weiß am Zug
Wie lautet der sauberste Gewinnweg?
(Lösung: siehe Seite 116)

W

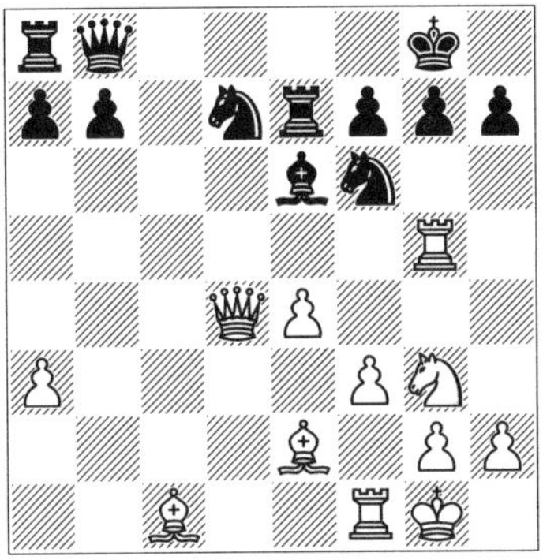

MA11 Weiß am Zug
(Lösung: siehe Seite 116)

W

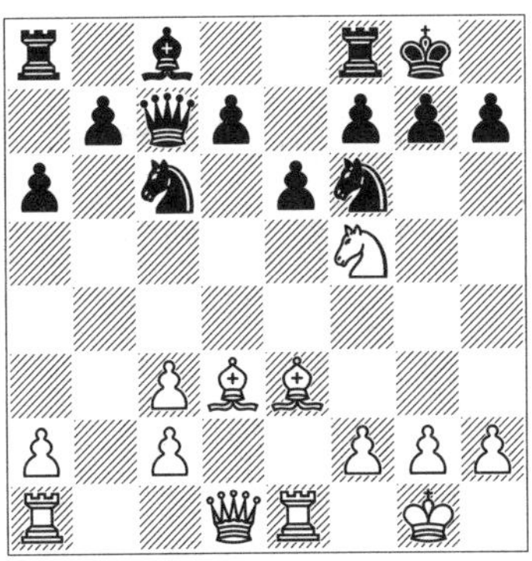

MA12 Weiß am Zug
Welcher Zug drängt sich in diesem deutlich schwierigeren Beispiel förmlich auf, und was ist die Folge (der nächste Zug des Anziehenden ist der Clou)?
(Lösung: siehe Seite 116)

W

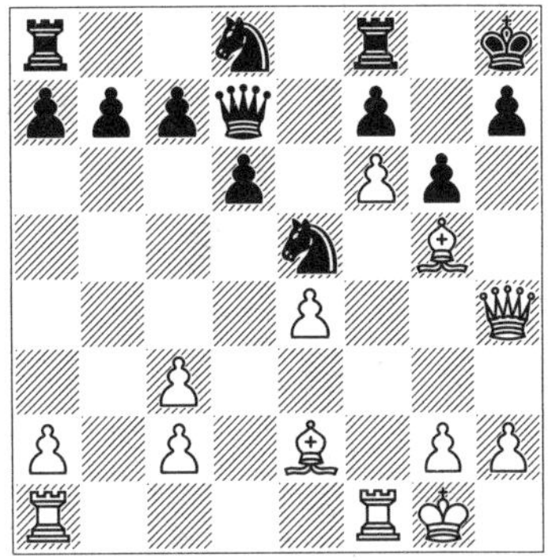

MA13 Weiß am Zug
(Lösung: siehe Seite 116)

W

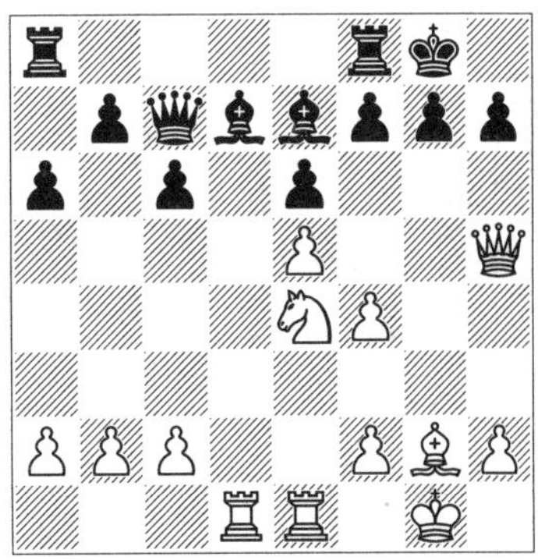

MA14 Weiß am Zug
(Lösung: siehe Seite 117)

S

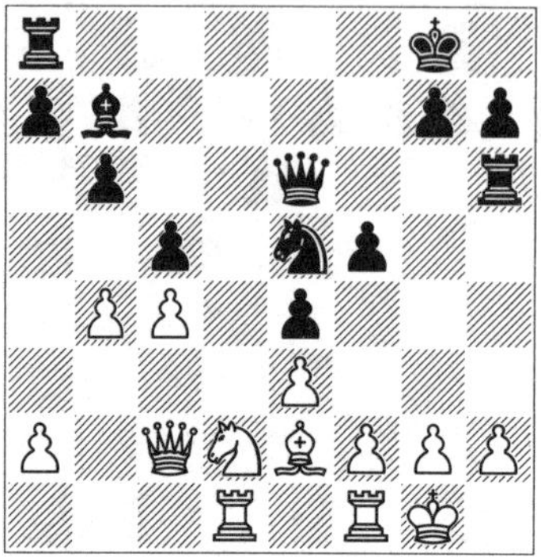

MA15 Schwarz am Zug
(Lösung: siehe Seite 117)

W

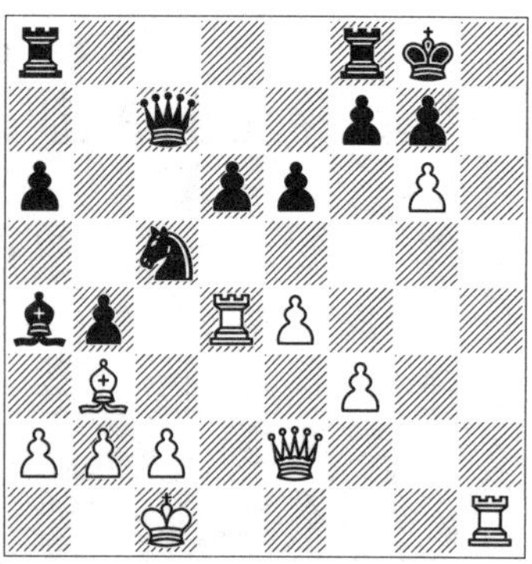

MA16 Weiß am Zug
(Lösung: siehe Seite 117)

W

MA17 Weiß am Zug
(Lösung: siehe Seite 117)

W

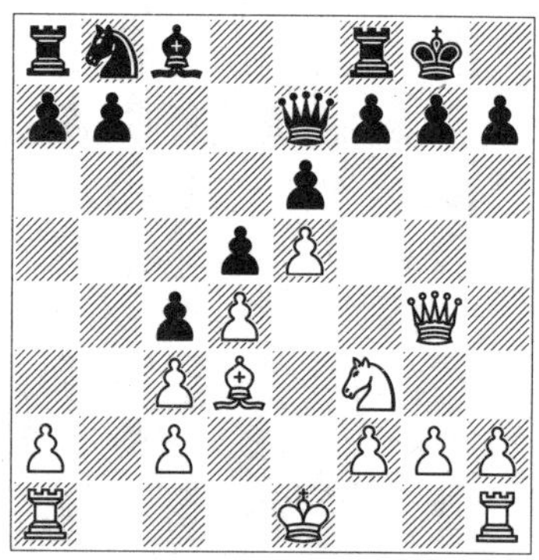

MA18 Weiß am Zug
(Lösung: siehe Seite 118)

W

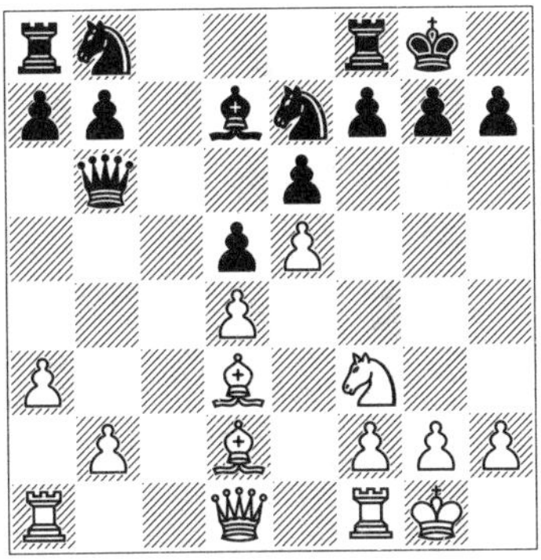

MA19 Weiß am Zug

In diesem typischeren Beispiel hat Schwarz mehr Verteidigungsmöglichkeiten. Offensichtlich beginnt Weiß mit 12 ♗xh7+ ♔xh7 13 ♘g5+.

a) Warum ist es nach 13...♔g8 hilfreich (aber nicht essentiell), dass der a-Bauer auf a3 und nicht auf a2 steht?

b) Warum ist es in den anderen Abspielen sehr wichtig, dass der schwarze Springer auf b8 steht?

(Lösung: siehe Seite 118)

W

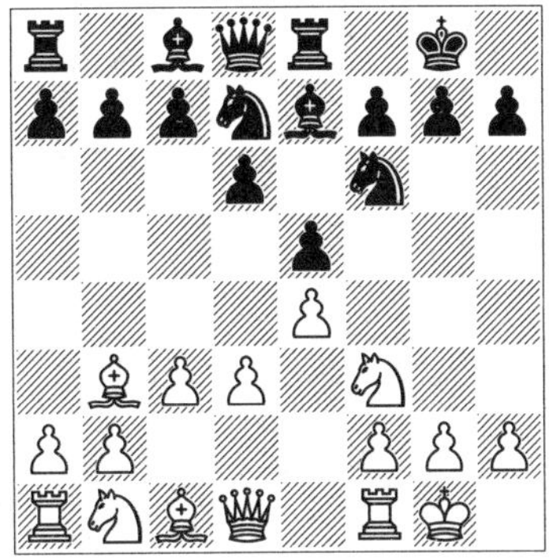

MA21 Weiß am Zug

(Lösung: siehe Seite 119)

W

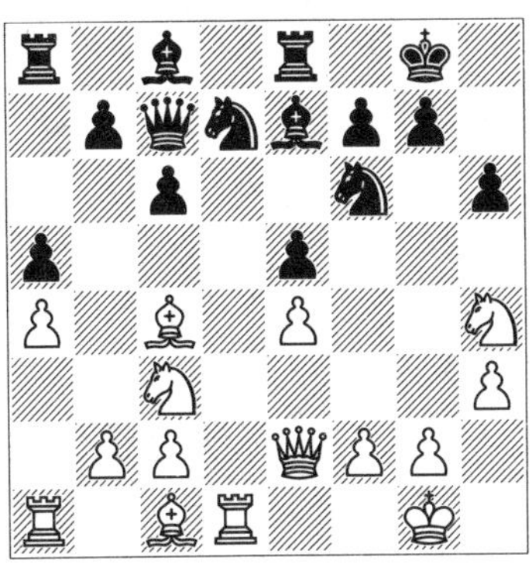

MA20 Weiß am Zug

(Lösung: siehe Seite 118)

W

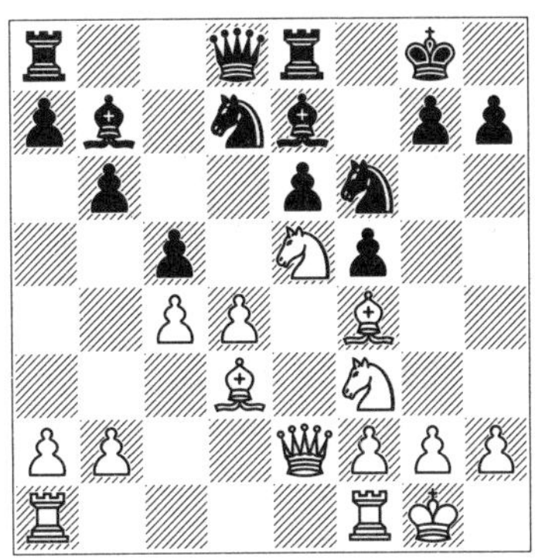

MA22 Weiß am Zug

(Lösung: siehe Seite 119)

W

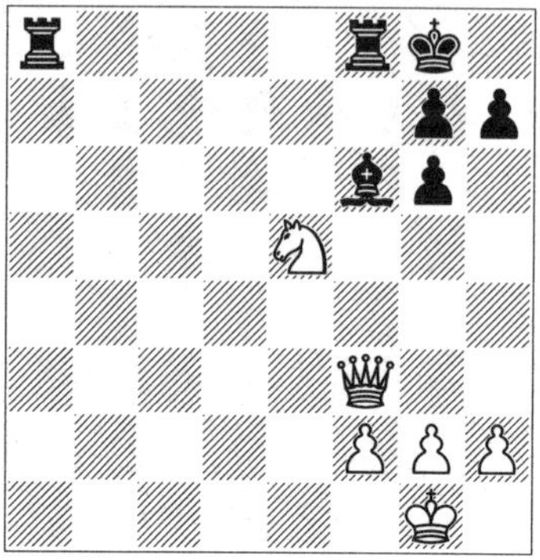

MA23 Weiß am Zug
(Lösung: siehe Seite 119)

W

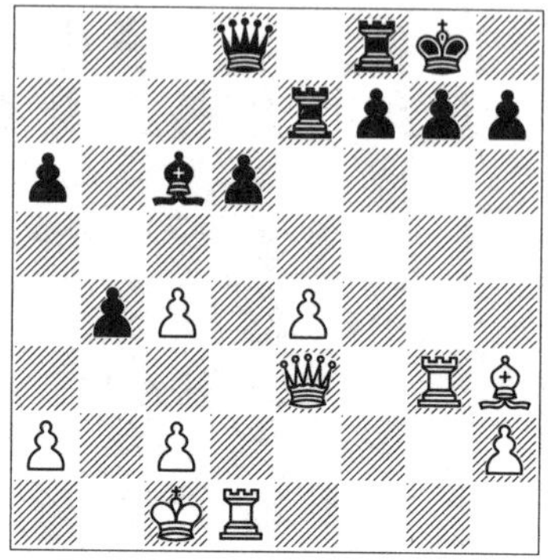

MA25 Weiß am Zug
(Lösung: siehe Seite 119)

W

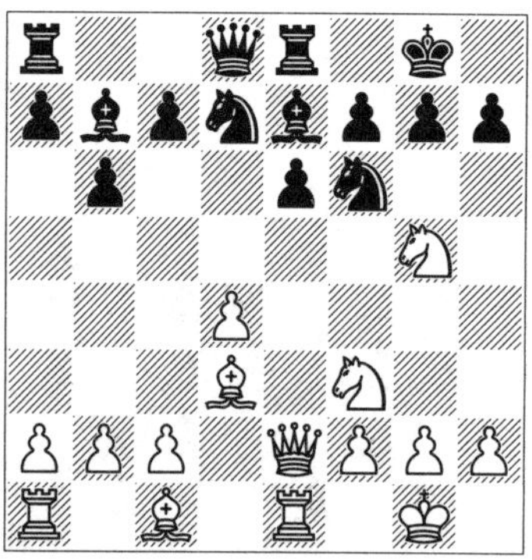

MA24 Weiß am Zug
(Lösung: siehe Seite 119)

W

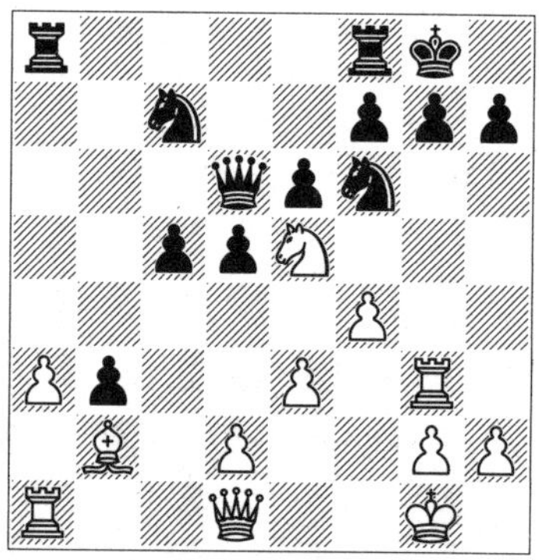

MA26 Weiß am Zug
(Lösung: siehe Seite 120)

W

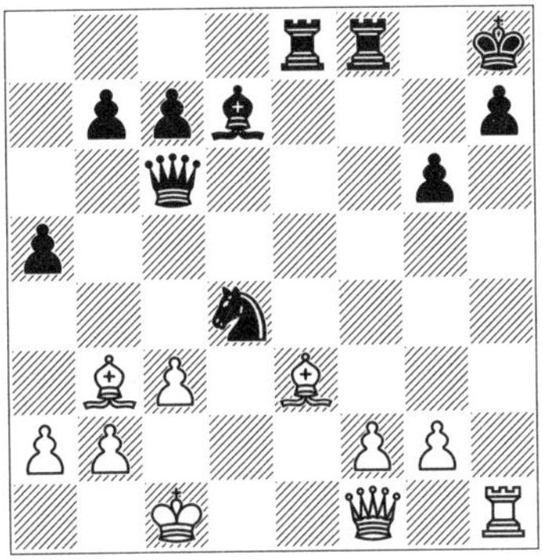

MA27 Weiß am Zug

Das offensichtliche Zurückschlagen auf d4 ist sehr stark, aber Weiß fand etwas noch Besseres. Was?

(Lösung: siehe Seite 120)

W

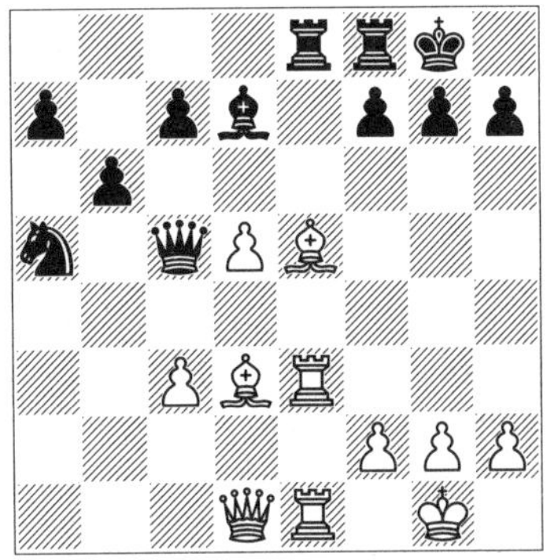

MA29 Weiß am Zug

(Lösung: siehe Seite 121)

W

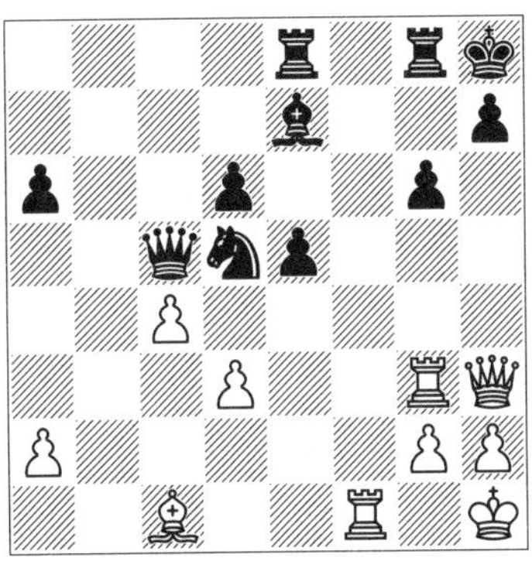

MA28 Weiß am Zug

(Lösung: siehe Seite 120)

S

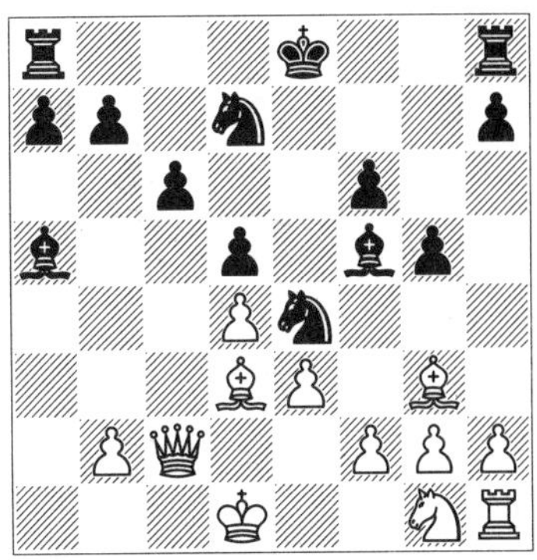

MA30 Schwarz am Zug

Hier griff Schwarz mit 19...0-0-0 fehl. Wie lautete die Antwort?

(Lösung: siehe Seite 121)

Die Grundreihe

Die große Menge an Grundreihenkombinationen ist mit Sicherheit auf die Rochaderegel zurückzuführen – sonst wäre es viel zu aufwändig, den König regelmäßig hinter einem „idealen“ Wall aus drei Bauern zu verstecken.

Da schon ein einziger Turm im Alleingang den K.o.-Schlag versetzen kann, zählt Material bei Grundreihenkombinationen wenig, und man sieht häufig scheinbar paradoxe Zugfolgen, in denen ein Turm oder eine Dame mit irgendeiner teuflischen Ablenkung von seiner Aufgabe weggelockt und der König durch einen tödlichen seitlichen Angriff zur Strecke gebracht wird.

Den Anfang macht jedoch eine relativ einfache Aufgabe.

W

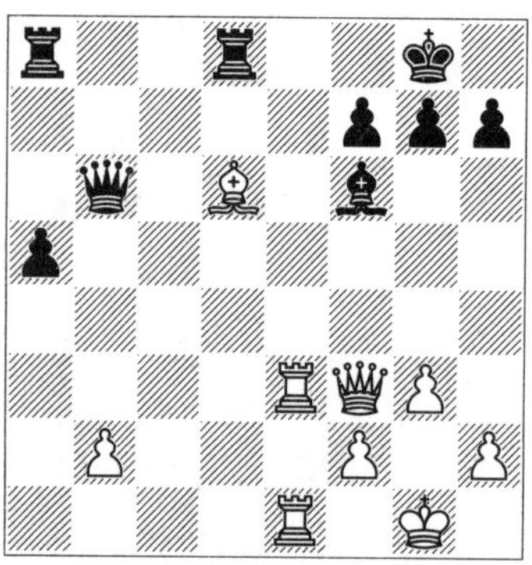

GR01 Weiß am Zug
(Lösung: siehe Seite 121)

S

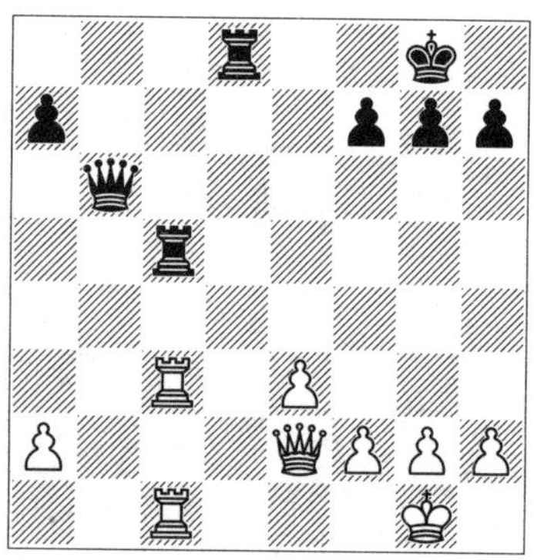

GR02 Schwarz am Zug
(Lösung: siehe Seite 122)

W

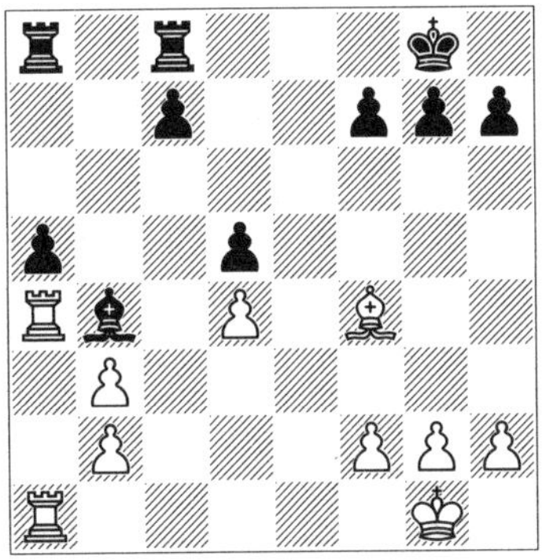

GR03 Weiß am Zug

Weiß entschied sich für 1 ♗xc7. War das ein Geniestreich oder ein Desaster?

(Lösung: siehe Seite 122)

W

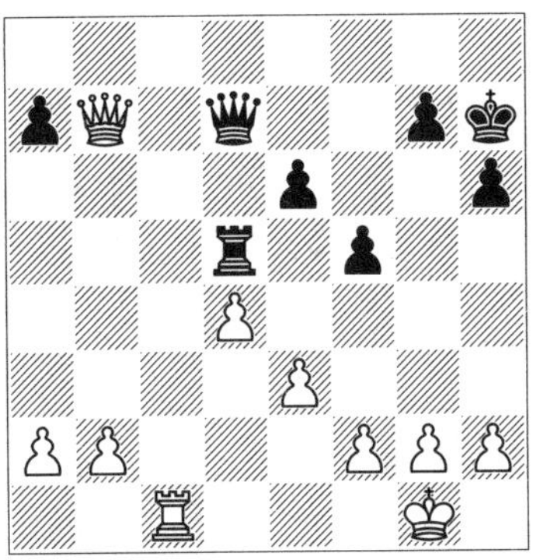

GR04 Weiß am Zug

Hier brachte Weiß mit 1 ♖c7 einen scheinbar entscheidenden Schlag an. Musste Schwarz nun das Handtuch werfen?

(Lösung: siehe Seite 122)

W

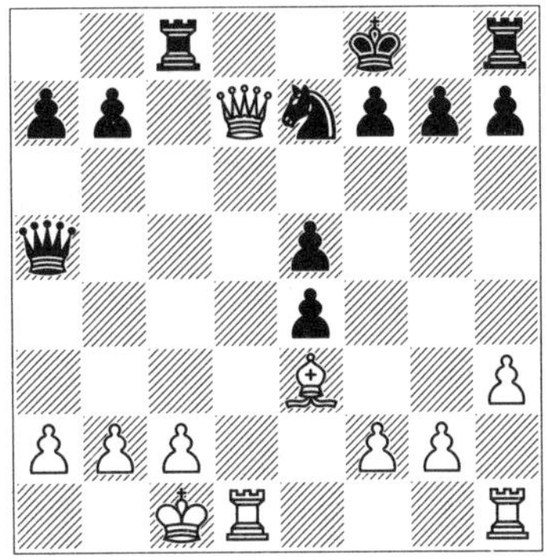

GR05 Weiß am Zug

Wie lautete der nächste vernichtende Zug des Anziehenden? (Danach gibt es mehrere gute Fortsetzungen.)

(Lösung: siehe Seite 122)

W

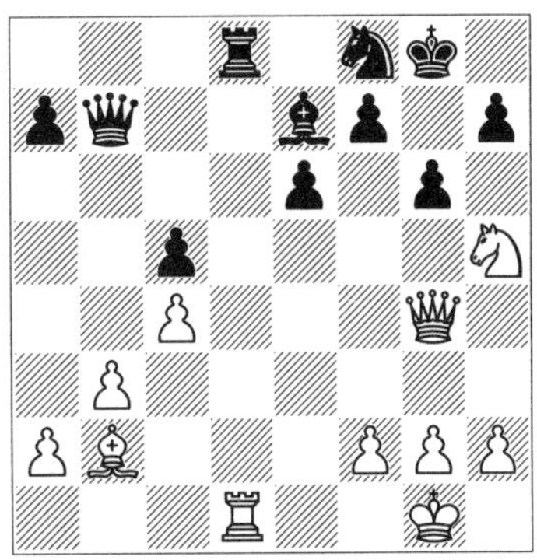

GR06 Weiß am Zug

Weiß wählte das verlockende 23 ♘f6+ ♗xf6 24 ♗xf6, aber wie lautete die Antwort?

(Lösung: siehe Seite 122)

W

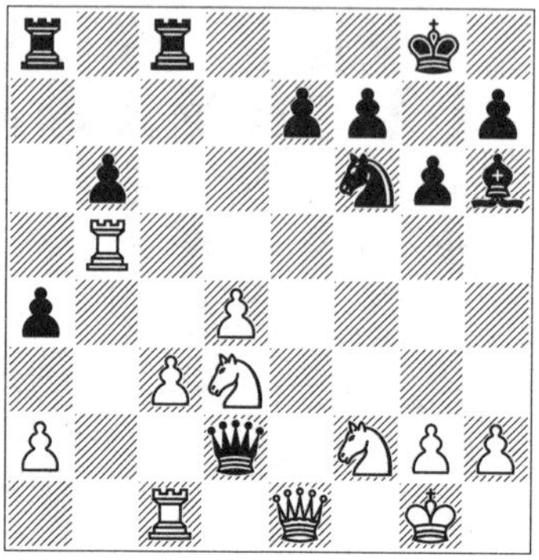

GR07 Weiß am Zug

In schlechter Stellung versuchte Weiß 25 ♕xe7. Wie reagierte Schwarz darauf?

(Lösung: siehe Seite 122)

S

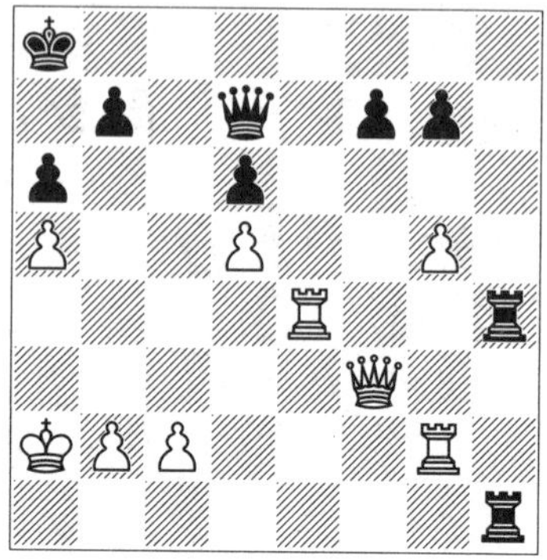

GR09 Schwarz am Zug

(Lösung: siehe Seite 123)

W

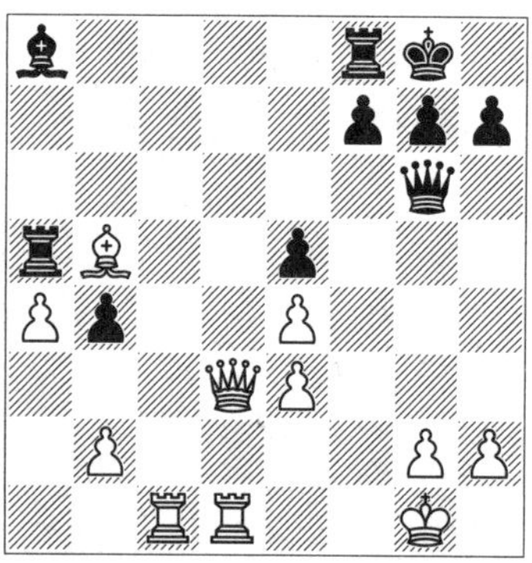

GR08 Weiß am Zug

(Lösung: siehe Seite 122)

W

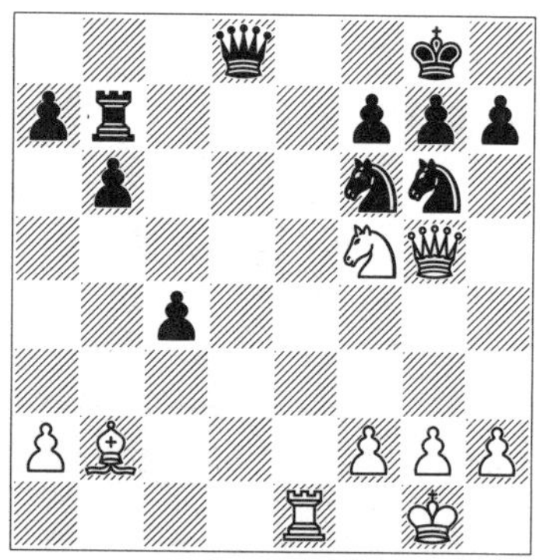

GR10 Weiß am Zug

(Lösung: siehe Seite 123)

S

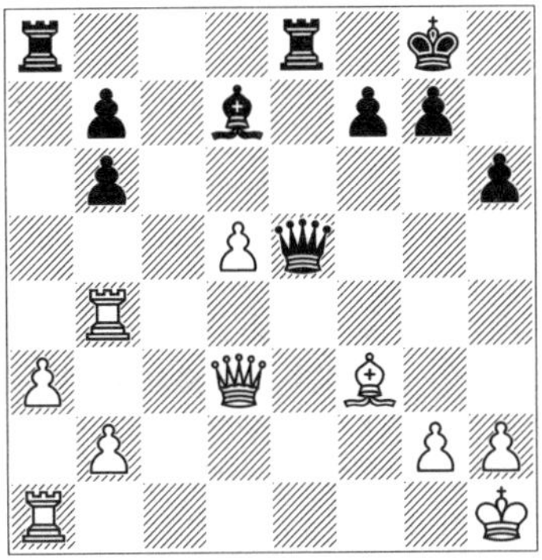

GR11 Schwarz am Zug
(Lösung: siehe Seite 123)

W

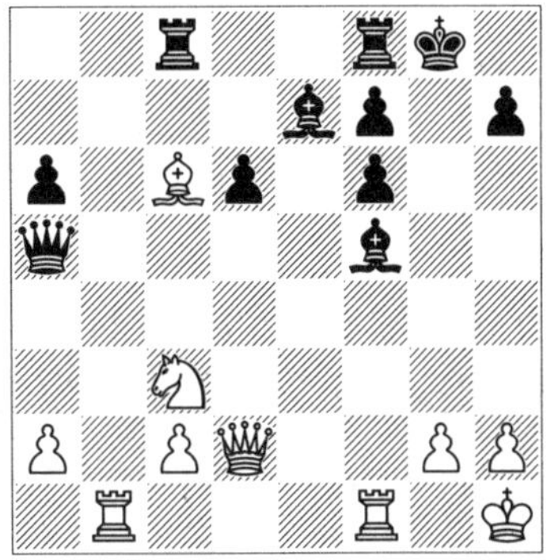

GR12 Weiß am Zug

Weiß brach den Schlagabtausch 19 ♗b7 ♖xc3 20 ♖xf5 vom Zaun, aber was kam dann?

(Lösung: siehe Seite 123)

Patt

Im 17. Jahrhundert waren zwar die meisten Regeln des modernen Schachs einschließlich der Rochade etabliert worden, aber die Meinungen zum Patt gingen weit auseinander, von einem „minderwertigen Sieg“ bis zu einem „unehrenhaften Verlust“. In England dauerte es bis zur Festlegung der Regeln durch den Londoner Schachclub im Jahre 1807, dass das Patt allgemein als Remis anerkannt wurde.

Dieser Status wirkte sich sehr stark auf die Endspieltheorie aus. Wenn das Patt als Gewinn gewertet würde, wäre beispielsweise ein Endspiel mit König und Bauer gegen König generell gewonnen (außer wenn der Verteidiger den Bauern einfach schlagen kann); das Gleiche würde auf das Endspiel mit Läufer und falschem Turmbauern gegen den nackten König gelten.

Das Patt ist im wesentlichen eine strategische Verteidigungswaffe im Endspiel, kommt aber auch in zahlreichen Endspielstudien und als überraschende taktische Verteidigungsressource in scheinbar hoffnungslosen Stellungen mit mehr Figuren auf dem Brett vor. Eine Reihe von Beispielen hierfür ist im zweiten Teil des vorliegenden Werks verstreut, aber zunächst einmal betrachten wir einige standardmäßige und einigermaßen klare Beispiele.

S

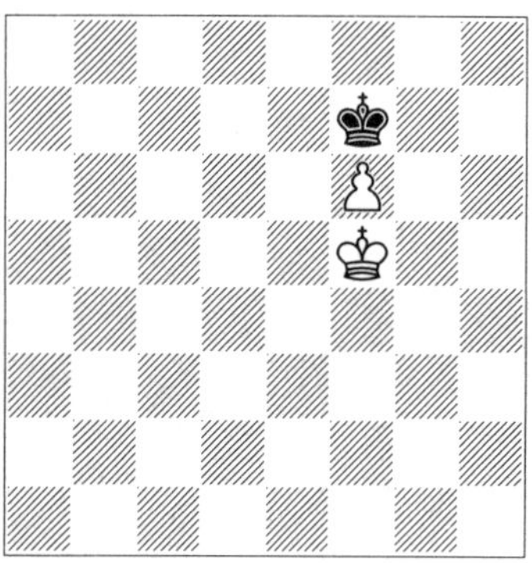

PA01 Schwarz am Zug
(Lösung: siehe Seite 123)

W

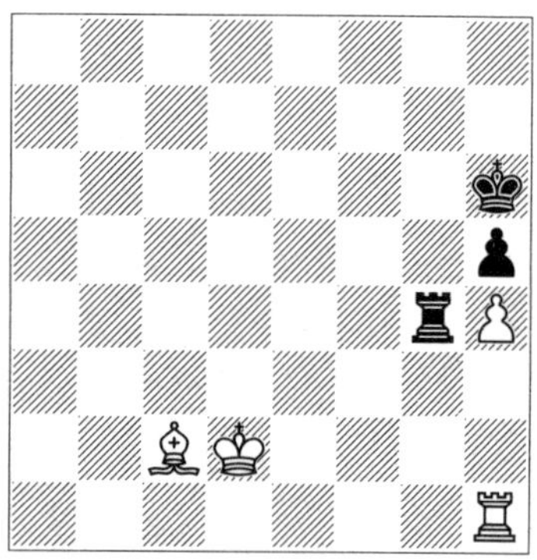

PA02 Weiß am Zug
Warum war 1 ♔e3 ein Fehler?
(Lösung: siehe Seite 124)

W

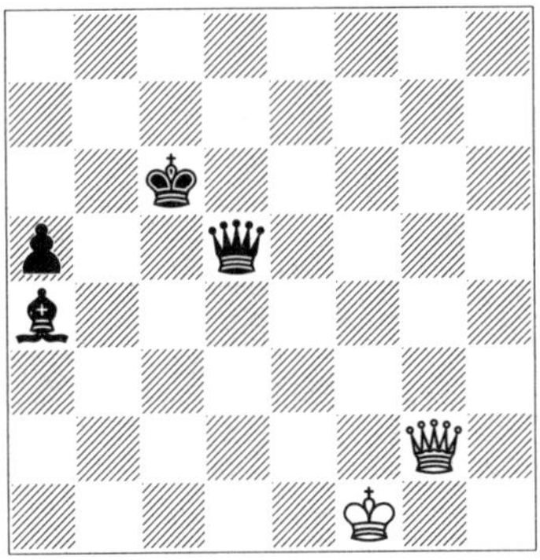

PA03 Weiß am Zug
(Lösung: siehe Seite 124)

W

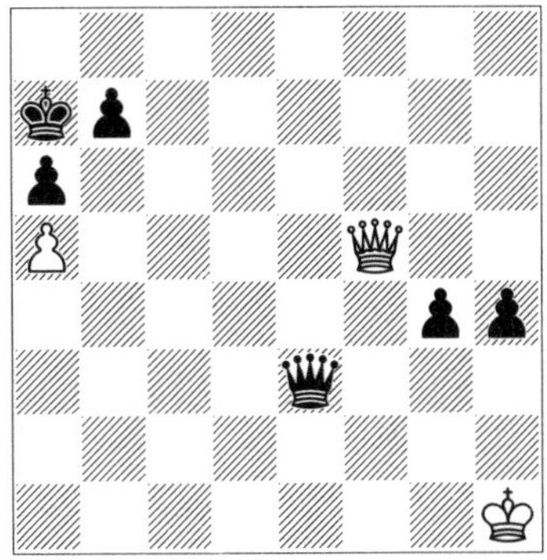

PA05 Weiß am Zug
(Lösung: siehe Seite 124)

W

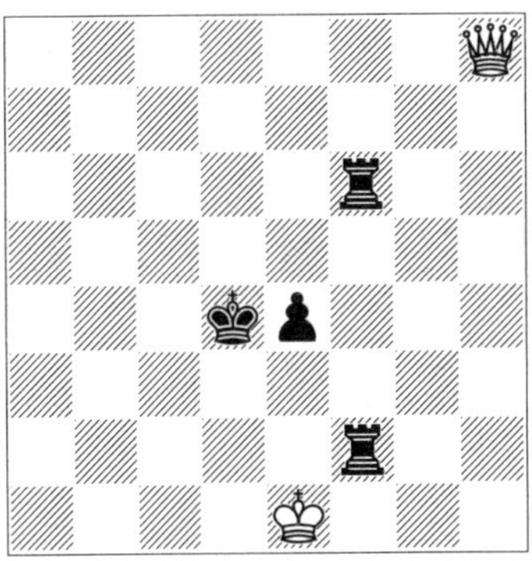

PA04 Weiß am Zug
(Lösung: siehe Seite 124)

S

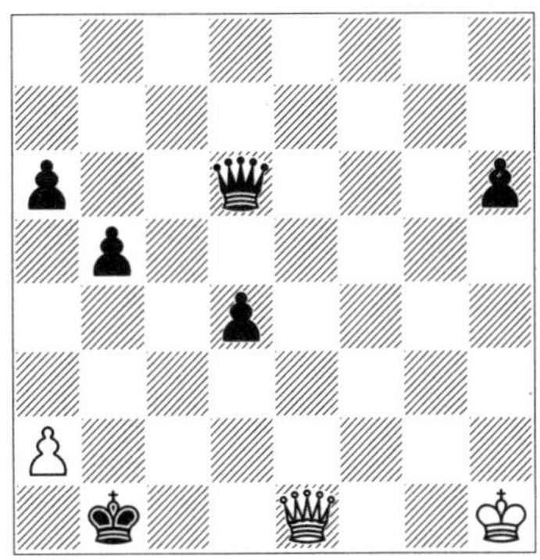

PA06 Schwarz am Zug
(Lösung: siehe Seite 124)

W

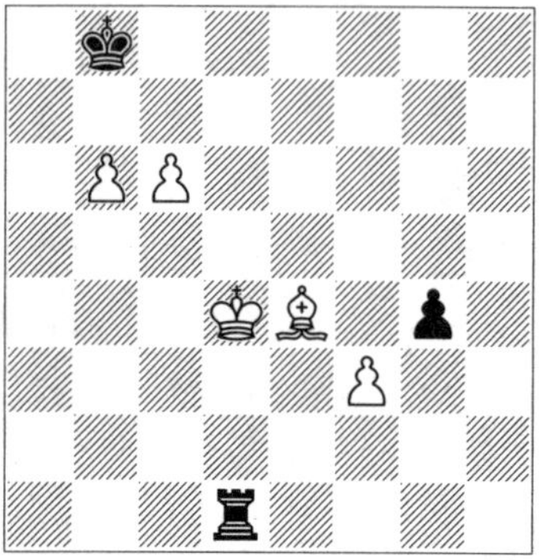

PA07 Weiß am Zug

Soll der König nach e5 oder e3 gehen?

(Lösung: siehe Seite 125)

S

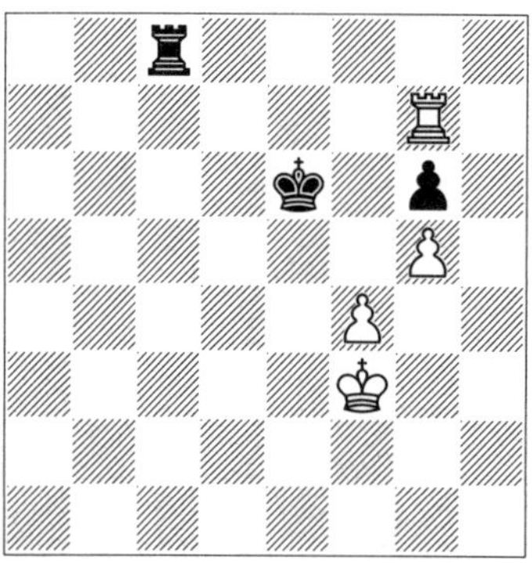

PA08 Schwarz am Zug

(Lösung: siehe Seite 125)

W

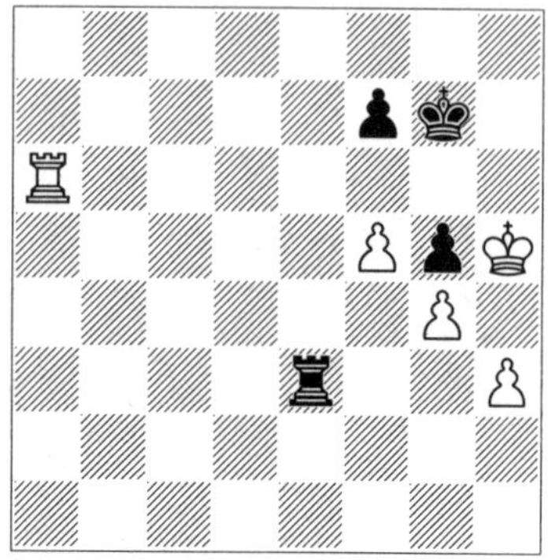

PA09 Weiß am Zug

(Lösung: siehe Seite 125)

S

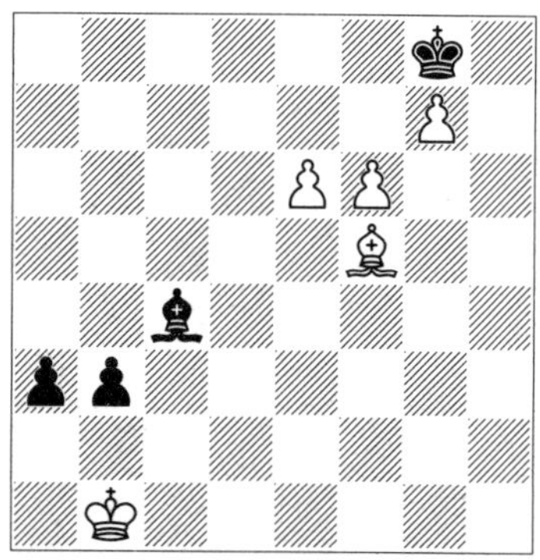

PA10 Schwarz am Zug

(Lösung: siehe Seite 125)

W

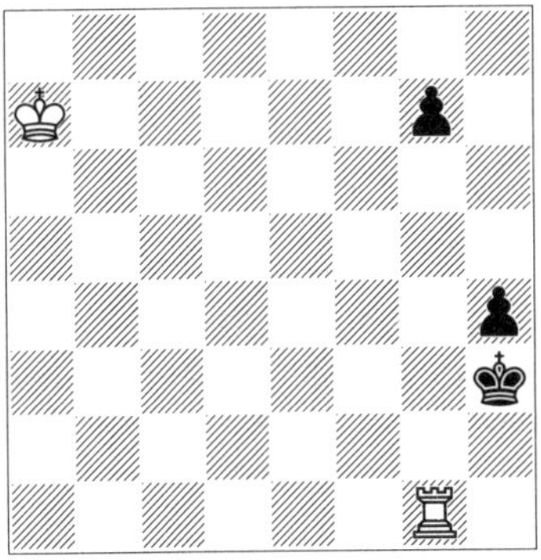

PA11 Weiß am Zug
(Lösung: siehe Seite 126)

W

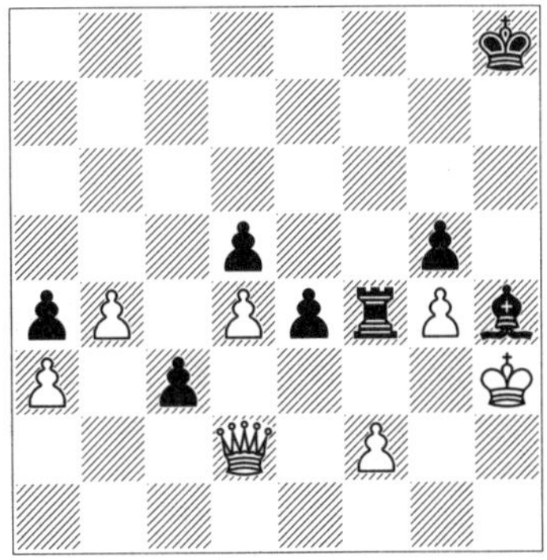

PA12 Weiß am Zug
Darf Weiß auf c3 schlagen?
(Lösung: siehe Seite 126)

Bauernumwandlung

Bei der Umwandlung eines Bauern wird so viel Energie frei, dass im Vorfeld geringfügige materielle Konzessionen im Allgemeinen kein Hindernis darstellen.

Daher sieht man sehr häufig Kombinationen zur Erzwingung der Umwandlung der eigenen Freibauern, zur Verhinderung der Krönung eines gegnerischen Bauern oder zur günstigen Beeinflussung eines Wettrennens, wobei man dafür sorgt, dass die Umwandlung unter besonders vorteilhaften Umständen erfolgt – beispielsweise mit Schach.

Den Anfang macht eine der fundamentalen Stellungen der Endspieltheorie: ein klassischer Bauerndurchbruch.

W

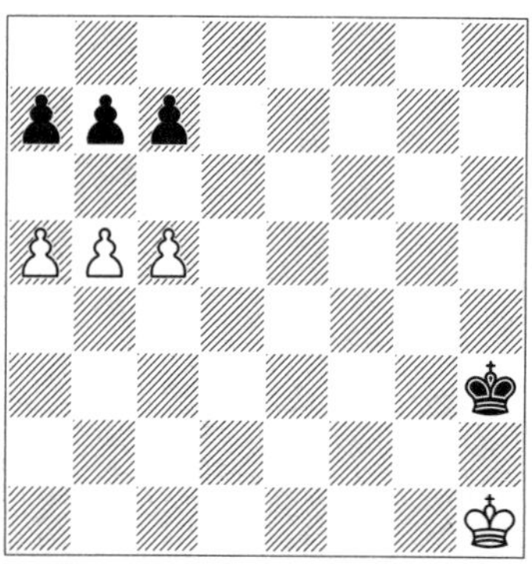

BU01

a) Weiß am Zug.

b) Wie kann Schwarz sich verteidigen, wenn er am Zug ist?

(Lösung: siehe Seite 126)

W

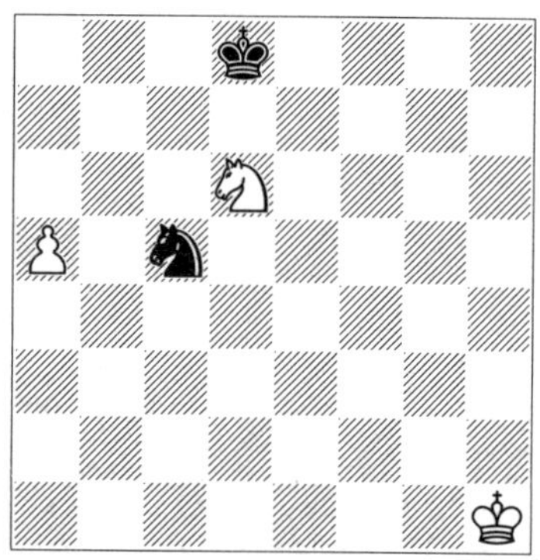

BU02 Weiß am Zug

(Lösung: siehe Seite 126)

W

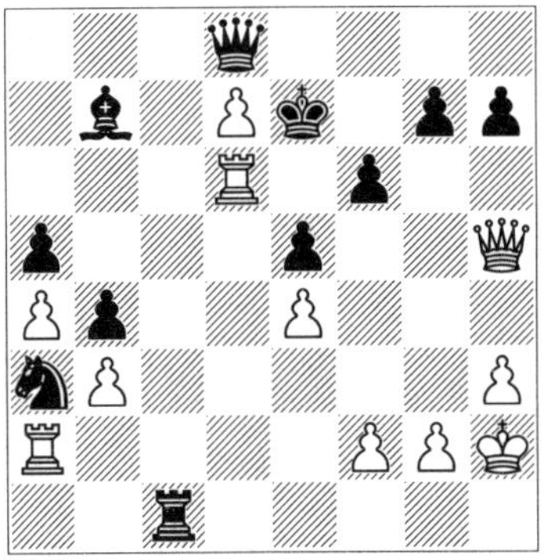

BU03 Weiß am Zug
Wie lautet der sauberste Gewinnweg?
(Lösung: siehe Seite 126)

W

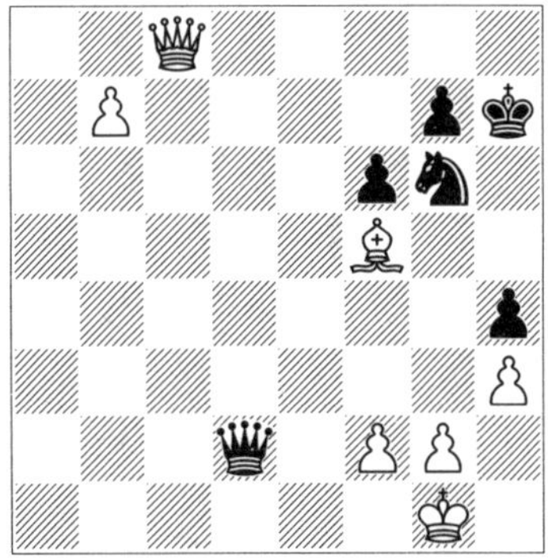

BU05 Weiß am Zug
(Lösung: siehe Seite 127)

S

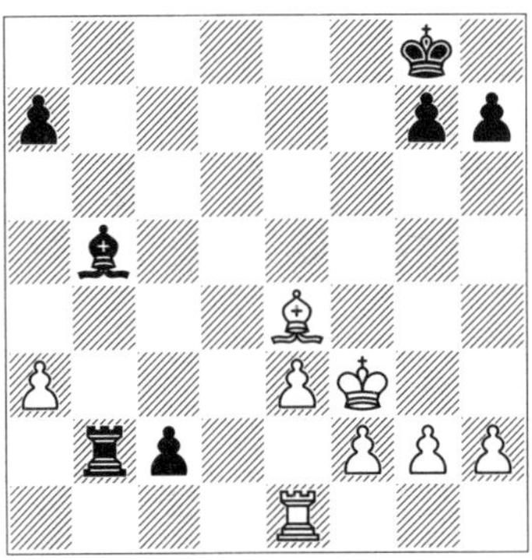

BU04 Schwarz am Zug
(Lösung: siehe Seite 127)

W

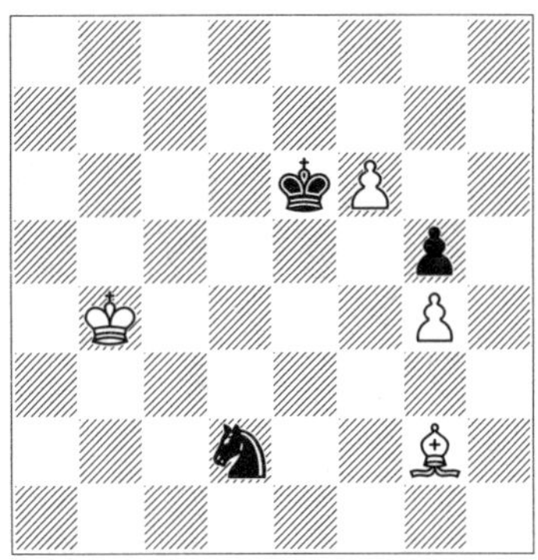

BU06 Weiß am Zug
(Lösung: siehe Seite 127)

W

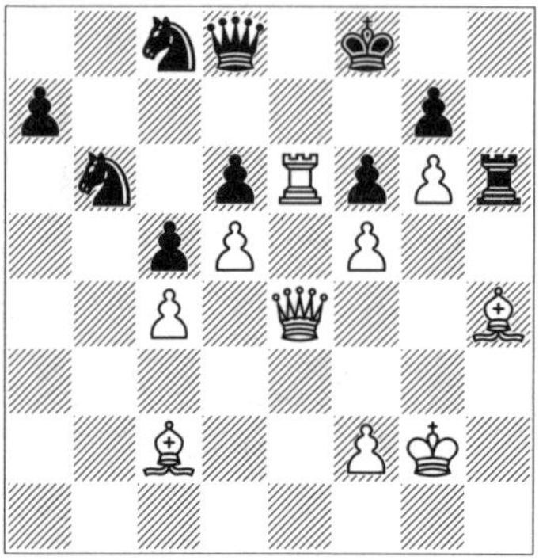

BU07 Weiß am Zug
(Lösung: siehe Seite 127)

S

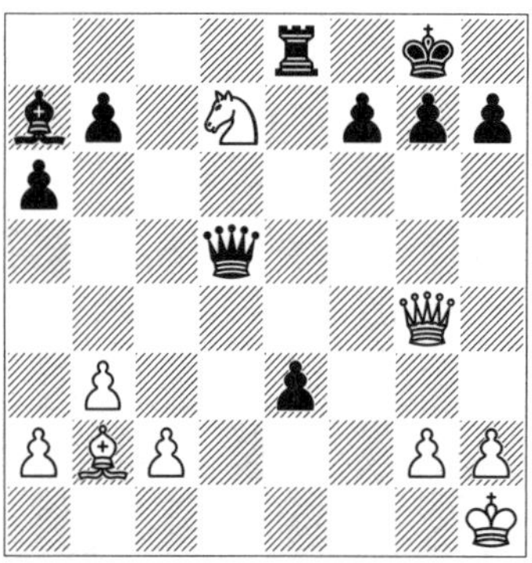

BU08 Schwarz am Zug
(Lösung: siehe Seite 127)

S

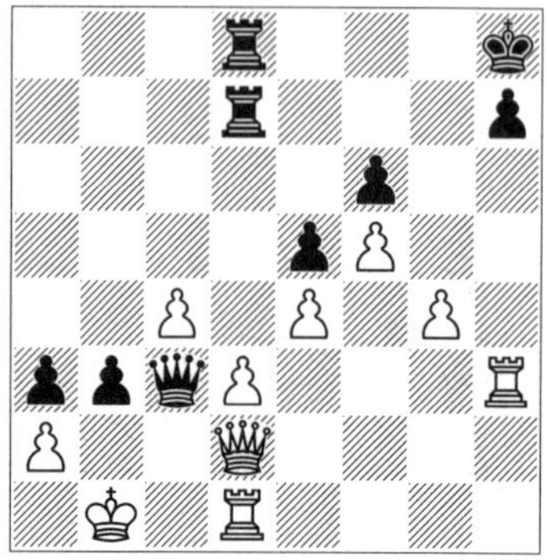

BU09 Schwarz am Zug
(Lösung: siehe Seite 128)

W

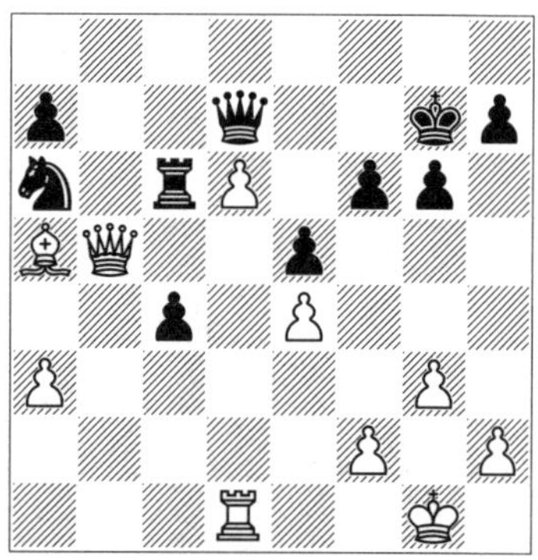

BU10 Weiß am Zug
(Lösung: siehe Seite 128)

S

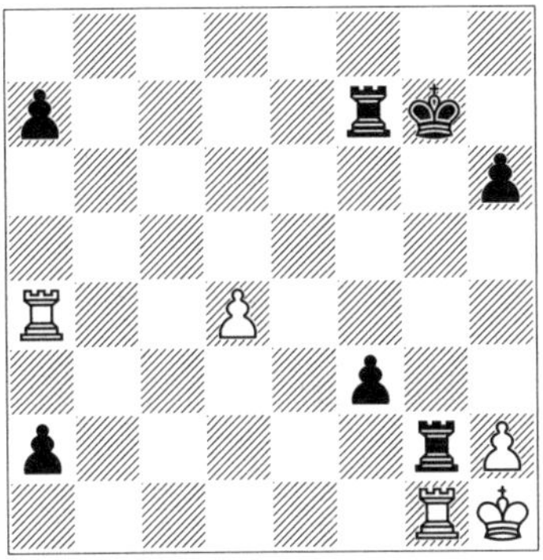

BU11 Schwarz am Zug
(Der zweite Zug ist der wichtige.)
(Lösung: siehe Seite 128)

S

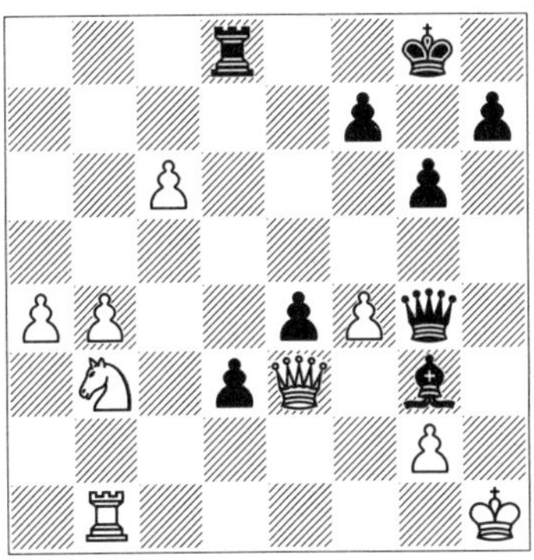

BU12 Schwarz am Zug
Wie lautet der sauberste (und ästhetisch ansprechendste) Gewinnweg?
(Lösung: siehe Seite 128)

S

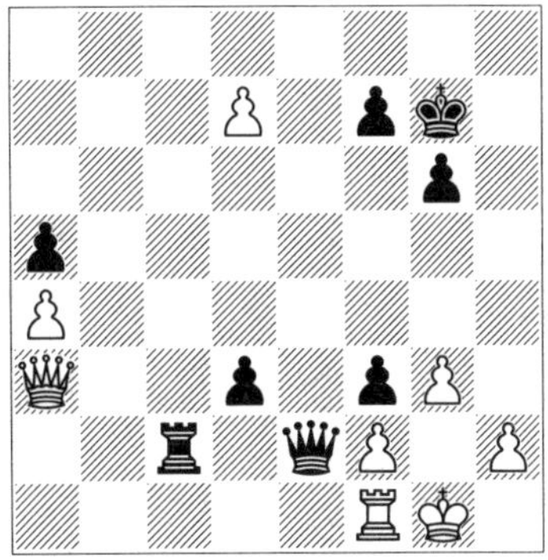

BU13 Schwarz am Zug
Wie ging die Partie aus?
(Lösung: siehe Seite 128)

W

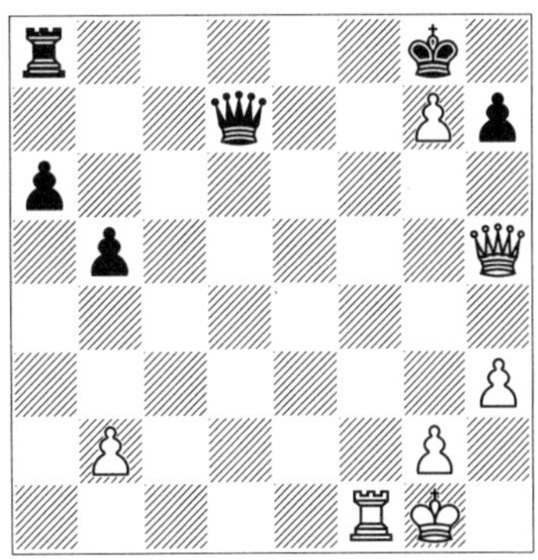

BU14 Weiß am Zug
(Lösung: siehe Seite 129)

W

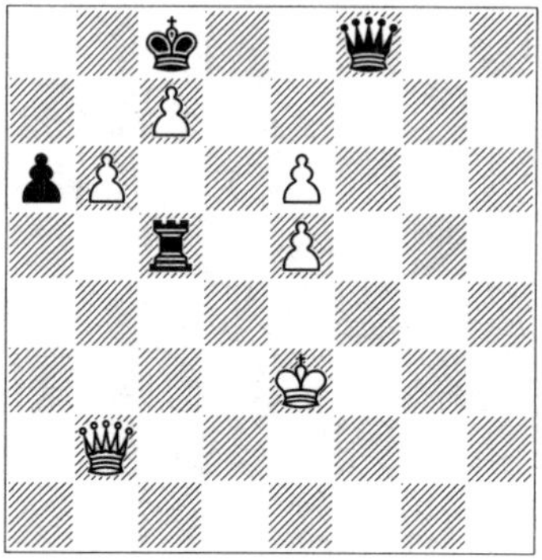

BU15 Weiß am Zug
(Lösung: siehe Seite 129)

Teil 2: Taktik in der Praxis

Fingerübungen

Dieser Abschnitt enthält 48 Stellungen, in denen es in erster Linie darauf ankommt, den möglichen kombinatorischen Schlag zu sehen. Während einer Partie wird man oft eine Idee haben, sich dann aber fragen, ob sie auch wirklich funktioniert. Hier ist das sich ergebende Spiel in der Regel sonnenklar, wenn man die richtige Idee einmal gefunden hat.

Die Beispiele sind daher kurz und recht „einfach“. Ein gutes taktisches Sehvermögen ist jedoch für die Meisterung des Kombinationsspiels absolut unerlässlich.

W

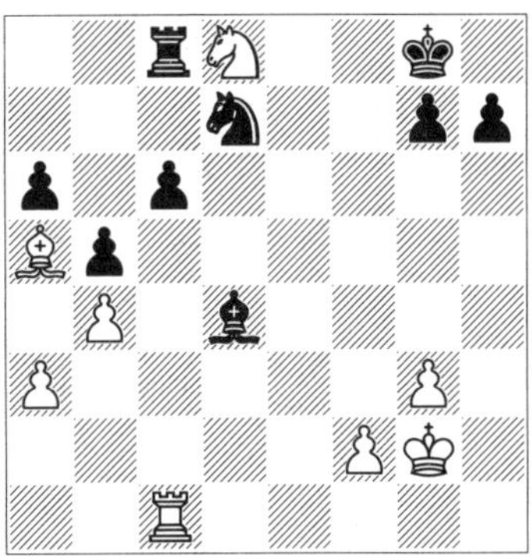

FÜ01 Weiß am Zug

Hier liegt ein Spieß auf der Hand, aber bringt er auch etwas ein?

(Lösung: siehe Seite 129)

S

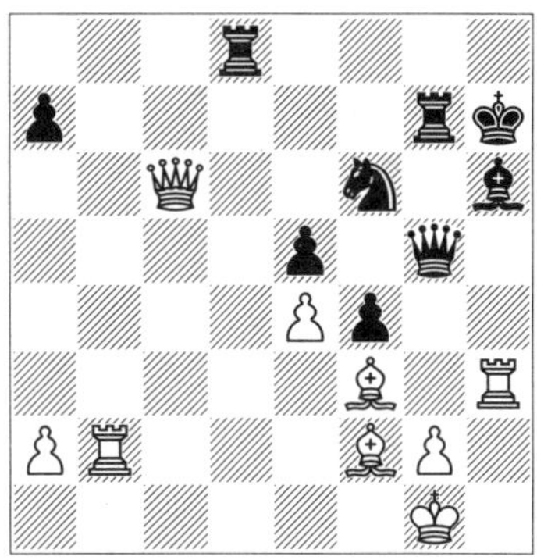

FÜ02 Schwarz am Zug

(Lösung: siehe Seite 129)

W

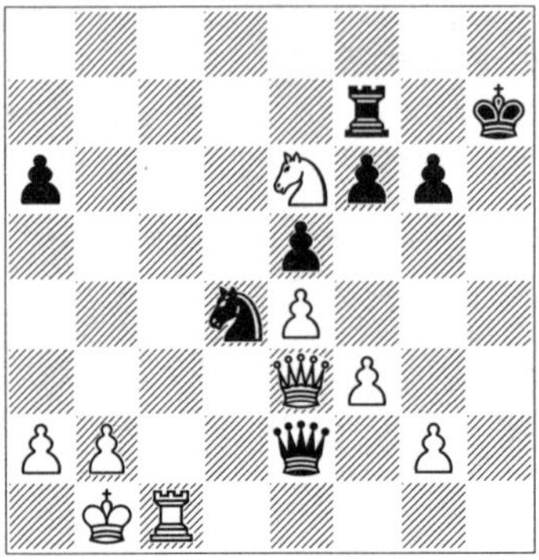

FÜ03 Weiß am Zug

Schwarz hat gerade 34...♔g7-h7? gespielt (bessere Chancen bot der Zug 34...♔g8). Was war die Folge?

(Lösung: siehe Seite 129)

S

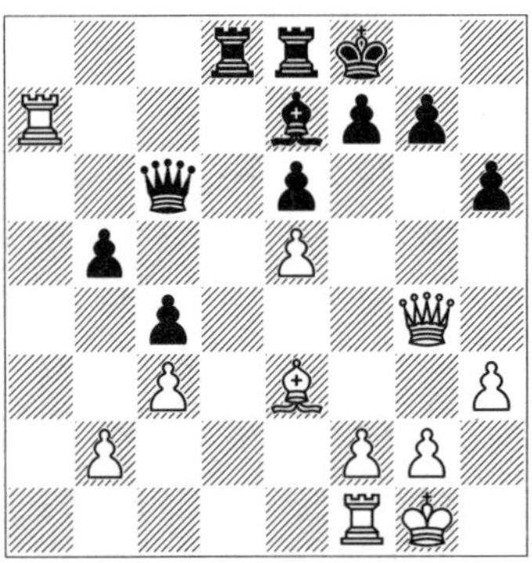

FÜ04 Schwarz am Zug

Der Nachziehende versuchte sich mit 24...♗c5 zu befreien. Warum war das keine gute Idee?

(Lösung: siehe Seite 130)

W

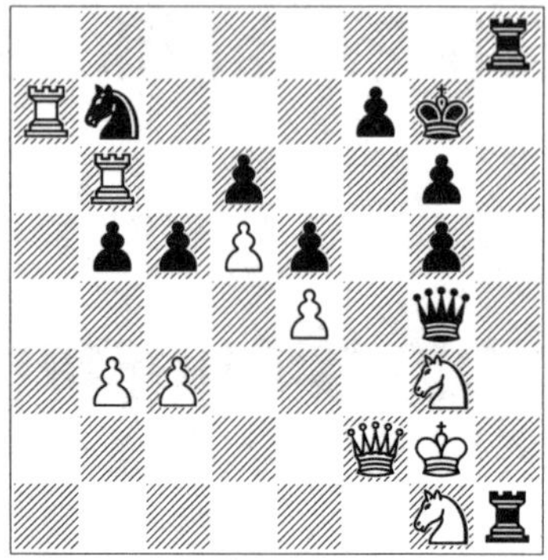

FÜ05 Weiß am Zug

(Lösung: siehe Seite 130)

W

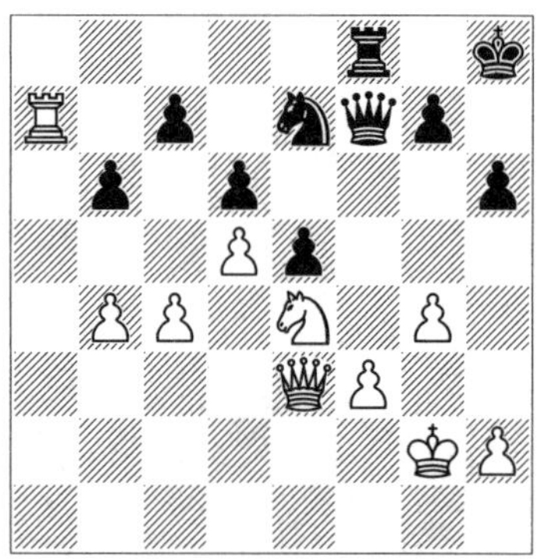

FÜ06 Weiß am Zug

Was sollte Weiß nicht tun, und warum nicht?

(Lösung: siehe Seite 130)

S

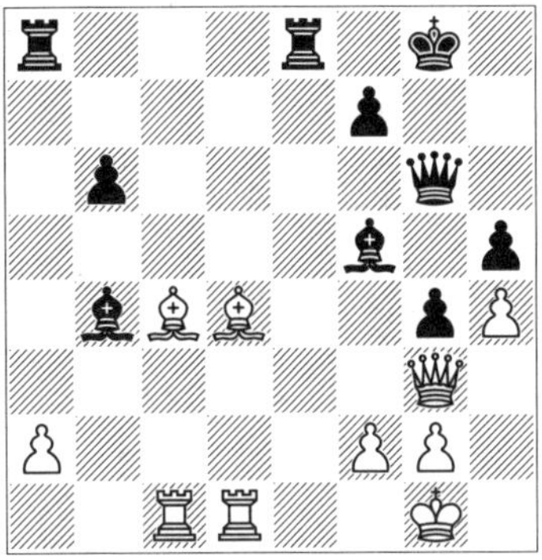

FÜ07 Schwarz am Zug

Schwarz wählte den plausiblen Zug 27...♗c2. Warum war das keine gute Idee?

(Lösung: siehe Seite 130)

S

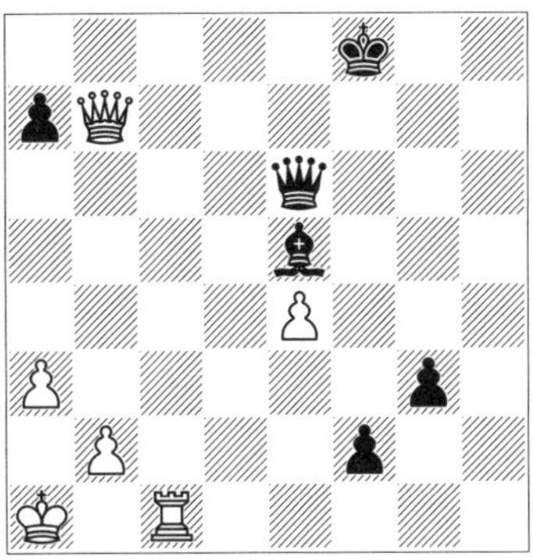

FÜ08 Schwarz am Zug

Die verbundenen schwarzen Freibauern sind eine Macht, aber im Augenblick droht Weiß ♖c8+. Wie parierte Schwarz diese Drohung und erzwang den Sieg?

(Lösung: siehe Seite 131)

W

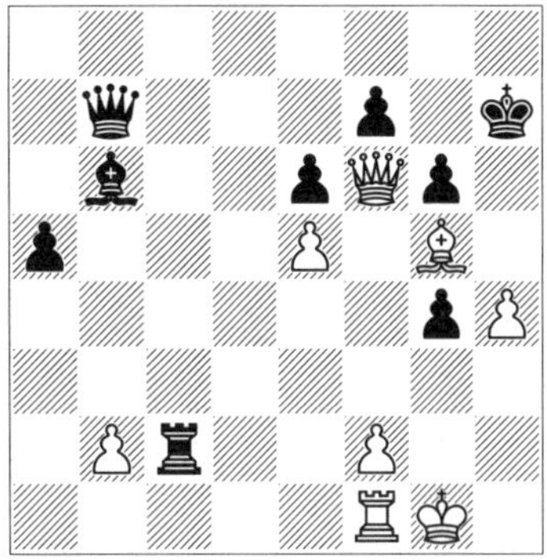

FÜ09 Weiß am Zug

Schwarz ist im Begriff, den weißen Königsflügel zu zerstören, aber Weiß ist am Zug und kann zuerst zuschlagen. Wie stellt er das an, und woran scheitert der schwarze Gegenangriff?

(Lösung: siehe Seite 131)

W

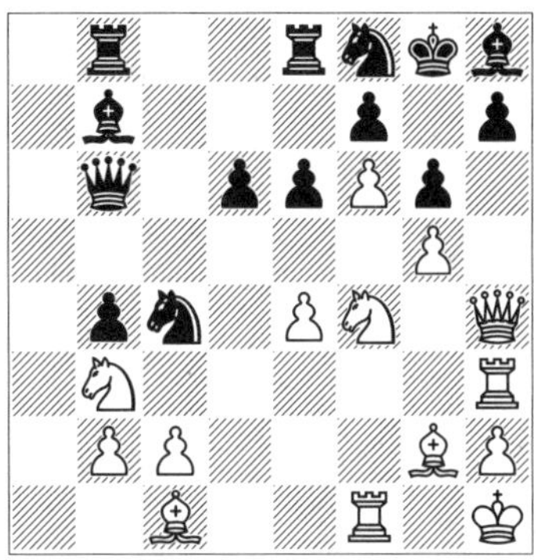

FÜ10 Weiß am Zug

(Lösung: siehe Seite 131)

W

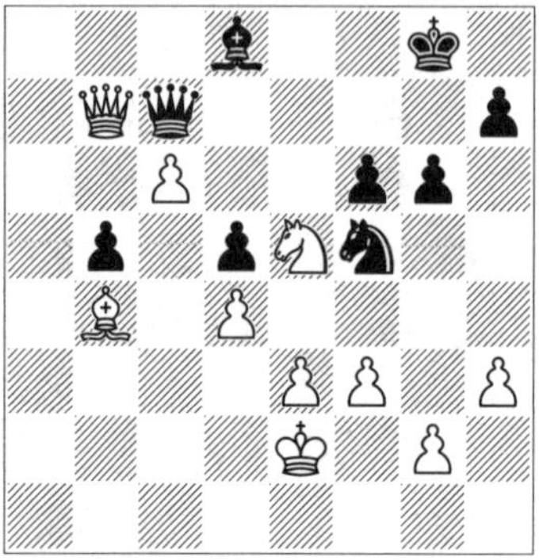

FÜ11 Weiß am Zug

Offensichtlich steht Schwarz hier unter schwerem Druck, aber wie kann Weiß den Sack sofort zumachen?

(Lösung: siehe Seite 131)

W

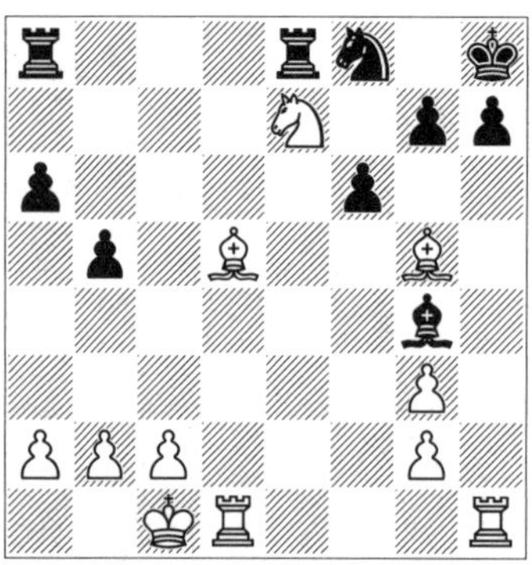

FÜ12 Weiß am Zug

(Lösung: siehe Seite 131)

S

FÜ13 Schwarz am Zug

(Lösung: siehe Seite 132)

S

FÜ14 Schwarz am Zug

(Lösung: siehe Seite 132)

S

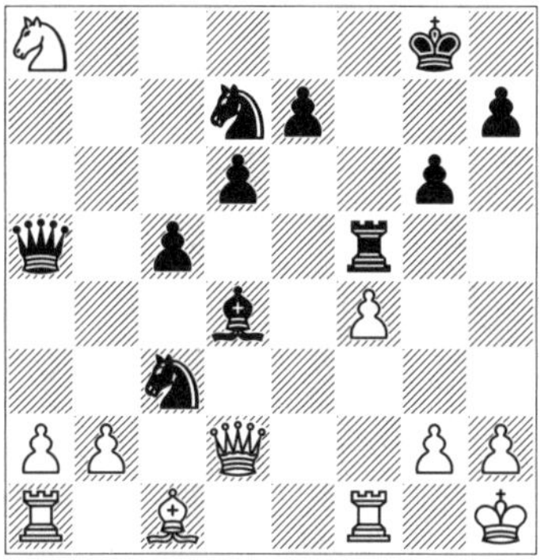

FÜ15 Schwarz am Zug
(Lösung: siehe Seite 132)

S

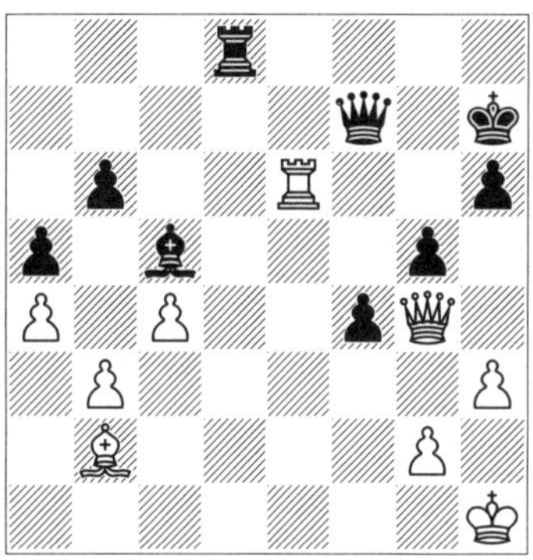

FÜ16 Schwarz am Zug
(Lösung: siehe Seite 132)

W

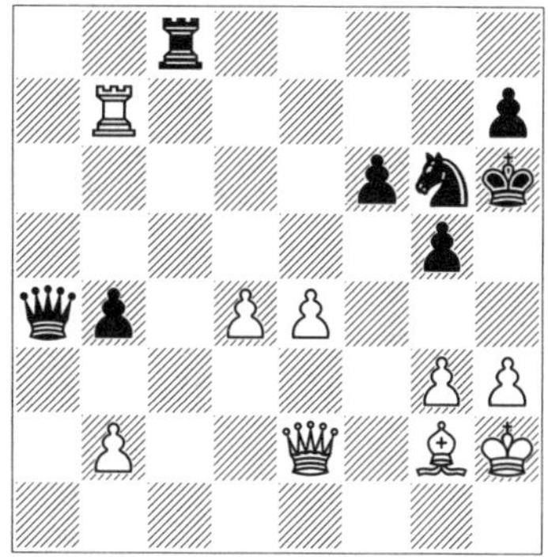

FÜ17 Weiß am Zug
Weiß steht sicherlich auf Gewinn, aber wie lautet der beste und ästhetischste Weg zum Sieg?
(Lösung: siehe Seite 132)

W

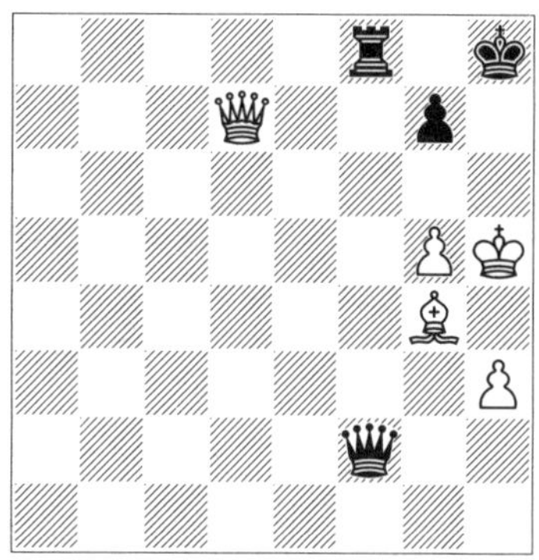

FÜ18 Weiß am Zug
Weiß sollte trotz des geringfügigen materiellen Nachteils sicherlich Remis halten können. Hier spielte er jedoch mit dem ehrgeizigen 61 ♔g6 auf Gewinn. Warum war das eine sehr schlechte Idee?
(Lösung: siehe Seite 133)

S

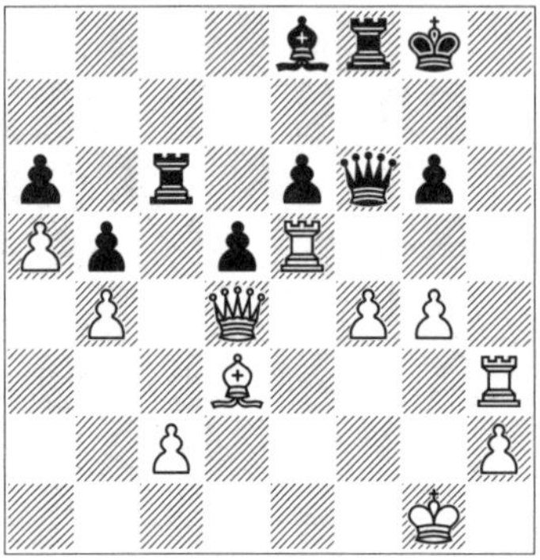

FÜ19 Schwarz am Zug

Unter massivem Druck versuchte Schwarz 40...♛xf4. Wie lautete die Entgegnung?

(Lösung: siehe Seite 133)

W

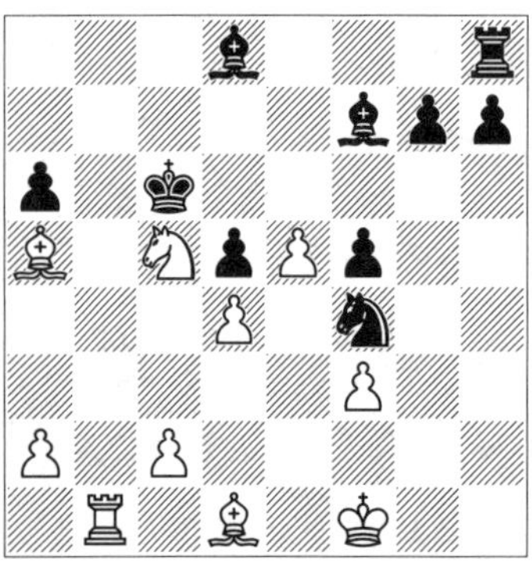

FÜ20 Weiß am Zug

Weiß steht hier offensichtlich sehr gut, aber wie lautet die beste Fortsetzung?

(Lösung: siehe Seite 133)

W

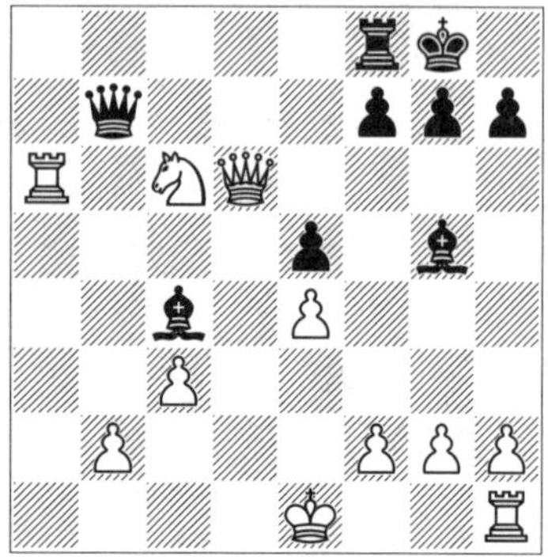

FÜ21 Weiß am Zug

a) Der offensichtliche Zug 23 ♖a7 läuft in einen Gegenschlag, der die Sache zumindest komplizierter macht. Wie lautet die schwarze Antwort?

b) Stattdessen fand Weiß einen viel besseren Abschluss. Was spielte er?

(Lösung: siehe Seite 133)

S

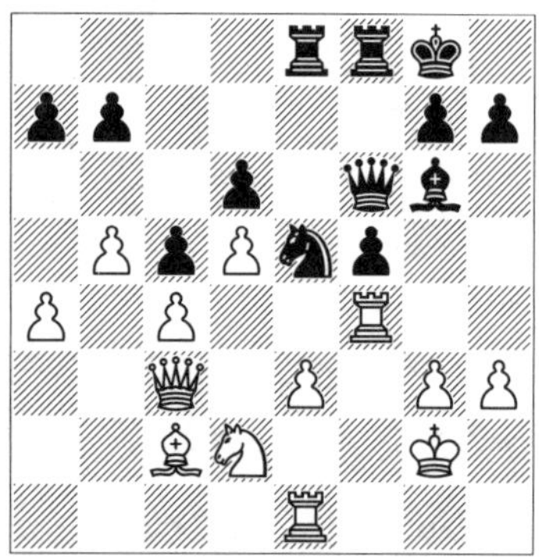

FÜ22 Schwarz am Zug

a) Welcher Umstand deutet darauf hin, dass hier eine Kombination in der Luft liegen könnte?

b) Wie nutzte Schwarz dies aus?

(Lösung: siehe Seite 133)

S

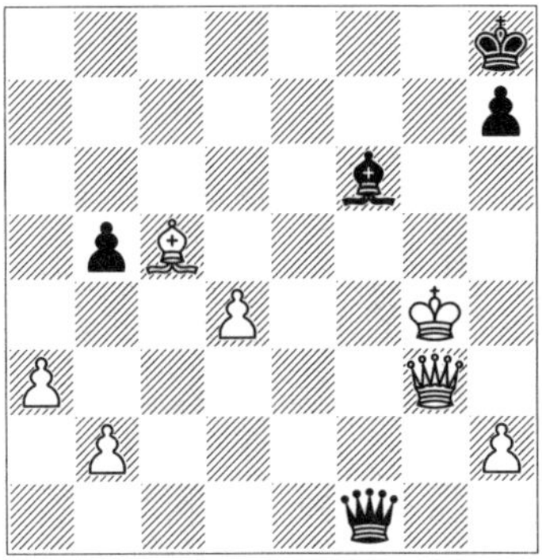

FÜ23 Schwarz am Zug

Weiß hat gerade mit 57 ♔h3-g4?? einen groben Fehler gemacht. In einem Aufgabenbuch wie diesem sollte die vernichtende Erwiderung des Nachziehenden auf der Hand liegen.

(Lösung: siehe Seite 134)

W

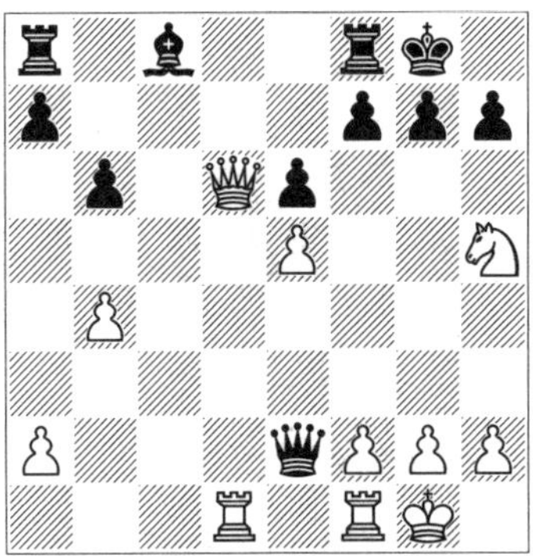

FÜ24 Weiß am Zug

Wie lautet der offensichtliche Versuch, und funktioniert er?

(Lösung: siehe Seite 134)

W

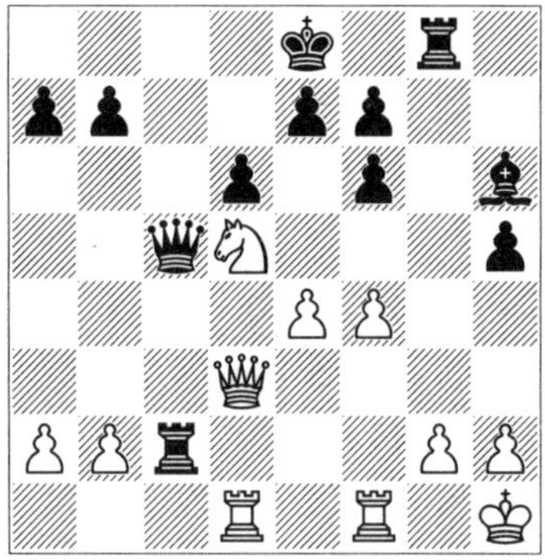

FÜ25 Weiß am Zug

Schwarz hat einen Bauern gewonnen und seinen Turm auf die zweite Reihe gebracht, aber seine Kräfte sind ziemlich zerstreut. Wie konnte Weiß dies ausnutzen?

(Lösung: siehe Seite 134)

S

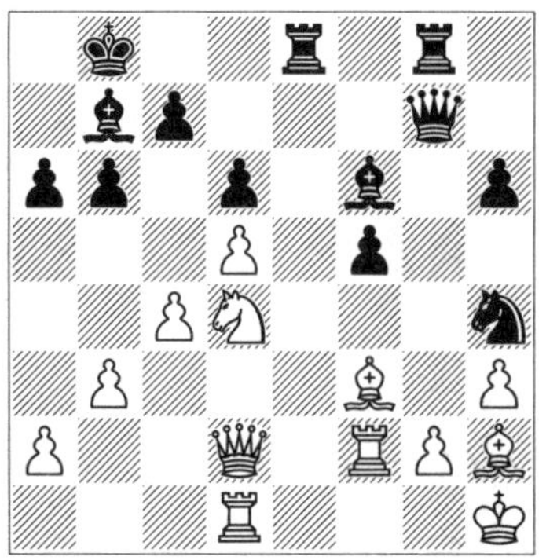

FÜ26 Schwarz am Zug

Weiß hat gerade mit 26 ♖f1-f2 den Bauern g2 gedeckt, damit aber die Grundreihe geschwächt. Wie kann Schwarz nun den Sieg erzwingen?

(Lösung: siehe Seite 134)

W

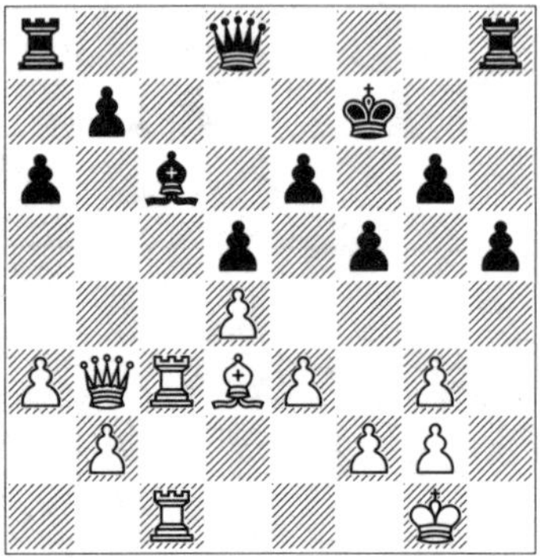

FÜ27 Weiß am Zug

Weiß entschied sich für 20 ♕d1 und verlor später die Partie. Was hätte er ziehen sollen?

(Lösung: siehe Seite 134)

W

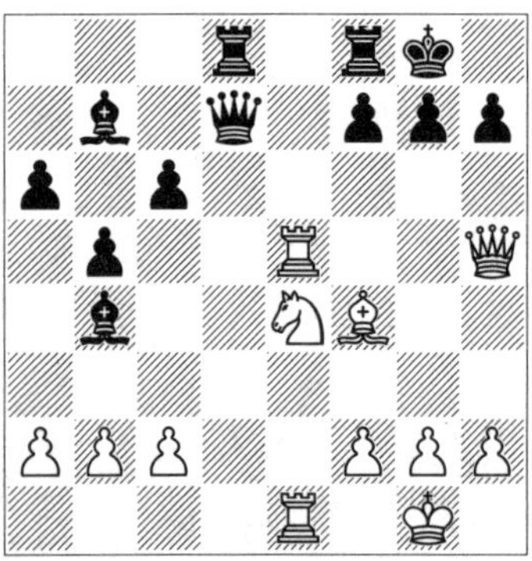

FÜ28 Weiß am Zug

(Lösung: siehe Seite 135)

S

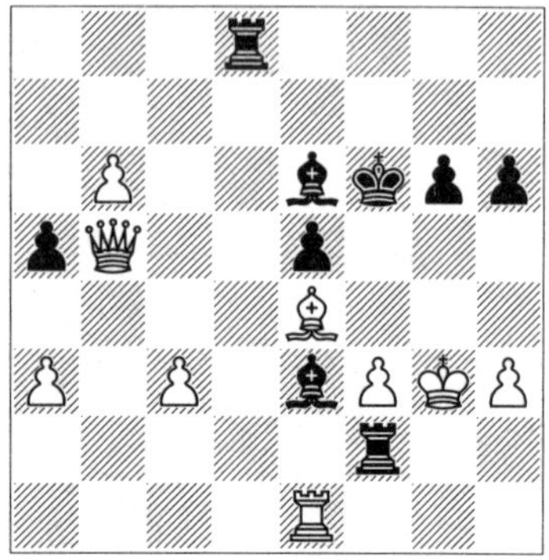

FÜ29 Schwarz am Zug

Es ist ziemlich offensichtlich, was Schwarz gerne spielen würde, aber sehen Sie die Folgen?

(Lösung: siehe Seite 135)

W

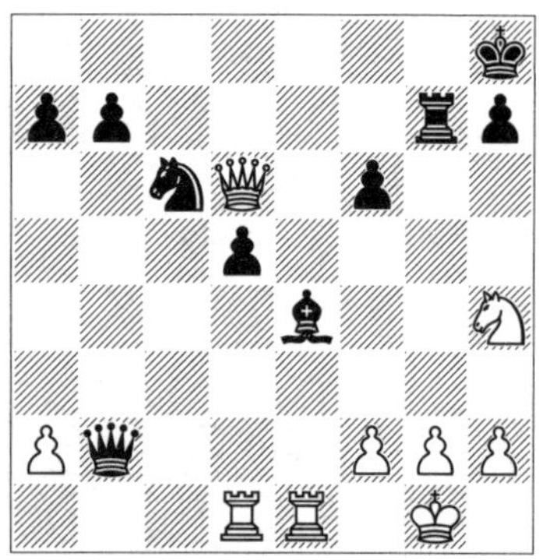

FÜ30 Weiß am Zug

(Lösung: siehe Seite 135)

W

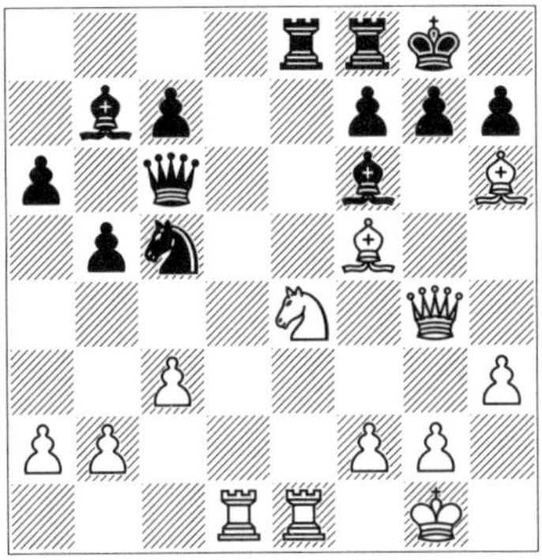

FÜ31 Weiß am Zug
(Lösung: siehe Seite 135)

S

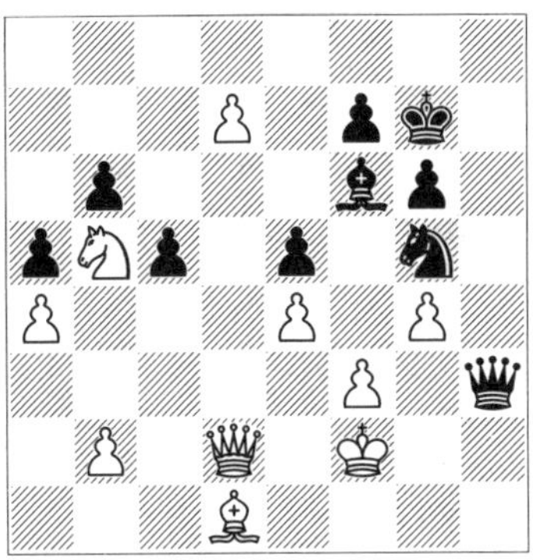

FÜ32 Schwarz am Zug
Schwarz wählte 35...♘e6 und gewann in zehn weiteren Zügen, hatte dabei aber einen sofortigen K.o.-Schlag verpasst. Welchen?
(Lösung: siehe Seite 135)

W

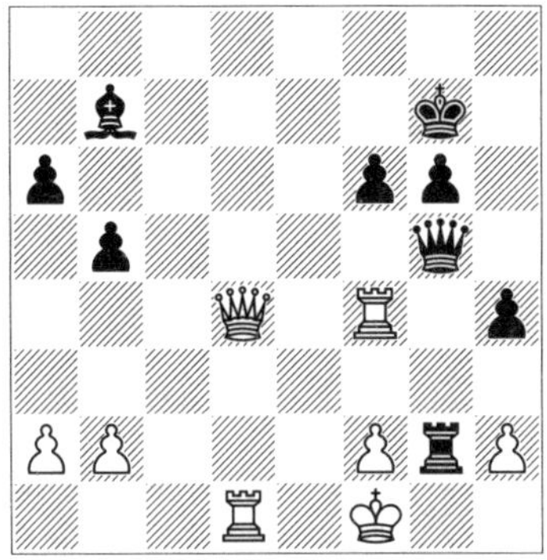

FÜ33 Weiß am Zug
(Lösung: siehe Seite 136)

W

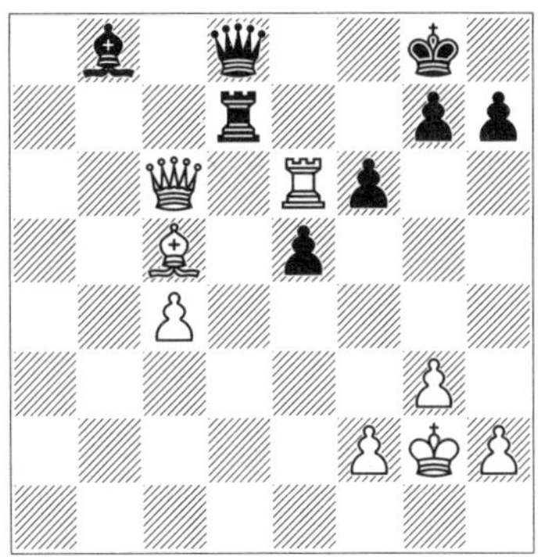

FÜ34 Weiß am Zug
(Lösung: siehe Seite 136)

W

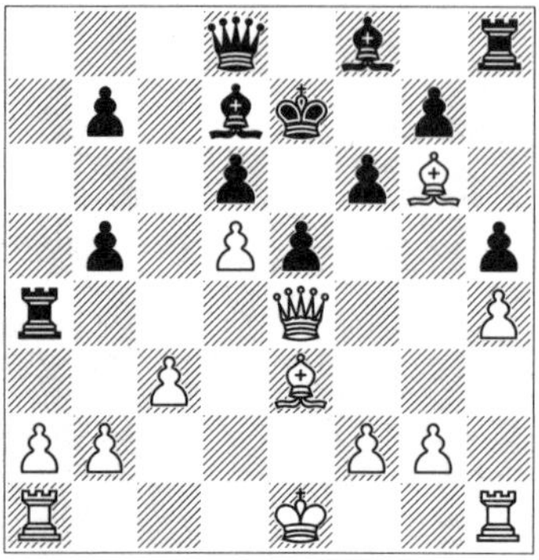

FÜ35 Weiß am Zug
(Lösung: siehe Seite 136)

W

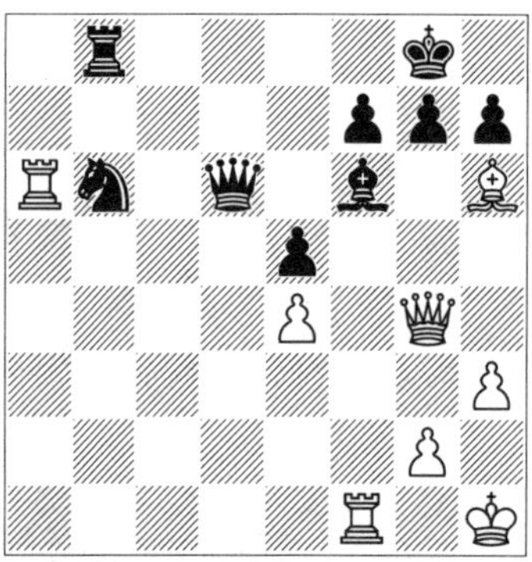

FÜ36 Weiß am Zug
Weiß hat Materialvorteil, aber mit dem gesamten Material auf einem Flügel sieht es so aus, als ob er den Sieg, wenn überhaupt, erst nach langer harter Arbeit erringen könnte. Er beendete jedoch mit einer hübschen Kombination die Partie sofort. Wie?
(Lösung: siehe Seite 136)

W

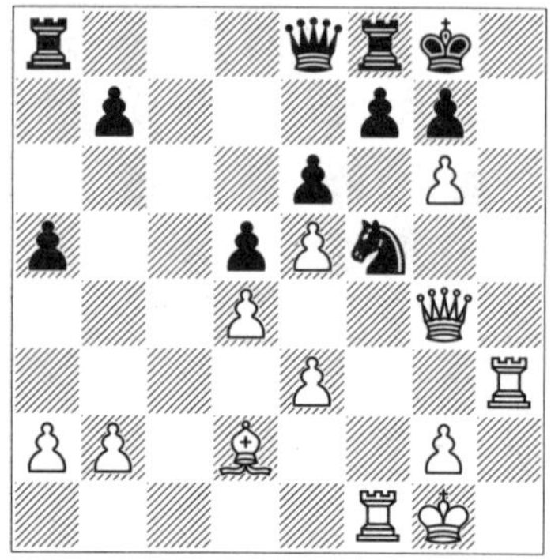

FÜ37 Weiß am Zug
(Lösung: siehe Seite 136)

W

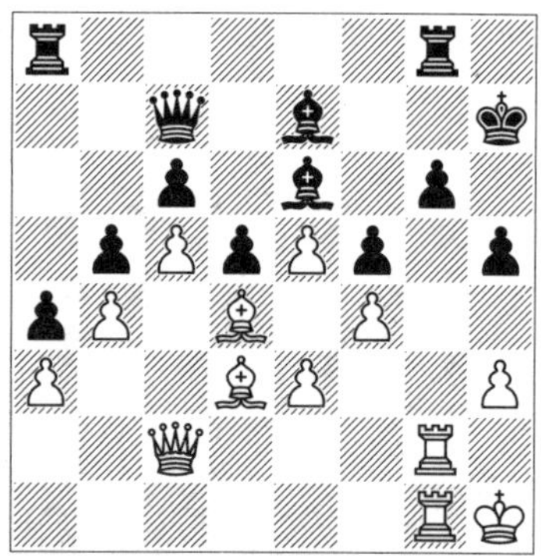

FÜ38 Weiß am Zug
Weiß hat seine Figuren optimal aufgestellt und muss nun berechnen, ob es einen Weg zum Durchbruch gibt. Wie lautet der offensichtliche Weg hierzu, und funktioniert er?
(Lösung: siehe Seite 137)

W

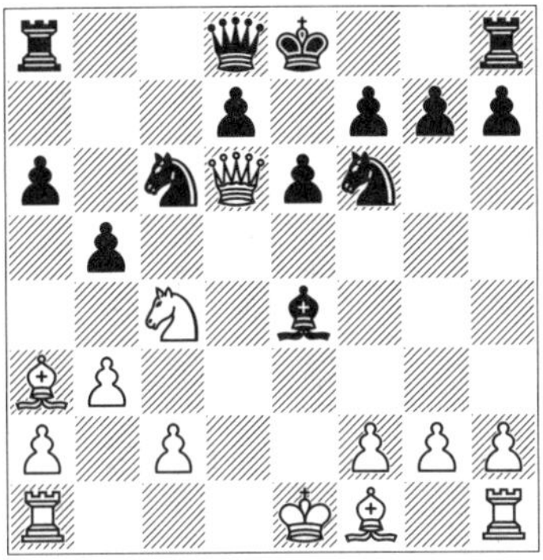

FÜ39 Weiß am Zug

Schwarz hat einen Bauern mehr, ist aber auf den schwarzen Feldern schwach. Wenn der Springer c4 zieht, sollte er sich konsolidieren können, aber Weiß fand einen herrlichen Weg zum sofortigen Sieg. Wie lautet er?

(Lösung: siehe Seite 137)

W

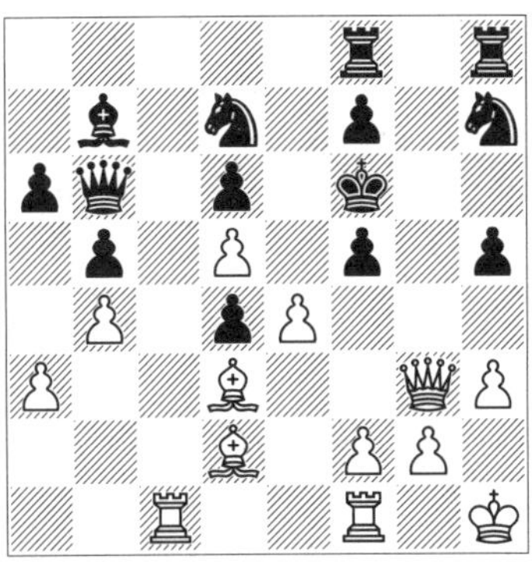

FÜ40 Weiß am Zug

Die schwarze Stellung hängt am seidenen Faden. Wie konnte Weiß ihn durchtrennen?

(Lösung: siehe Seite 137)

W

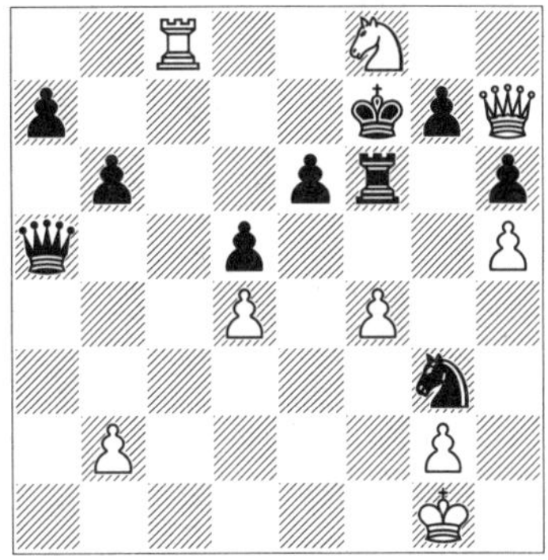

FÜ41 Weiß am Zug

Angesichts der Drohung ...♕e1+ scheint Schwarz noch einmal davongekommen zu sein, aber Weiß bewies mit einem wunderschönen Zug, dass dem nicht so ist. Was spielte er?

(Lösung: siehe Seite 137)

W

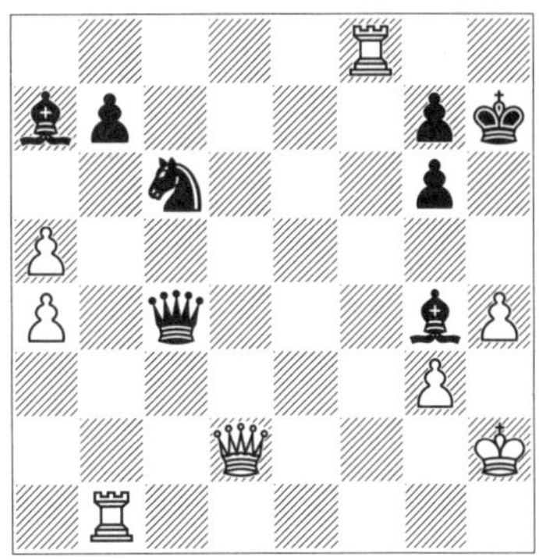

FÜ42 Weiß am Zug

(Lösung: siehe Seite 137)

W

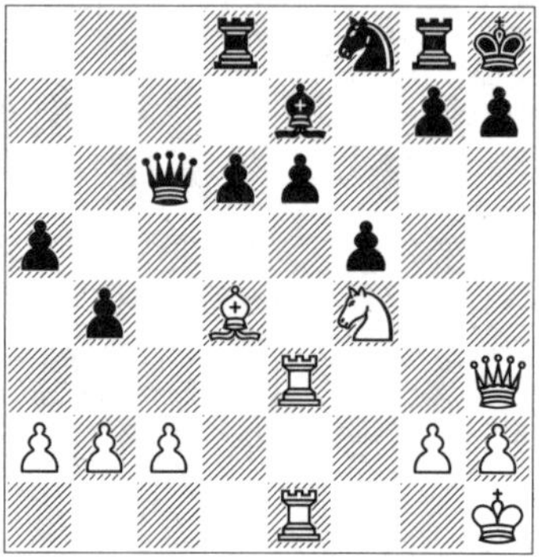

FÜ43 Weiß am Zug
(Lösung: siehe Seite 138)

W

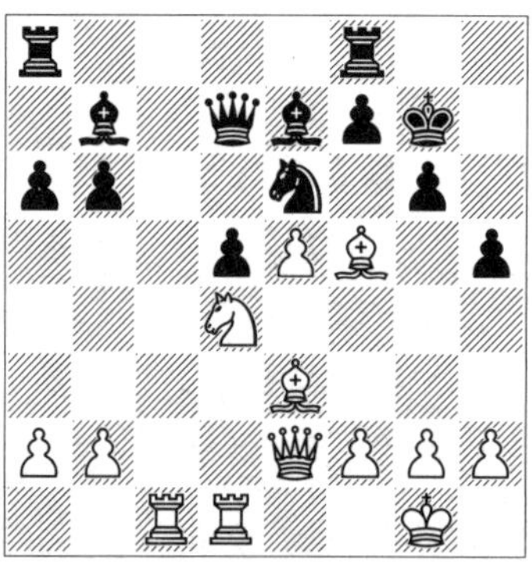

FÜ44 Weiß am Zug
(Lösung: siehe Seite 138)

W

FÜ45 Weiß am Zug
(Lösung: siehe Seite 138)

W

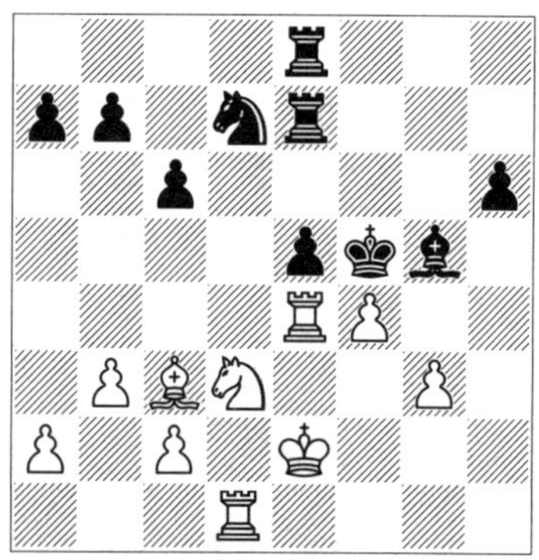

FÜ46 Weiß am Zug
(Lösung: siehe Seite 138)

W

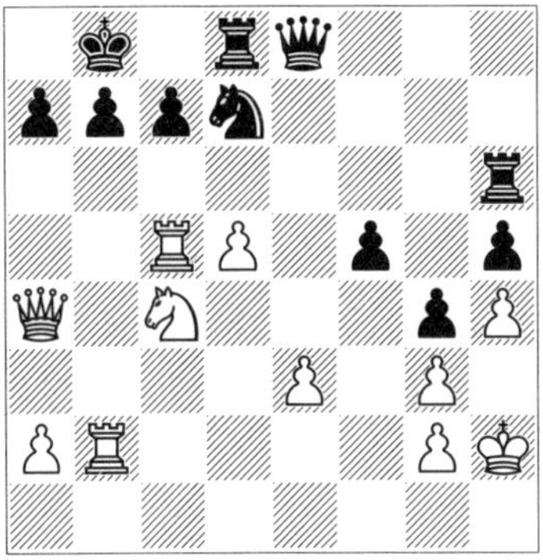

FÜ47 Weiß am Zug
(Lösung: siehe Seite 138)

S

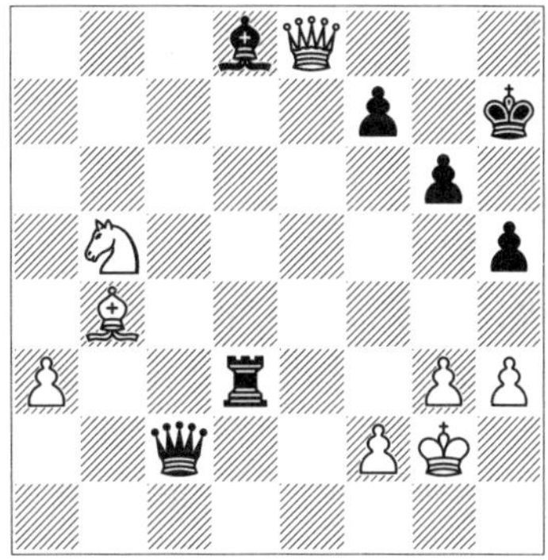

FÜ48 Schwarz am Zug
(Lösung: siehe Seite 139)

Bunter Strauß

Wie schon aus dem Titel zu schließen ist, enthält dieser Abschnitt eine breite Palette unterschiedlichster Stellungen. Den Anfang machen einige, die auch im Abschnitt „Fingerübungen" hätten stehen können, aber dann folgen einige doch recht anspruchsvolle Beispiele.

W

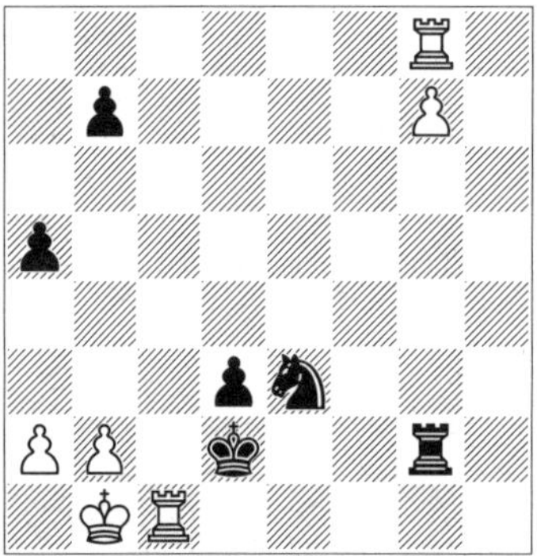

BS01 Weiß am Zug

Der Bauer d3 scheint dem Nachziehenden etwas Gegenspiel zu verbürgen, aber Weiß bewies das Gegenteil. Wie?

(Lösung: siehe Seite 139)

W

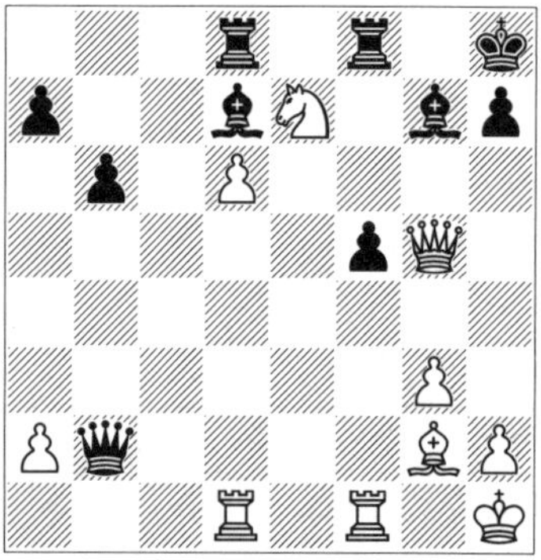

BS02 Weiß am Zug

(Lösung: siehe Seite 139)

S

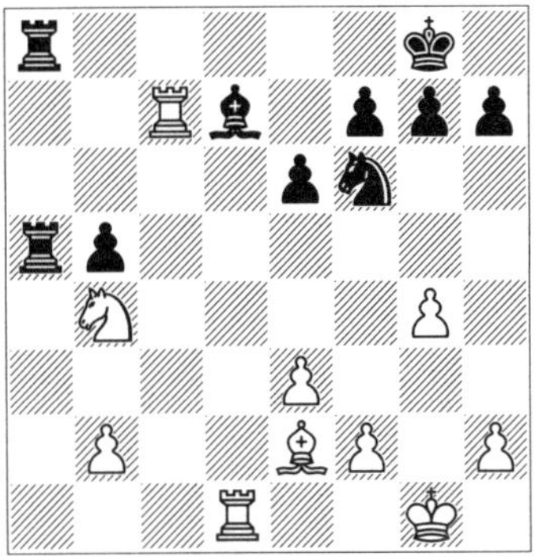

BS03 Schwarz am Zug
Schwarz befragte mit 22...♖8a7 den feindlichen Turm, aber das war eine sehr schlechte Idee. Warum?
(Lösung: siehe Seite 139)

W

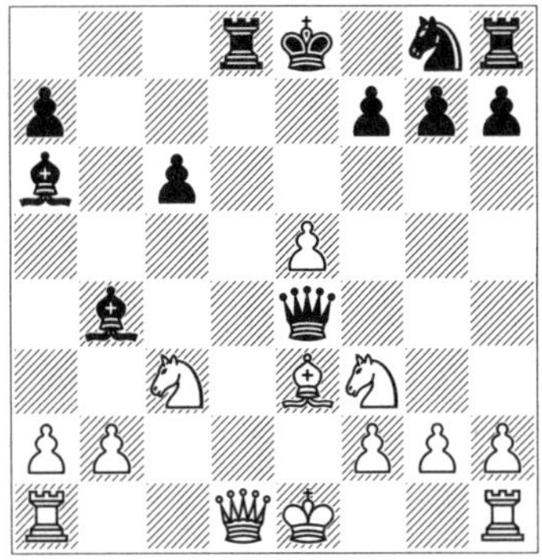

BS05 Weiß am Zug
(Lösung: siehe Seite 139)

S

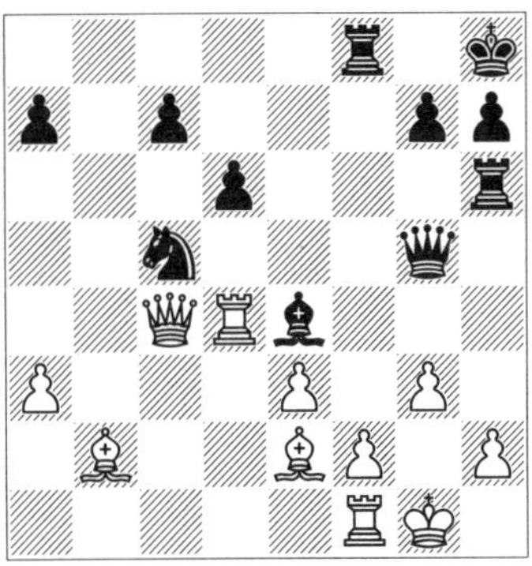

BS04 Schwarz am Zug
(Lösung: siehe Seite 139)

W

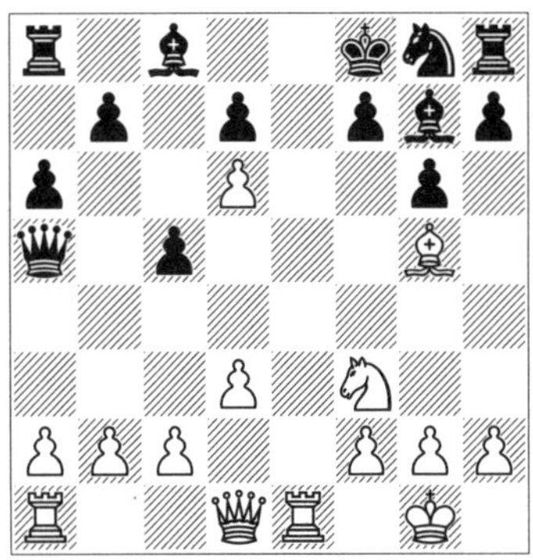

BS06 Weiß am Zug
Offenbar hat Weiß gerade auf d6 einen Springer geopfert. Wie konnte er dies rechtfertigen?
(Lösung: siehe Seite 140)

W

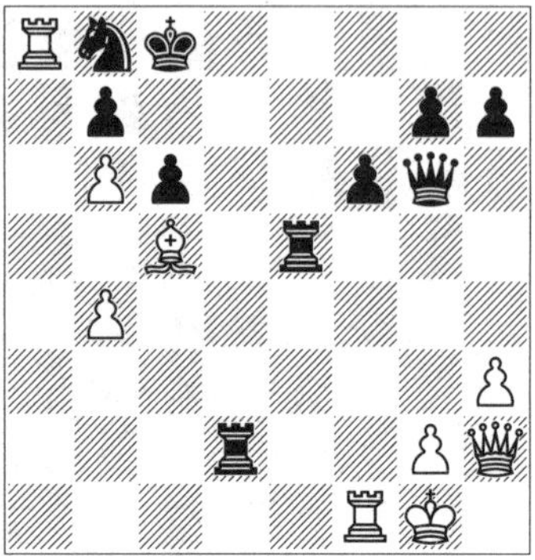

BS07 Weiß am Zug
Wie kann Weiß durchbrechen?
(Lösung: siehe Seite 140)

W

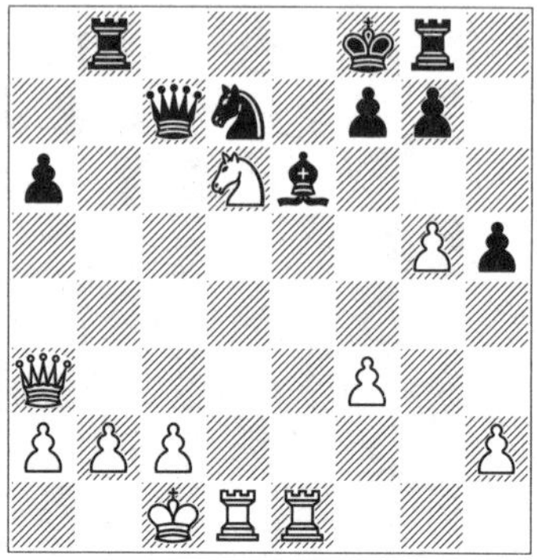

BS09 Weiß am Zug
Wie lautet der sauberste Gewinnweg?
(Lösung: siehe Seite 140)

W

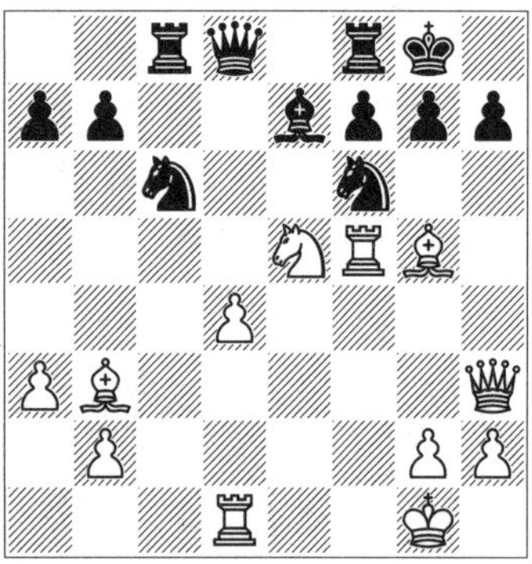

BS08 Weiß am Zug
(Lösung: siehe Seite 140)

W

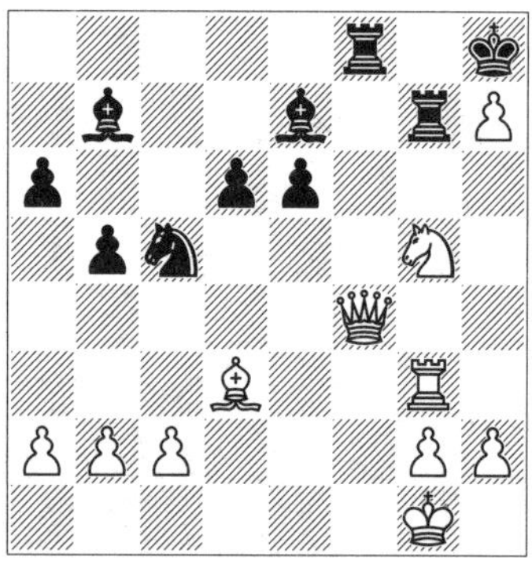

BS10 Weiß am Zug
(Lösung: siehe Seite 140)

S

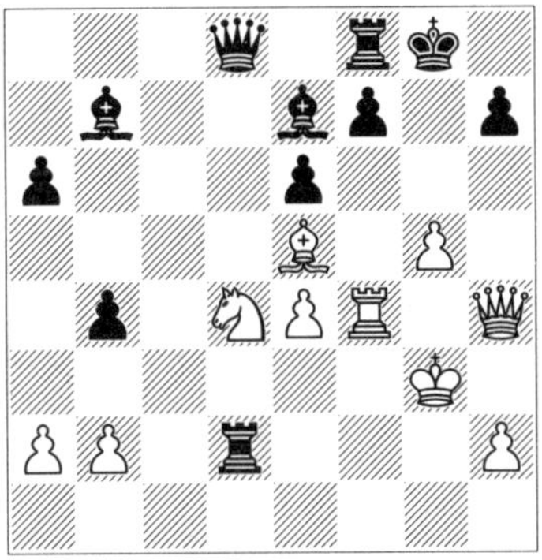

BS11 Schwarz am Zug

Schwarz entschied sich für den Zug 33...♕xd4 in der Annahme, damit dem Angriff die Spitze zu nehmen und dank seines materiellen Übergewichts zu gewinnen. Warum war das keine gute Idee?

(Lösung: siehe Seite 140)

W

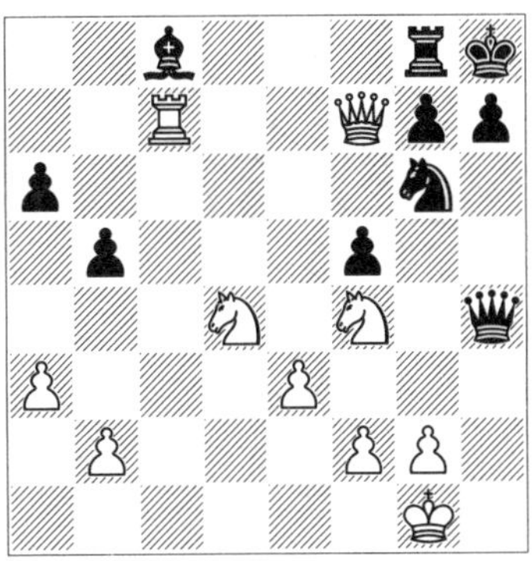

BS12 Weiß am Zug

Wie lautet der sauberste Gewinnweg?

(Lösung: siehe Seite 141)

W

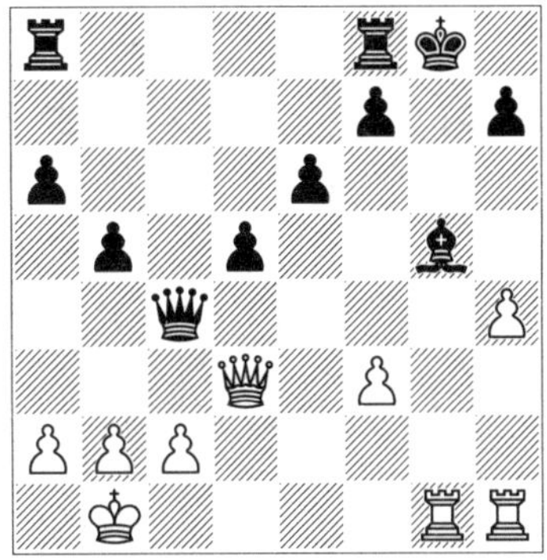

BS13 Weiß am Zug

Weiß wählte 22 ♕e3, was scheinbar eine gute Idee war, da es „seine Möglichkeiten vergrößerte". Dies war jedoch eine Illusion. Warum?

(Lösung: siehe Seite 141)

S

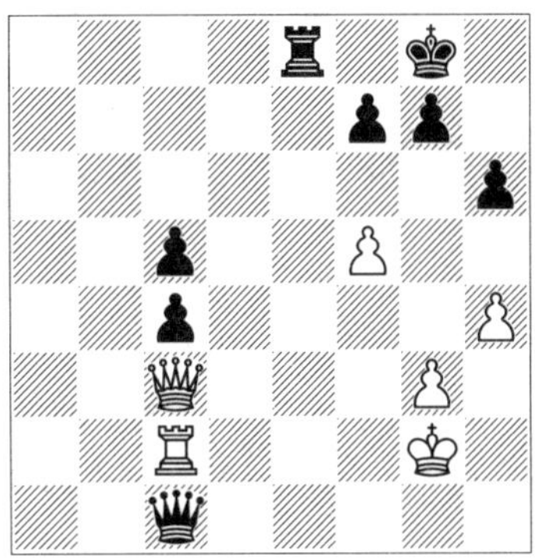

BS14 Schwarz am Zug

(Lösung: siehe Seite 141)

W

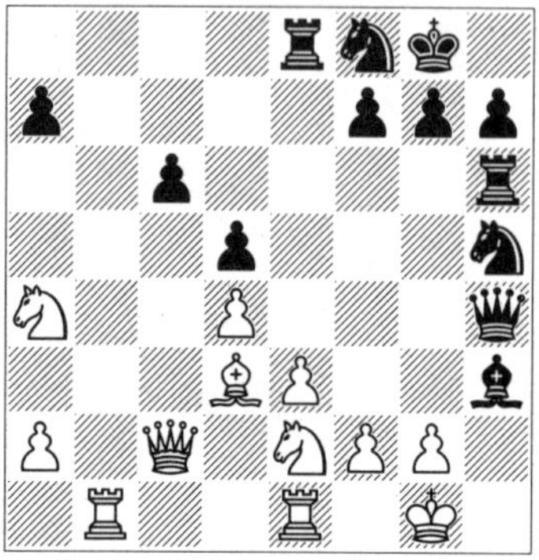

BS15 Weiß am Zug

Weiß versuchte, sich mit 20 ♗f5 aus der Affäre zu ziehen, aber ohne Erfolg. Warum?

(Lösung: siehe Seite 141)

S

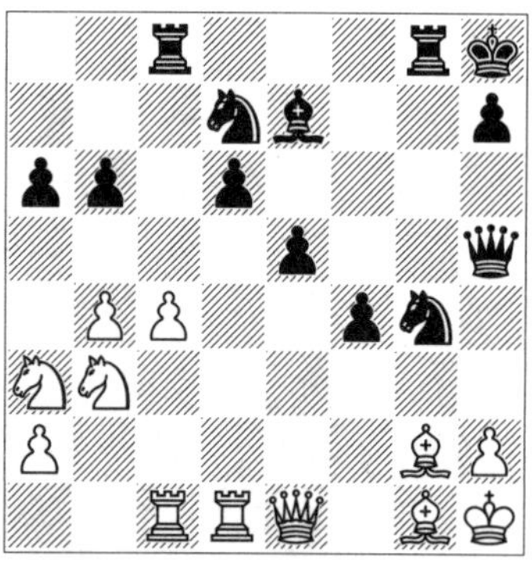

BS16 Schwarz am Zug

Wie lautet die offensichtliche Fortsetzung des schwarzen Angriffs? (Weiß kann das Matt noch verhindern, aber die resultierende Stellung ist hoffnungslos.)

(Lösung: siehe Seite 141)

W

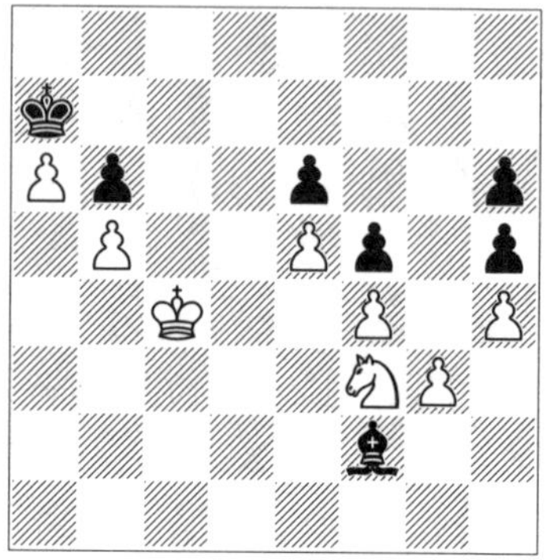

BS17 Weiß am Zug

Nach 59 ♘d4?? ist das Bauernendspiel remis. Weiß kann mit 59 ♔d3 langsam gewinnen, aber wie geht es am schnellsten?

(Lösung: siehe Seite 142)

S

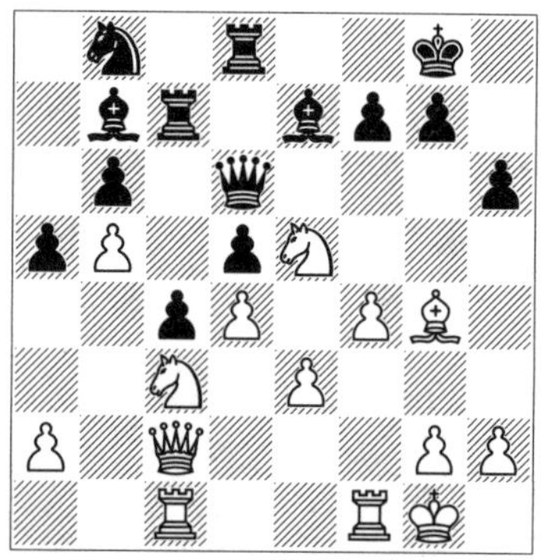

BS18 Schwarz am Zug

Schwarz spielte 23...f6 mit der löblichen Absicht, den Springer zu vertreiben, aber wie lautete die Antwort?

(Lösung: siehe Seite 142)

W

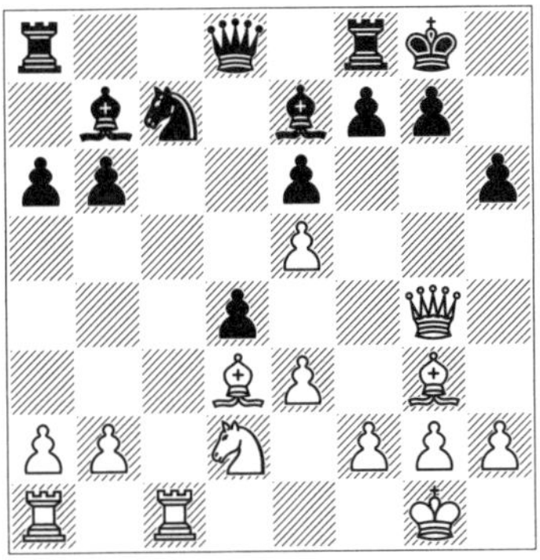

BS19 Weiß am Zug

Weiß spielte 17 ♗f4 in der irrtümlichen Annahme, dass die Partie nach 17...dxe3 18 ♗xh6 g6 19 ♗xg6 bald vorbei sein würde. Was hatte er übersehen?

(Lösung: siehe Seite 142)

W

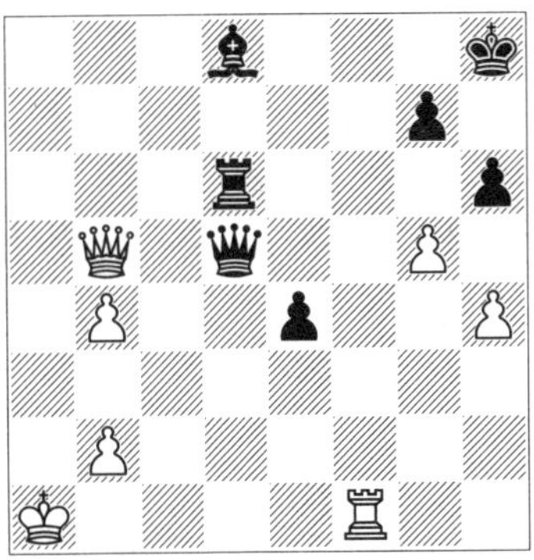

BS20 Weiß am Zug

(Lösung: siehe Seite 143)

S

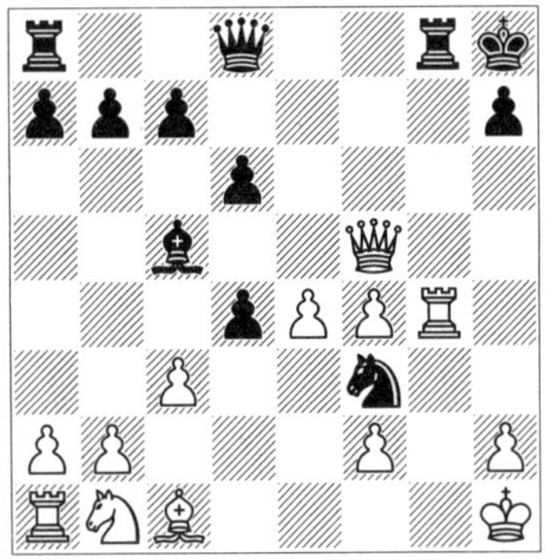

BS21 Schwarz am Zug

Wie lautet der sauberste Gewinnweg?

(Lösung: siehe Seite 143)

W

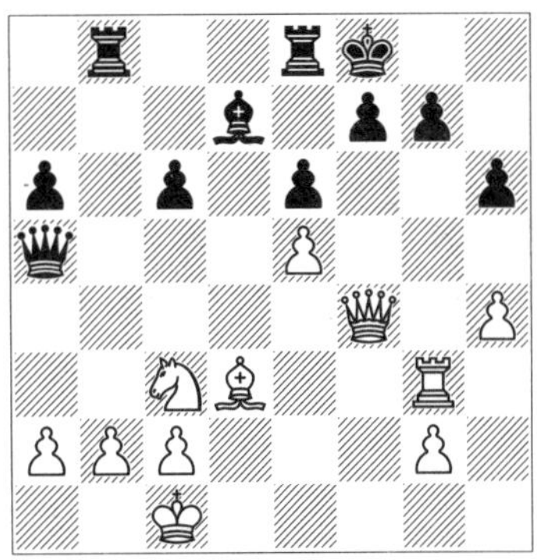

BS22 Weiß am Zug

(Lösung: siehe Seite 143)

W

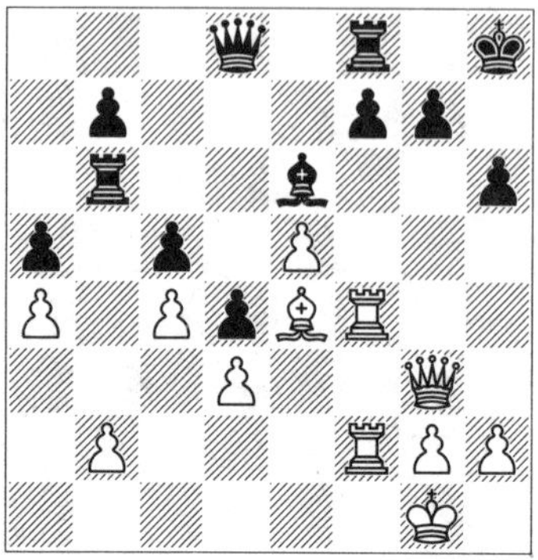

BS23 Weiß am Zug

Der weiße Angriff scheint für den Moment zum Stillstand gekommen zu sein. Interessant ist nun 27 ♖f6, aber Weiß fand eine wunderschöne Abwicklung. Wie ging er dabei zu Werke?

(Lösung: siehe Seite 143)

W

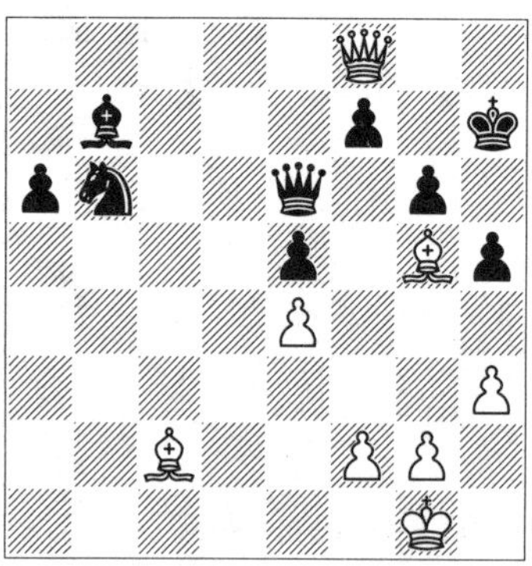

BS24 Weiß am Zug

Wie erzwang Weiß den Sieg?

(Lösung: siehe Seite 144)

W

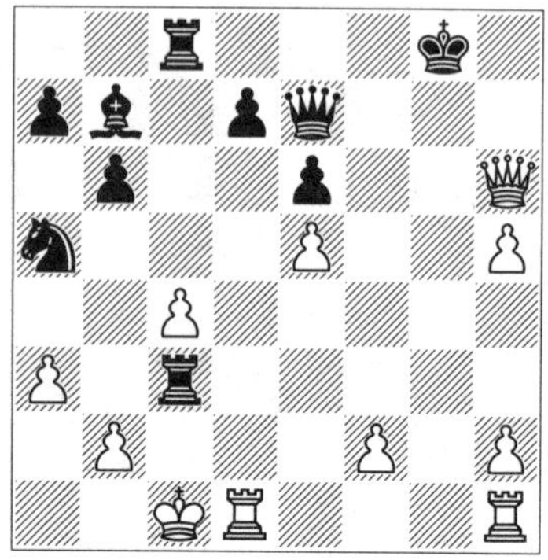

BS25 Weiß am Zug

Der letzte Zug war 22...♖f3x♘c3+ (interessant war auch 22...♕h7, weshalb ich genau hier begonnen habe).

a) Was passiert nach 23 ♔b1?

b) Wie lautet die Hauptvariante nach 23 bxc3 (die zu einem besseren Endspiel führt)?

(Lösung: siehe Seite 144)

S

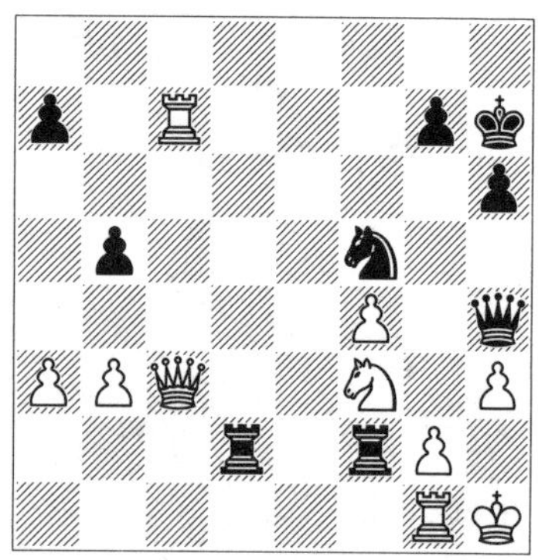

BS26 Schwarz am Zug

Schwarz wählte 37...♕xf4 und gewann bald, aber es gab einen viel eleganteren Gewinnweg. Welchen?

(Lösung: siehe Seite 144)

W

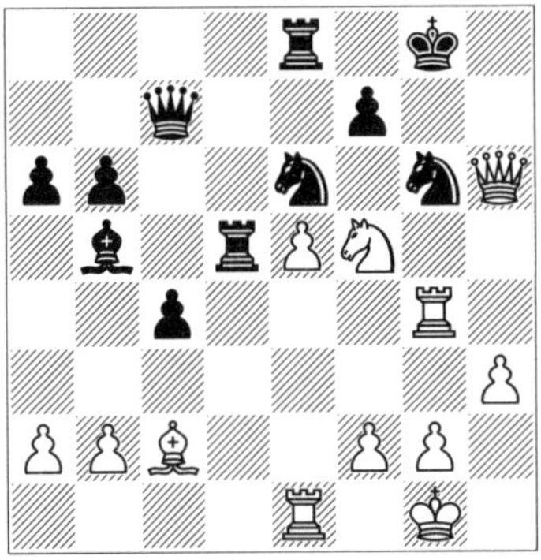

BS27 Weiß am Zug
Wie lautet der sauberste Gewinnweg?
(Lösung: siehe Seite 144)

W

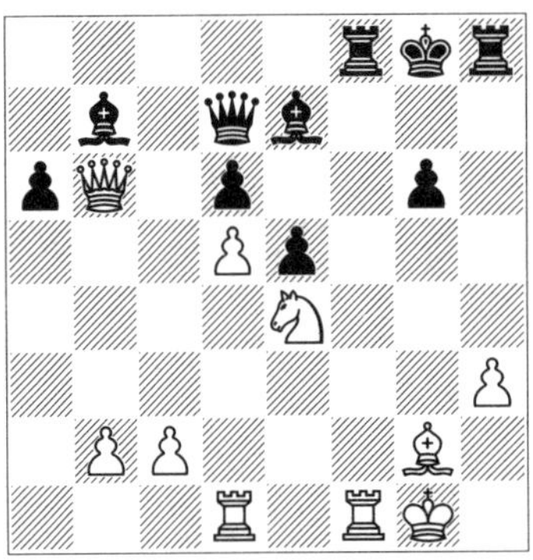

BS28 Weiß am Zug
(Lösung: siehe Seite 144)

W

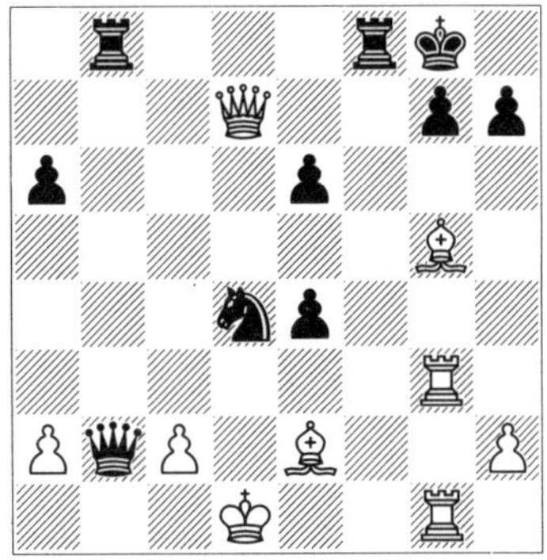

BS29 Weiß am Zug
(Lösung: siehe Seite 144)

S

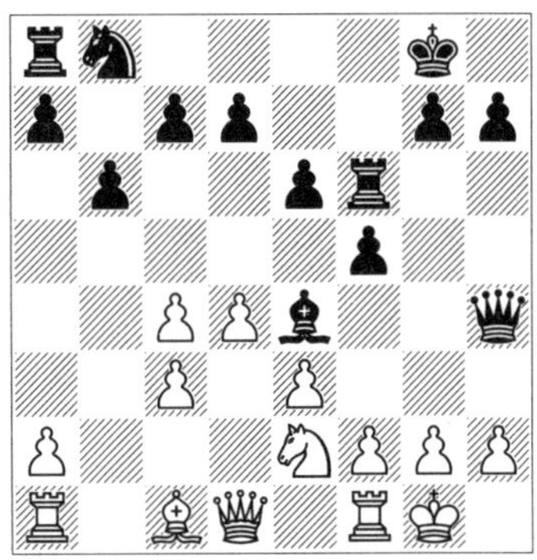

BS30 Schwarz am Zug
Wie lautet die Gewinnvariante, und können Sie auch die beiden Abspiele entdecken, die vom korrekten Weg abführen?
(Lösung: siehe Seite 145)

S

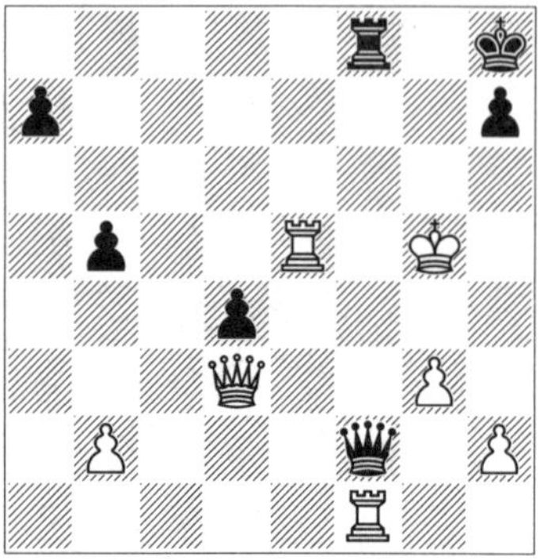

BS31 Schwarz am Zug
(Lösung: siehe Seite 145)

S

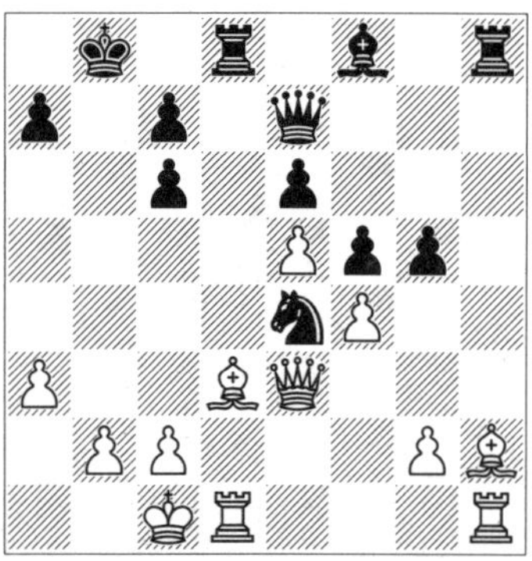

BS32 Schwarz am Zug

a) Schwarz begann mit 1...♖xh2. Wie erzwang er danach mit einer Kombination, die mehr Ähnlichkeit mit Dame als mit Schach hat, den Übergang in ein etwas besseres Endspiel?

b) Sehen Sie eine prosaische und noch stärkere Fortsetzung?

(Lösung: siehe Seite 145)

W

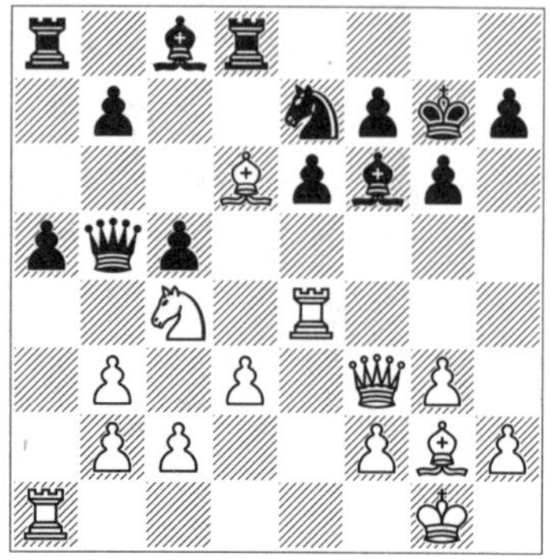

BS33 Weiß am Zug
(Lösung: siehe Seite 145)

W

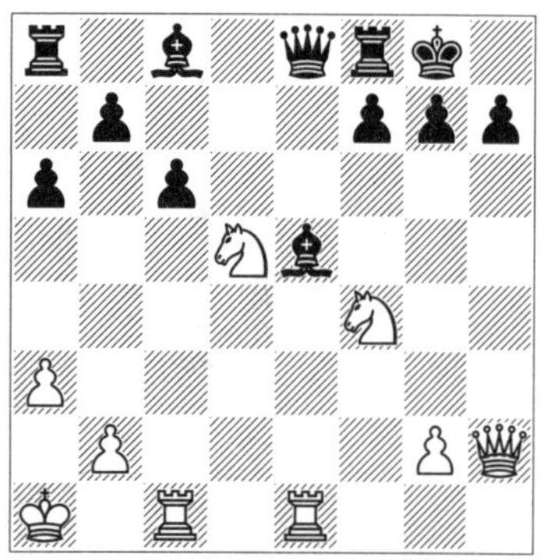

BS34 Weiß am Zug

Wie lautet die Hauptvariante der Kombination, und wie könnte Schwarz sich aus der Affäre zu ziehen versuchen?

(Lösung: siehe Seite 145)

S

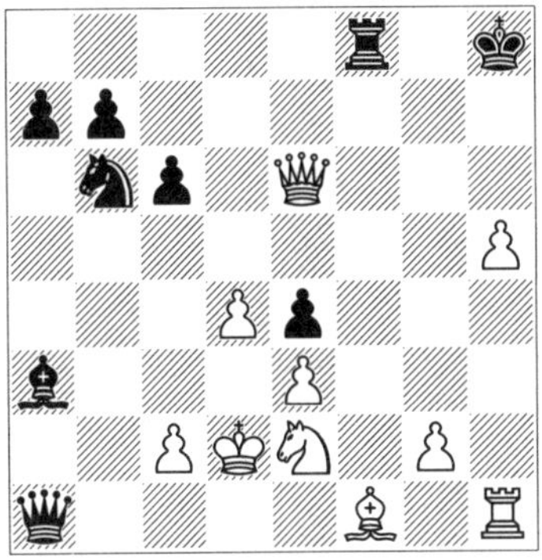

BS35 Schwarz am Zug
(Lösung: siehe Seite 146)

W

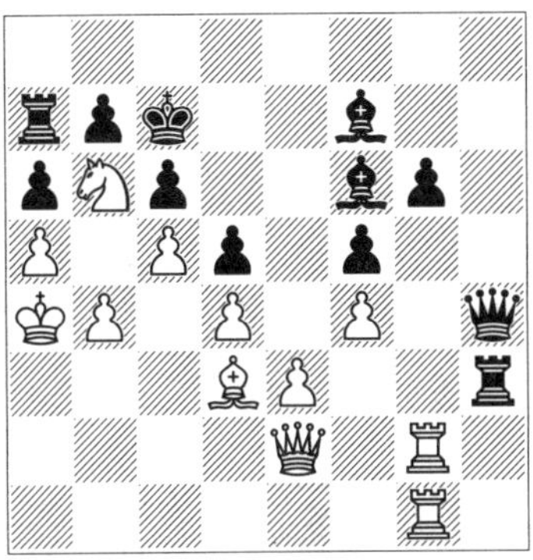

BS36 Weiß am Zug

Weiß entkorkte hier die beeindruckende Kombination 43 ♖xg6 ♗xg6 44 ♖xg6 ♖h2 45 ♖xf6 ♖xe2 46 ♖f8 und setzte nach 46...♖a2+ 47 ♔b3 ♕f2 48 ♖c8# matt. Sehr hübsch, aber hätte Schwarz besser spielen können?

(Lösung: siehe Seite 146)

W

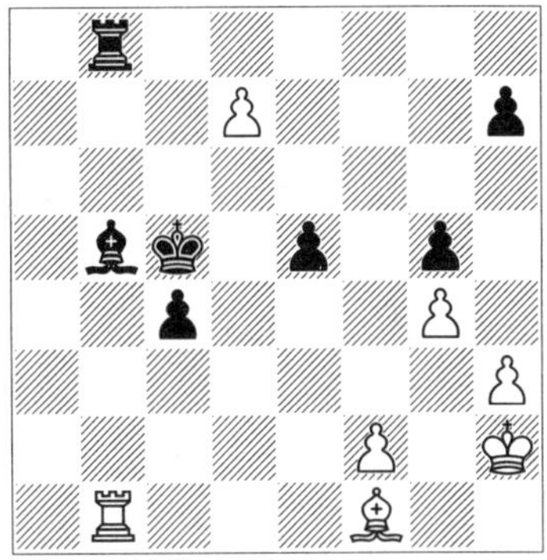

BS37 Weiß am Zug
(Lösung: siehe Seite 146)

W

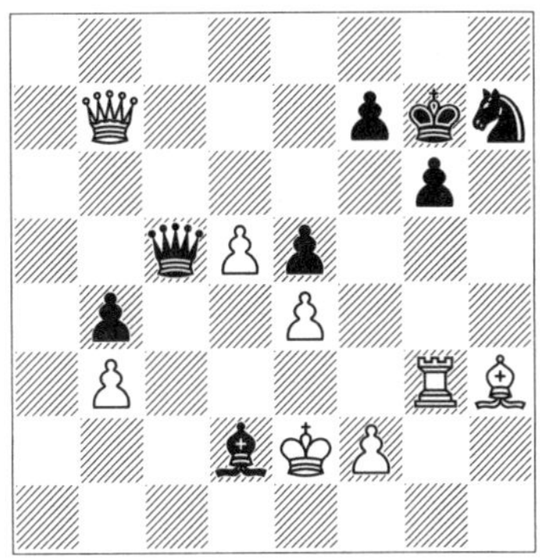

BS38 Weiß am Zug

Diese Stellung sieht wegen der exponierten Stellung des weißen Königs schwierig aus, aber der Anziehende fand einen hübschen Gewinnweg. Welchen?

(Lösung: siehe Seite 146)

S

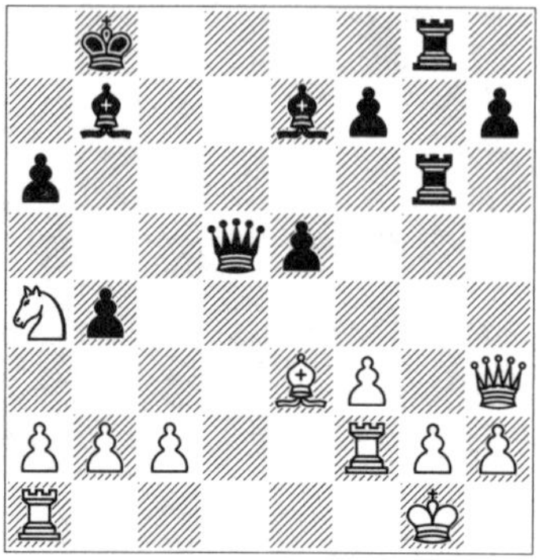

BS39 Schwarz am Zug

Fast alle schwarzen Figuren sind auf einen einzigen Schnittpunkt gerichtet.

a) Wie lautet er?

b) Wie verstärkte Schwarz den Angriff mit einem Ablenkungsopfer, und was passierte, als Weiß es unvorsichtigerweise annahm?

(Lösung: siehe Seite 146)

W

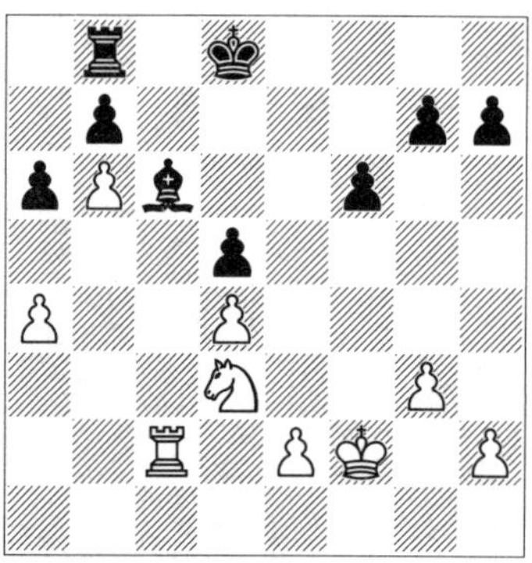

BS40 Weiß am Zug

In diesem weit besseren Endspiel fand Weiß einen schnellen Abschluss. Was spielte er?

(Lösung: siehe Seite 147)

W

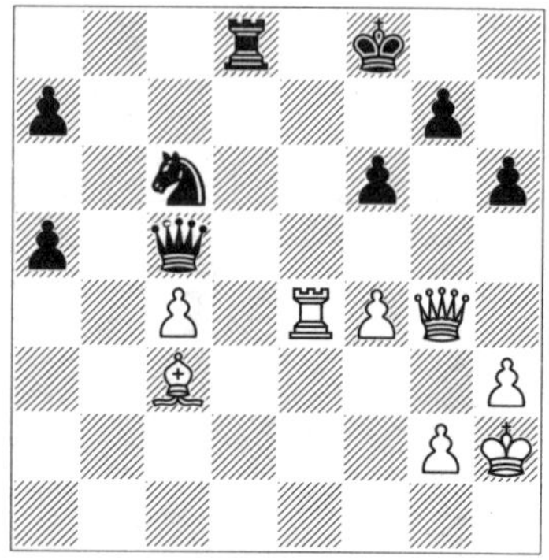

BS41 Weiß am Zug

Trotz des begrenzten Materials und der zentralisierten schwarzen Figuren ließ Weiß nun eine Reihe von Schlägen vom Stapel, die sich als absolut tödlich erwies. Wie ging er dabei zu Werke?

(Lösung: siehe Seite 147)

W

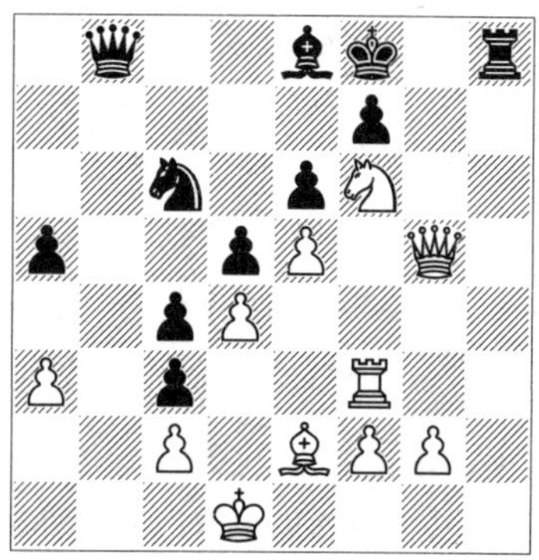

BS42 Weiß am Zug

Kann Weiß sich retten?

(Lösung: siehe Seite 148)

S

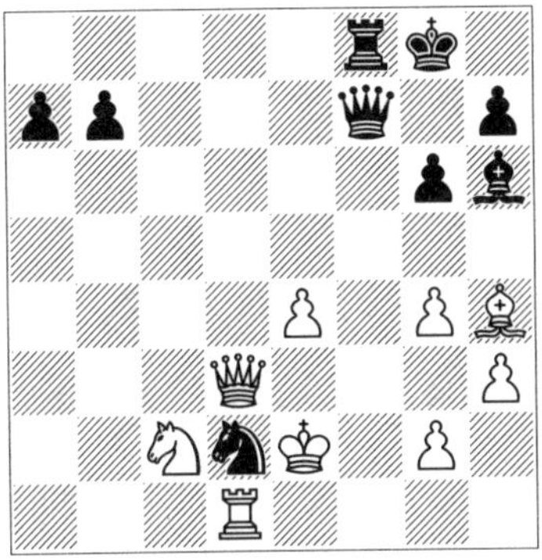

BS43 Schwarz am Zug
Darf Schwarz auf e4 schlagen?
(Lösung: siehe Seite 148)

W

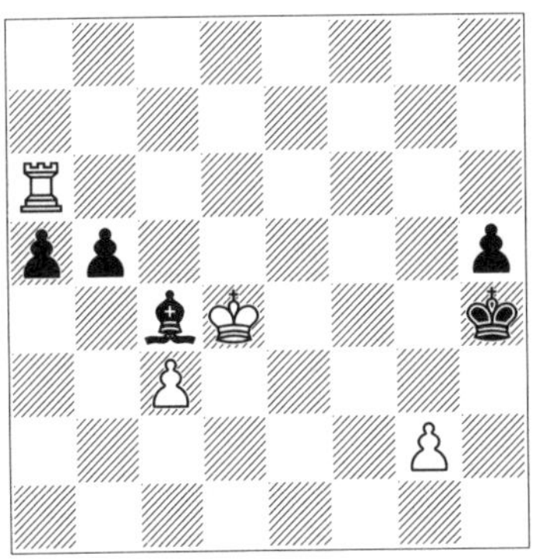

BS44 Weiß am Zug
(Lösung: siehe Seite 148)

W

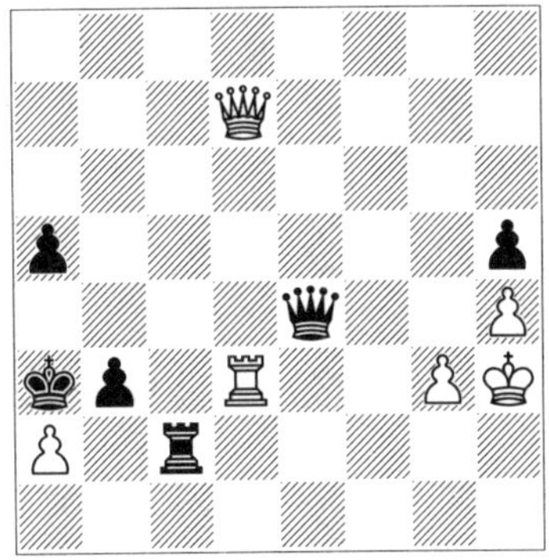

BS45 Weiß am Zug
(Lösung: siehe Seite 148)

W

BS46 Weiß am Zug
Schwarz scheint alles ausreichend gedeckt zu haben, wurde aber durch eine hübsche Zugfolge aufs Kreuz gelegt. Wie?
(Lösung: siehe Seite 148)

W

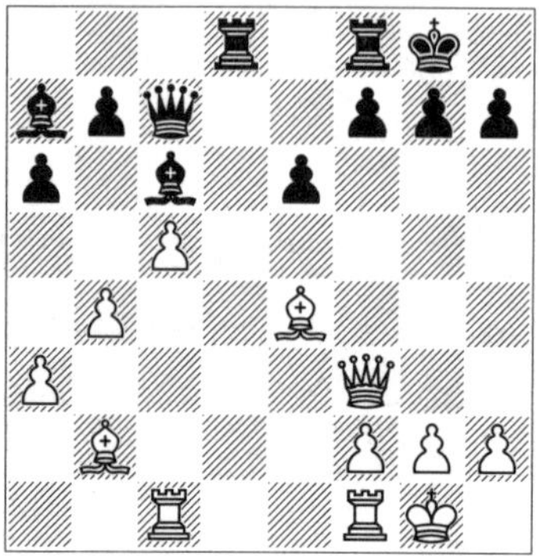

BS47 Weiß am Zug
(Lösung: siehe Seite 148)

W

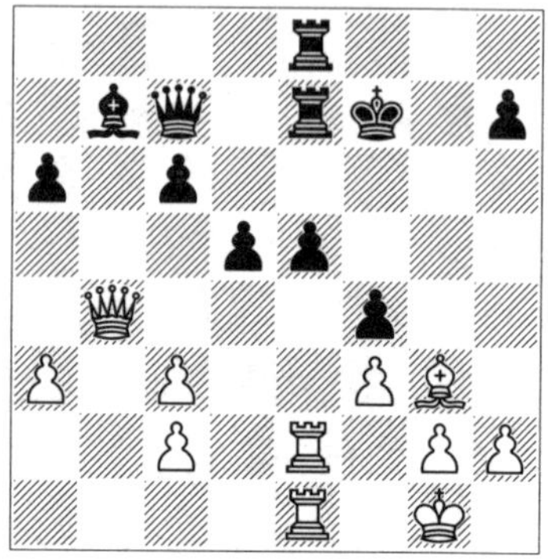

BS48 Weiß am Zug
Welchen Zug möchte Weiß machen, und funktioniert er?
(Lösung: siehe Seite 149)

Schwierigere Beispiele

In diesem letzten Abschnitt betrachten wir eine Reihe kniffligerer Beispiele mit zunehmendem Schwierigkeitsgrad.

W

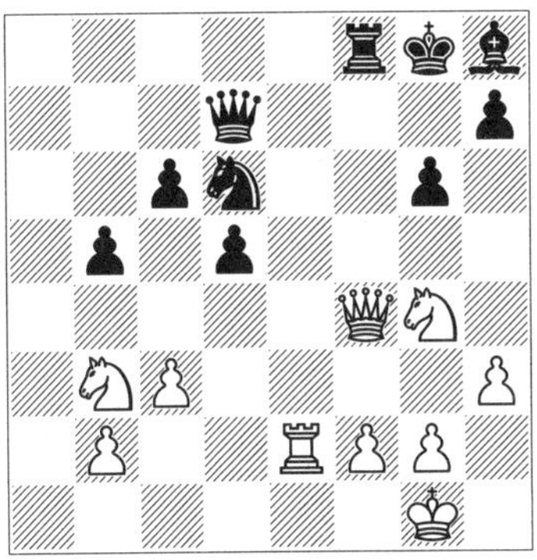

SB01 Weiß am Zug

(Lösung: siehe Seite 149)

W

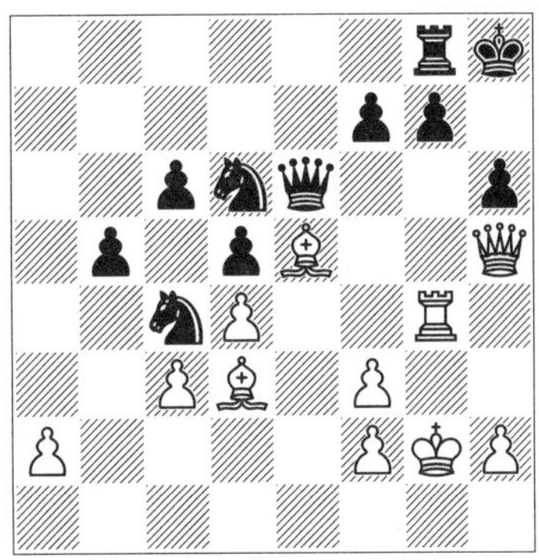

SB02 Weiß am Zug

Nach 36 ♖g6 gab Schwarz auf. War das verfrüht?

(Lösung: siehe Seite 149)

S

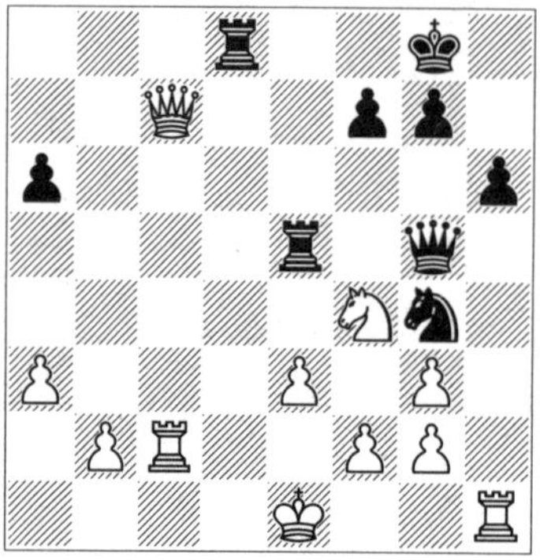

SB03 Schwarz am Zug

Hier drängt sich ein Opfer auf, aber funktioniert es auch?

(Lösung: siehe Seite 150)

W

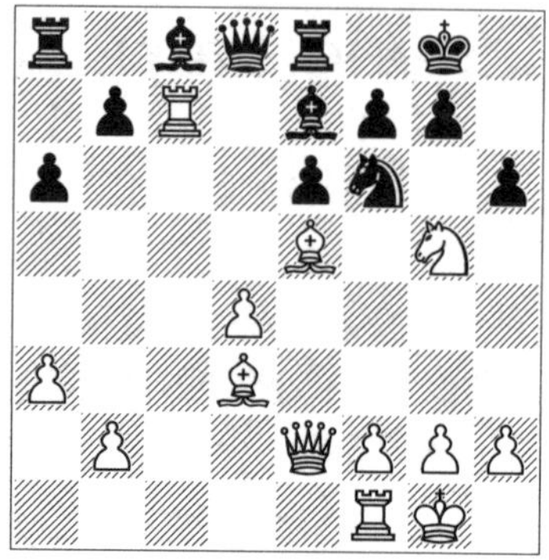

SB05 Weiß am Zug

(Lösung: siehe Seite 150)

W

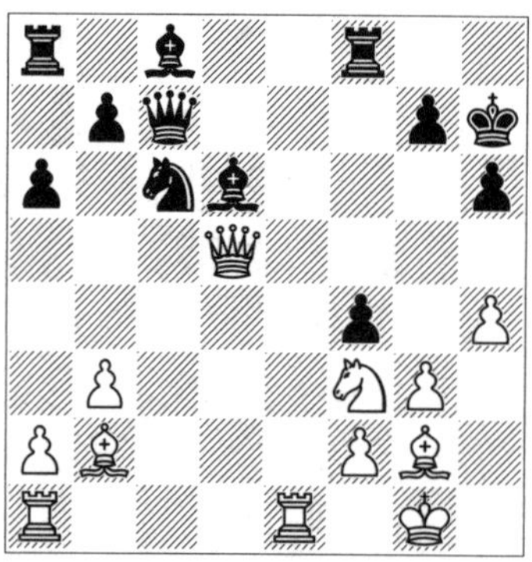

SB04 Weiß am Zug

(Lösung: siehe Seite 150)

W

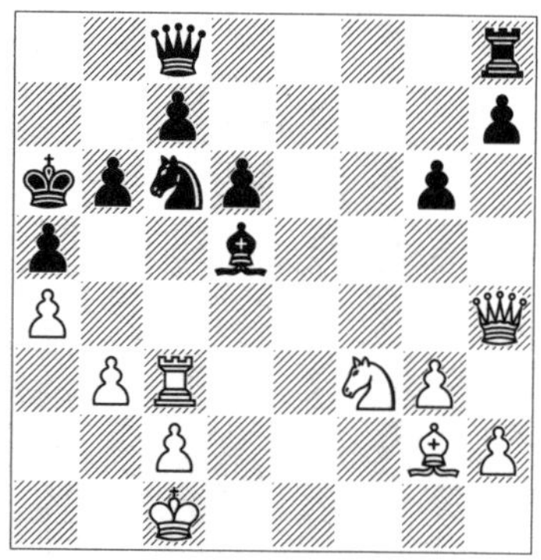

SB06 Weiß am Zug

(Lösung: siehe Seite 150)

S

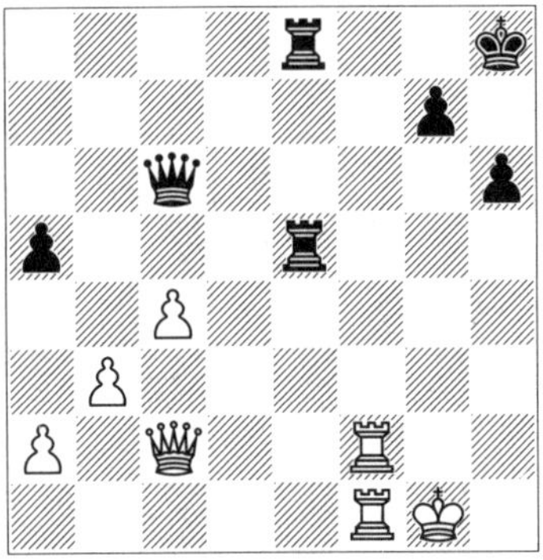

SB07 Schwarz am Zug

Nach 1...♖g5+ 2 ♖g2 ♕c5+ 3 ♕f2 schien die verzweifelte Verteidigung des Anziehenden zu halten, aber er wurde durch einen einzigen Donnerschlag zu Boden gestreckt. Wie lautet er?

(Lösung: siehe Seite 150)

W

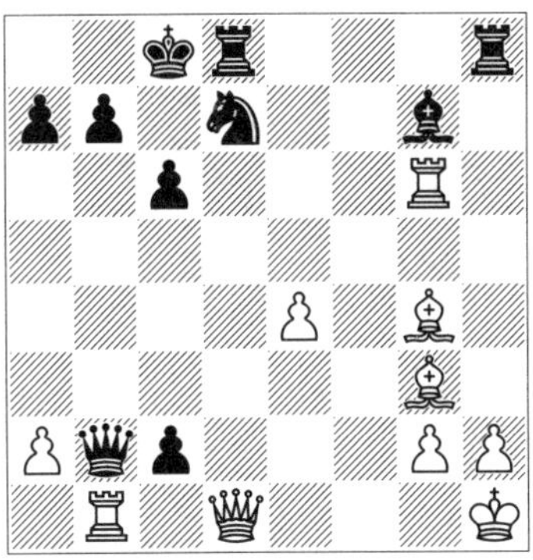

SB08 Weiß am Zug

(Lösung: siehe Seite 151)

W

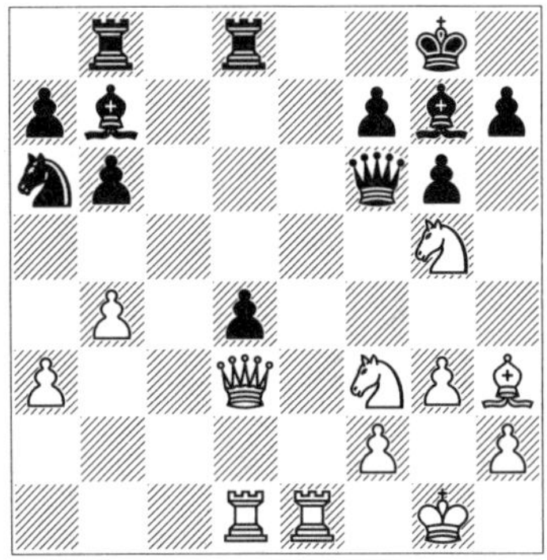

SB09 Weiß am Zug

Wie kann Weiß seinen Springer g5 zu einem Angriff auf den weißen Feldern verwenden?

(Lösung: siehe Seite 151)

S

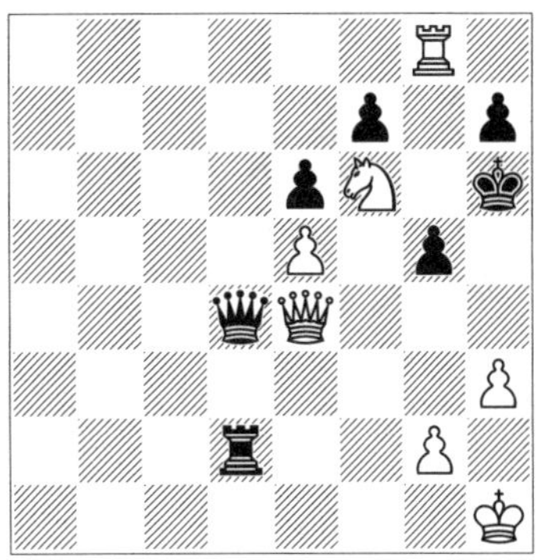

SB10 Schwarz am Zug

(Lösung: siehe Seite 151)

W

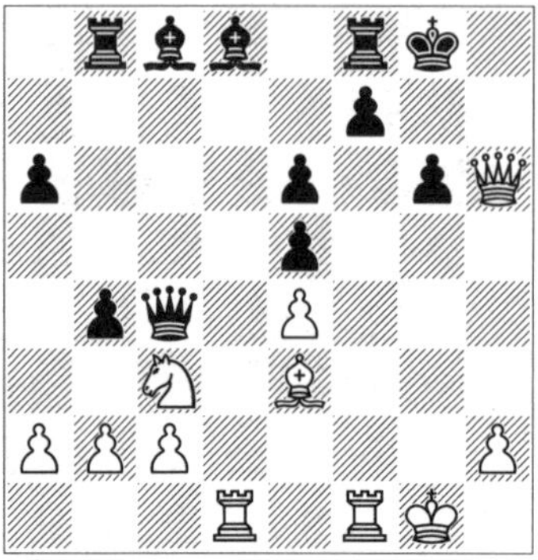

SB11 Weiß am Zug
(Lösung: siehe Seite 151)

W

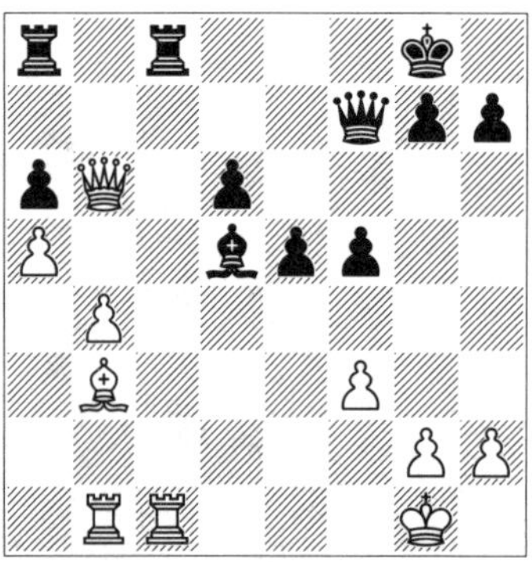

SB12 Weiß am Zug

Weiß fand den bildhübschen Zug 30 ♕xa6, worauf Schwarz 30...♖xc1+ 31 ♖xc1 ♖xa6 erwiderte.

a) Was war die Folge?

b) Können Sie für Schwarz etwas Besseres finden?

(Lösung: siehe Seite 151)

W

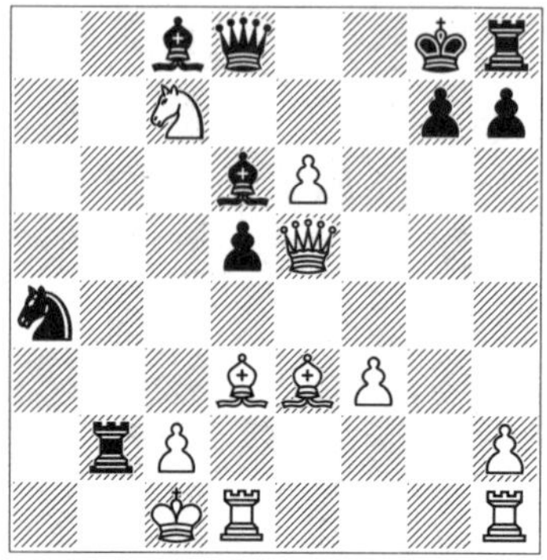

SB13 Weiß am Zug
(Lösung: siehe Seite 152)

W

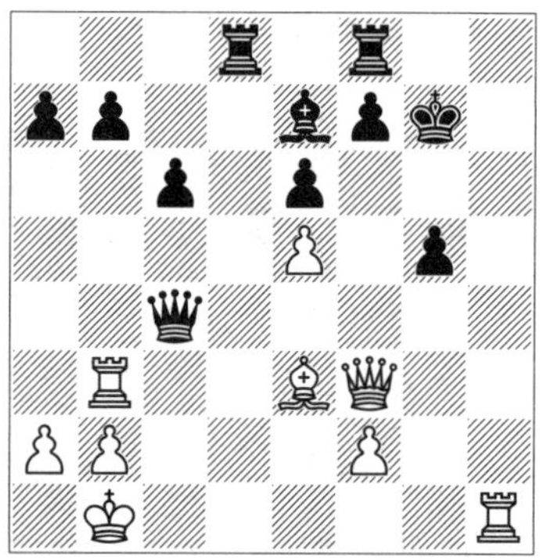

SB14 Weiß am Zug
(Lösung: siehe Seite 152)

W

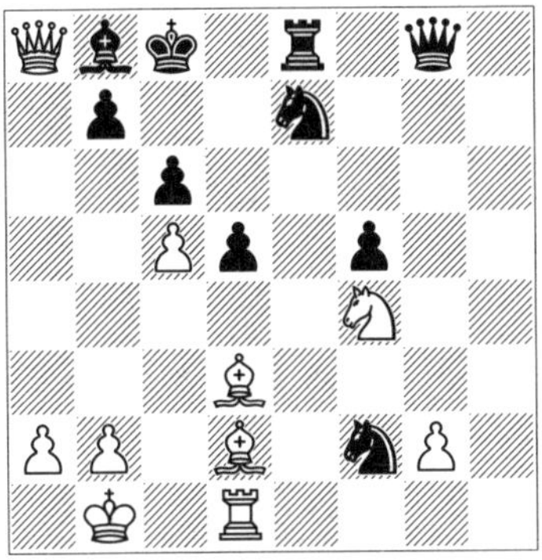

SB15 Weiß am Zug
(Lösung: siehe Seite 152)

W

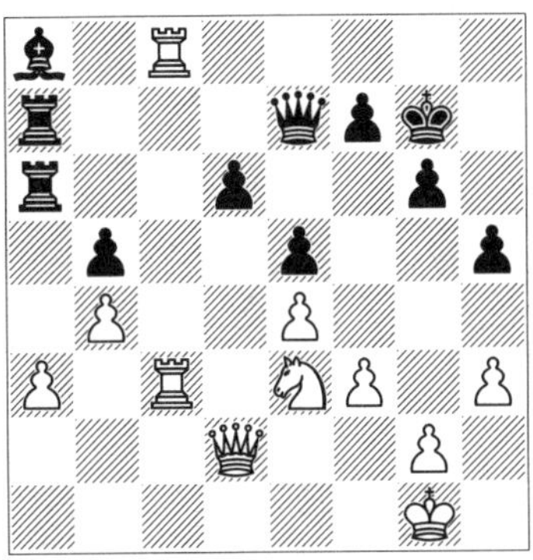

SB16 Weiß am Zug
(Lösung: siehe Seite 152)

W

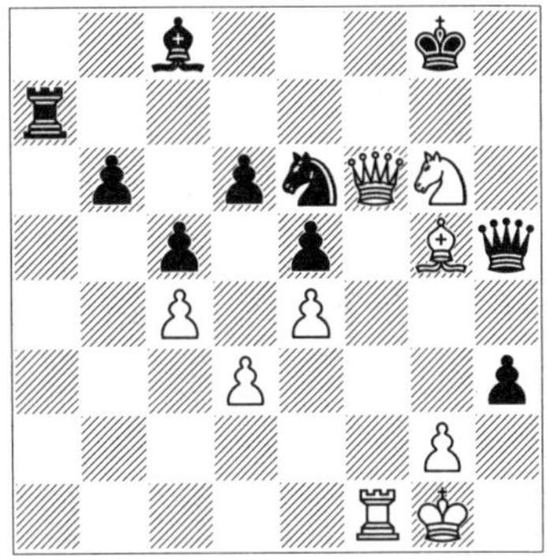

SB17 Weiß am Zug
(Lösung: siehe Seite 153)

S

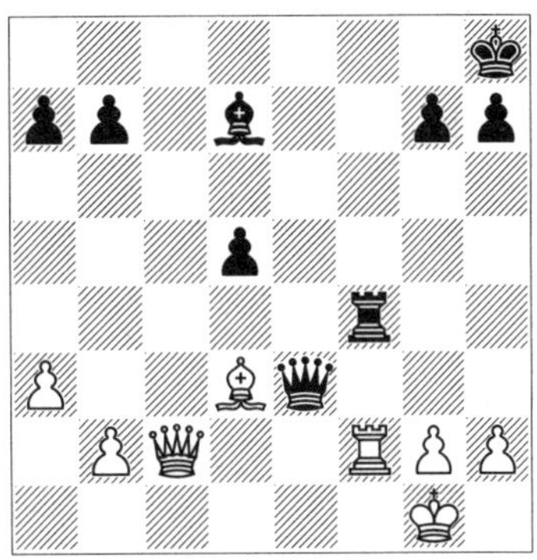

SB18 Schwarz am Zug
Wie lautet der sauberste Gewinnweg?
(Lösung: siehe Seite 153)

W

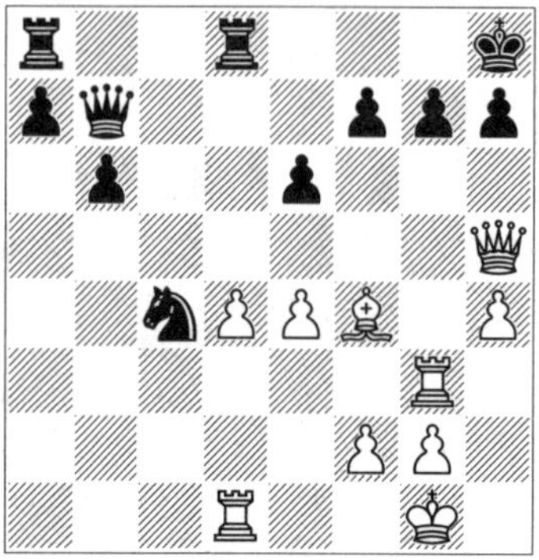

SB19 Weiß am Zug

Welches Opfer liegt auf der Hand, und können Sie es gegen die beste Verteidigung rechtfertigen?

(Lösung: siehe Seite 153)

W

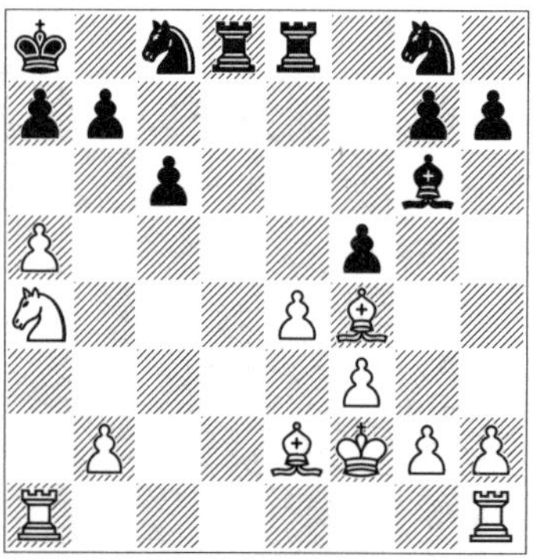

SB20 Weiß am Zug

(Lösung: siehe Seite 153)

W

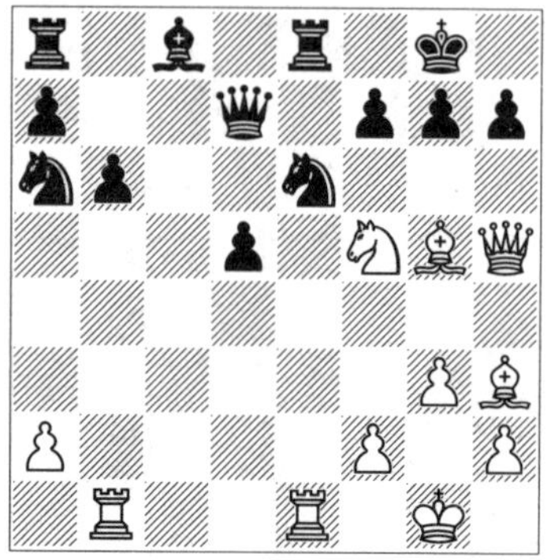

SB21 Weiß am Zug

Wie kann Weiß den schwarzen König über die schwarzen Felder angreifen? Nennen Sie nur die ersten beiden Züge und geben Sie an, wie Weiß dann den Angriff verstärken könnte.

(Lösung: siehe Seite 153)

S

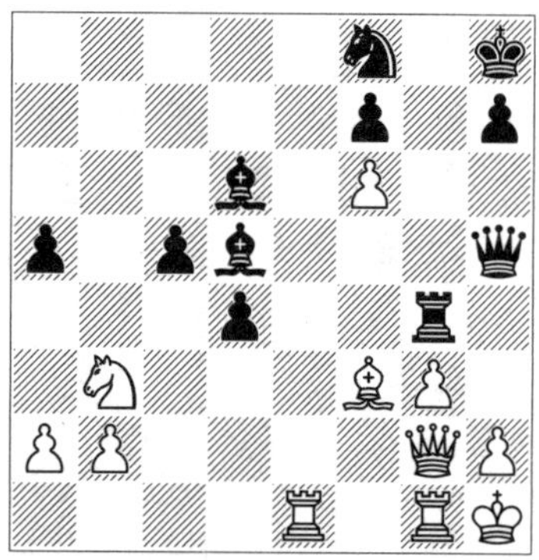

SB22 Schwarz am Zug

Der schwarze Angriff scheint sich festgefahren zu haben, aber der Nachziehende fand eine brillante Fortsetzung. Welche?

(Lösung: siehe Seite 154)

S

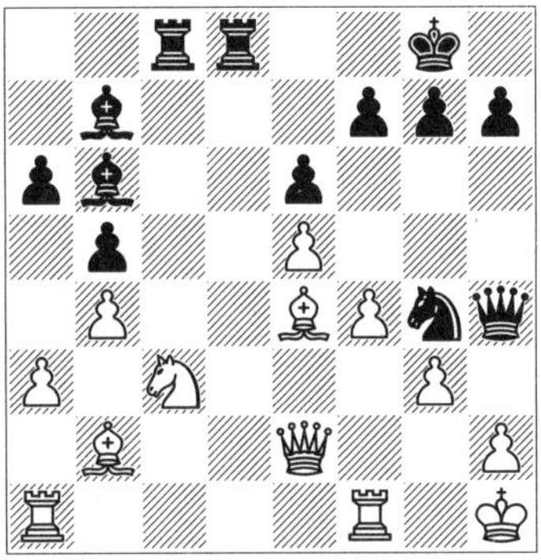

SB23 Schwarz am Zug
Wie konnte der Nachziehende nahezu ein Jahrhundert zuvor ein ähnliches Finale wie im vorhergehenden Beispiel konstruieren?
(Lösung: siehe Seite 154)

S

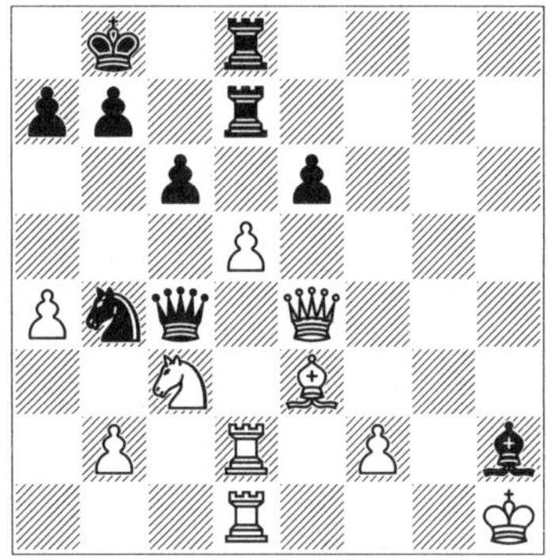

SB25 Schwarz am Zug
Die letzten beiden Züge in dieser Partie waren 27...♗d6x♙h2 28 d4-d5. Offenbar versuchte Weiß, mit einem blauen Auge davonzukommen, aber Schwarz ließ sich die Butter nicht mehr vom Brot nehmen. Was spielte er?
(Lösung: siehe Seite 155)

W

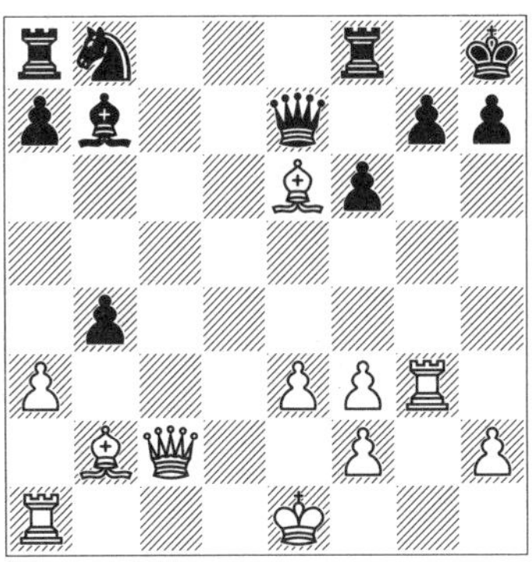

SB24 Weiß am Zug
(Lösung: siehe Seite 154)

S

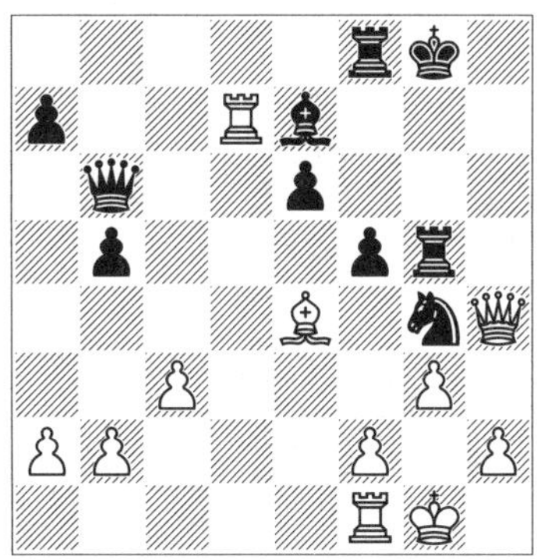

SB26 Schwarz am Zug
Wie lautet der beste schwarze Zug, und sehen Sie nach der besten Verteidigung einen Gewinnweg?
(Lösung: siehe Seite 155)

S

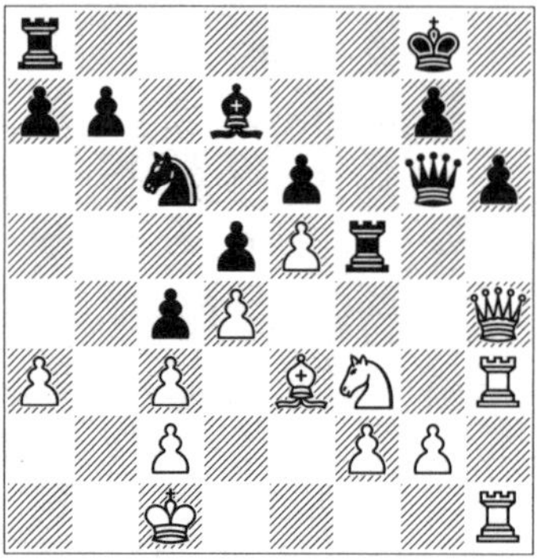

SB27 Schwarz am Zug
(Lösung: siehe Seite 155)

S

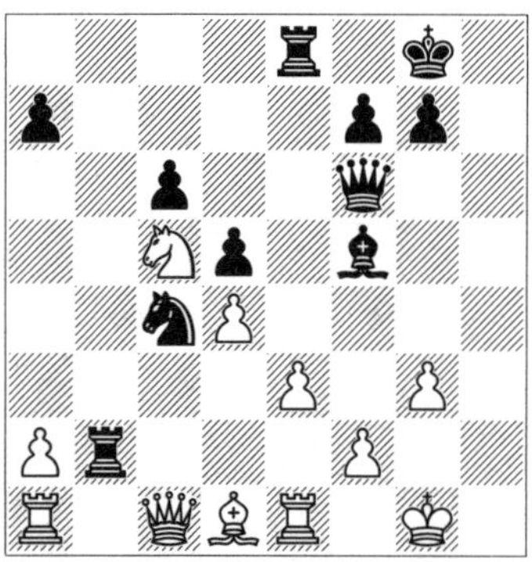

SB28 Schwarz am Zug
Wie lautet der beste schwarze Zug, und was passiert, wenn Weiß den Köder schluckt?
(Lösung: siehe Seite 155)

W

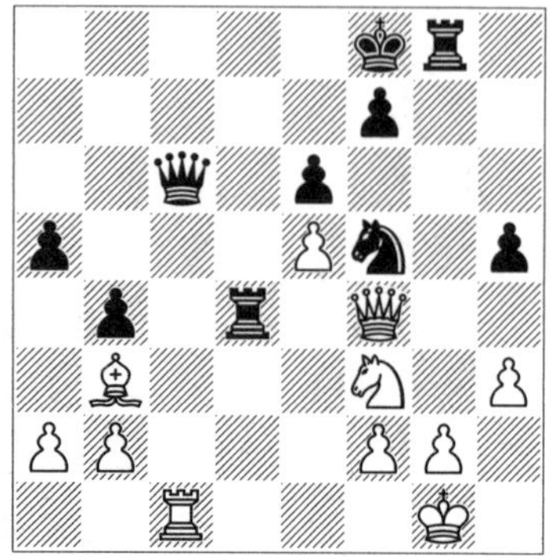

SB29 Weiß am Zug
Da beide Damen angegriffen sind, eröffnen sich alle möglichen Ideen. Wie lautet der beste weiße Zug?
(Lösung: siehe Seite 155)

S

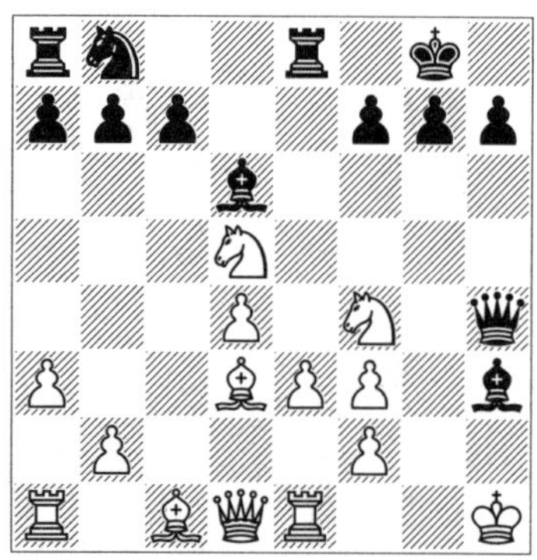

SB30 Schwarz am Zug
Wie setzt Schwarz den Angriff am besten fort, und wie erringt er den Sieg, wenn Weiß sich das angebotene Material schnappt?
(Lösung: siehe Seite 155)

W

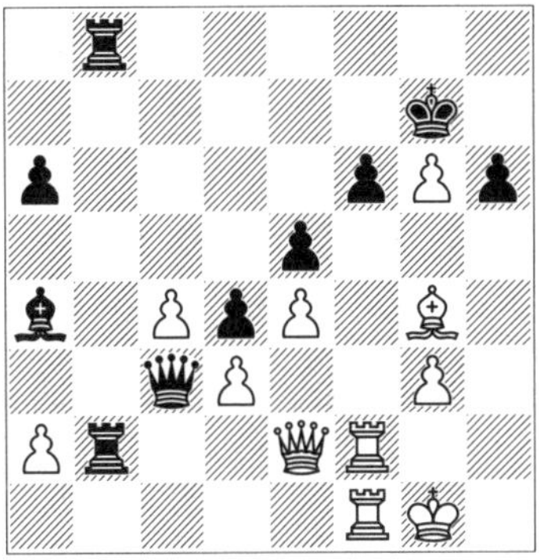

SB31 Weiß am Zug

In Zeitnot spielte Weiß 31 ♕f3, wonach der Punkt am Ende geteilt wurde. Welcher Zug bietet sich jedoch an, und funktioniert er?

(Lösung: siehe Seite 156)

S

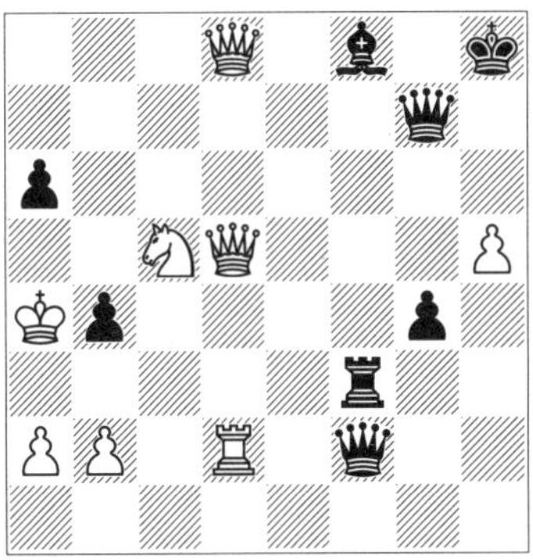

SB32 Schwarz am Zug

(Lösung: siehe Seite 156)

W

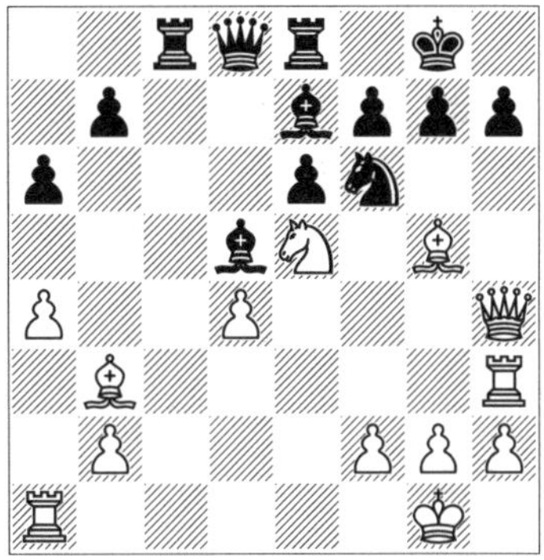

SB33 Weiß am Zug

Weiß schickte seinen weißfeldrigen Läufer mit 21 ♗d1 auf die Reise nach h5 und gewann recht schnell. Sehen Sie einen energischeren Zug und seine Rechtfertigung?

(Lösung: siehe Seite 156)

W

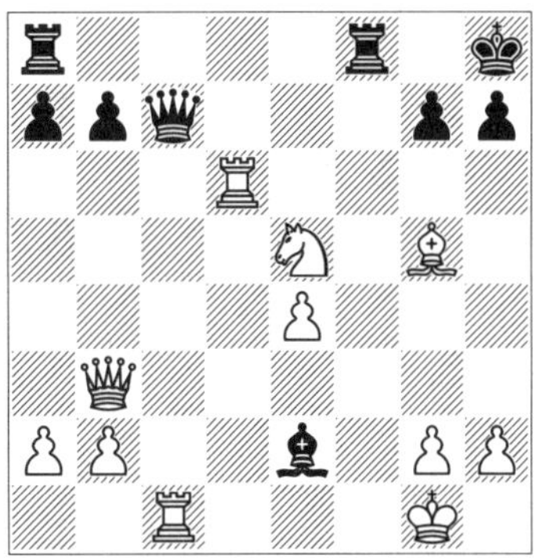

SB34 Weiß am Zug

(Lösung: siehe Seite 156)

W

SB35 Weiß am Zug

Weiß könnte natürlich auf e7 tauschen, aber er hat eine viel stärkere Fortsetzung. Wie lautet sie, und was ist die Hauptvariante, wenn Schwarz „alles“ nimmt?

(Lösung: siehe Seite 156)

W

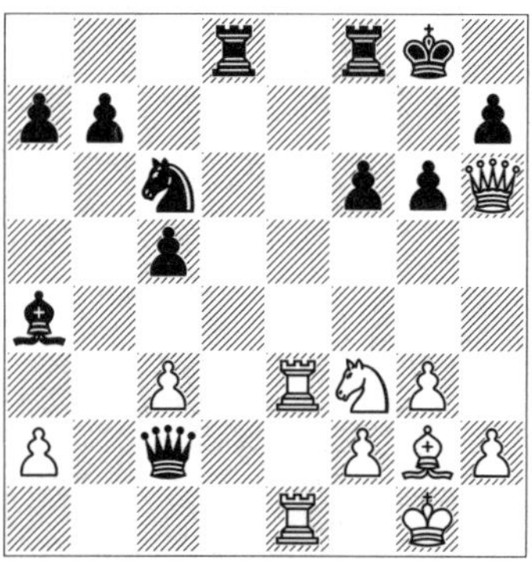

SB36 Weiß am Zug

Wie kann Weiß durchbrechen?

(Lösung: siehe Seite 157)

W

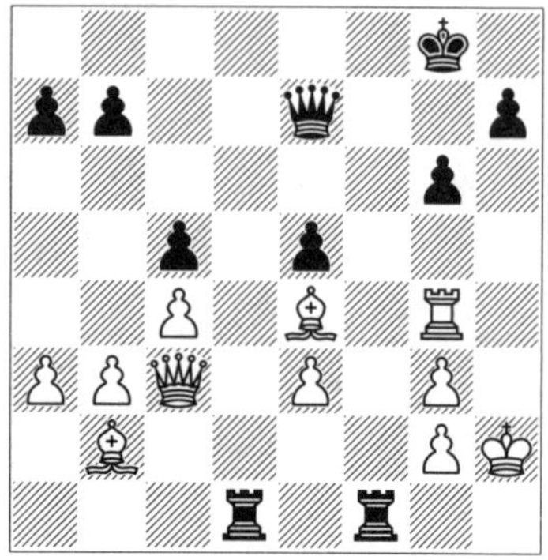

SB37 Weiß am Zug

Wie lautet die beste Zugfolge? Sie können nach dem vierten weißen Zug aufhören (wonach die resultierende Stellung überhaupt nicht leicht zu beurteilen, aber wohl als ausgeglichen einzuschätzen ist).

(Lösung: siehe Seite 157)

W

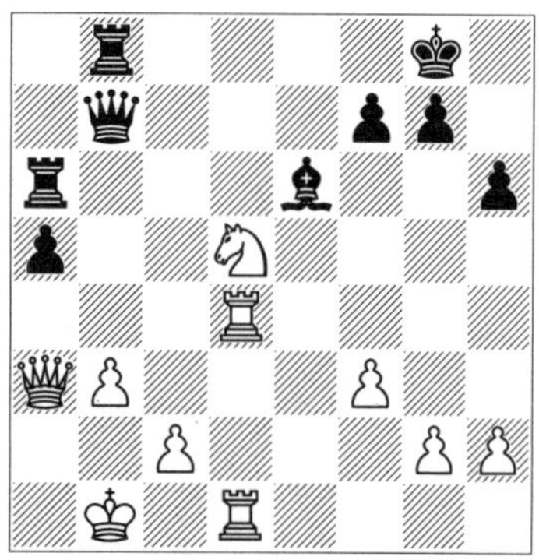

SB38 Weiß am Zug

(Lösung: siehe Seite 158)

W

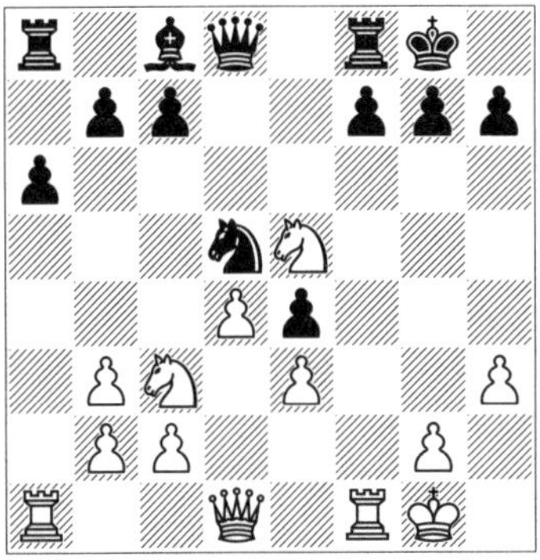

SB39 Weiß am Zug
Wie lautet die Hauptvariante, und kann Weiß dann seine Kräfte koordinieren?
(Lösung: siehe Seite 158)

W

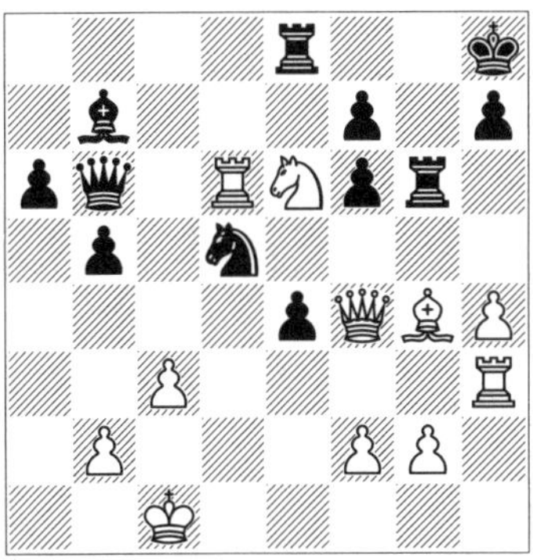

SB40 Weiß am Zug
Wie lauten der beste weiße Zug und die Hauptvariante?
(Lösung: siehe Seite 158)

W

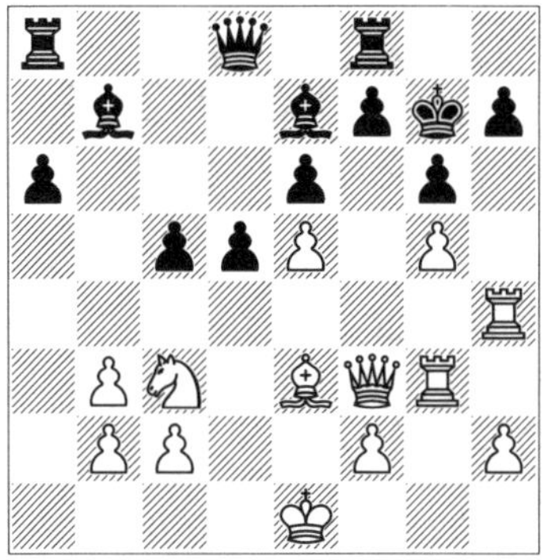

SB41 Weiß am Zug
(Lösung: siehe Seite 159)

W

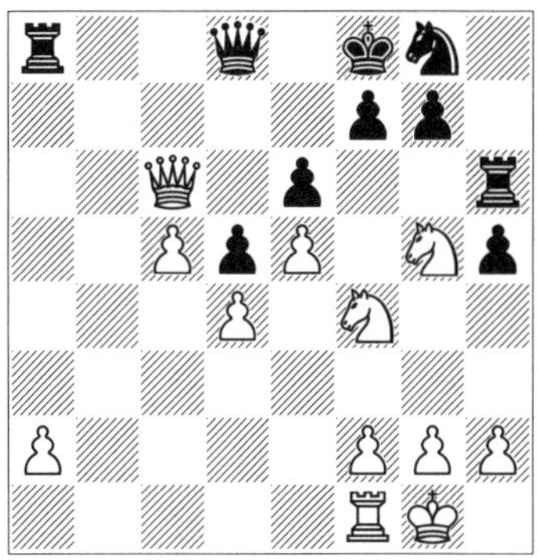

SB42 Weiß am Zug
Können Sie ohne Computerhilfe einen fantastischen Gewinnzug finden?
(Lösung: siehe Seite 159)

Lösungen

Springergabeln

SG01

Natürlich gewinnt Weiß mit 1 ♘e5+ die Dame, aber ich möchte noch zwei weitere Punkte hervorheben.

Wenn Weiß den g-Bauern nicht hätte, würde dies nur zum Remis führen – man muss die Endstellung einer taktischen Zugfolge beurteilen, um deren Konsequenzen zu ermitteln.

Außerdem würde schon eine unscheinbare Veränderung der Stellung der weißen Figuren die „Kombination" unmöglich machen. Wenn der weiße König und der weiße Bauer die Plätze tauschen, ist 1 ♘e5+ unmöglich, da der Springer gefesselt ist – nun gewinnt Schwarz.

SG02

Weiß erzwingt mit einer typischen Hinlenkung eine Springergabel im nächsten Zug: 1 e4+ ♔xe4 (dies ist bei weitem der bessere Weg, die Dame zu verlieren, da der König sich in Richtung Königsflügel bewegt; auf 1...♕xe4 folgt 2 ♘c3+ ♔d4 3 ♘xe4 ♔xe4 4 ♔g3) 2 ♘g3+ ♔f4 3 ♘xf5 ♔xf5. Das ist das Ende der kleinen Kombination, aber wiederum müssen die Konsequenzen beurteilt werden. Weiß gewinnt nur mit 4 ♔h3!, wonach er die Opposition einnehmen kann: 4...♔g5 5 ♔g3, und den Rest findet man in jedem Endspielbuch.

Es sei noch einmal wiederholt, dass eine geringfügige Änderung der Anfangsstellung das Endergebnis verändern würde. Hätte beispielsweise in der Ausgangsstellung der weiße König auf h1 oder der weiße Bauer auf h3 gestanden, wäre die Partie in beiden Fällen remis ausgegangen.

SG03

Diese Aufgabe ist fast identisch mit SG02, außer dass sich hier der Läufer für ein höheres Ziel aufopfert: 1 ♗e6+ *(D)*.

S

1...♕xe6 (oder 1...♔xe6 2 ♘d4+) 2 ♘g5+ ♔f6 3 ♘xe6 ♔xe6 4 ♔g3! ♔f5 5 ♔f3 mit Gewinn.

SG04

Galdunts – Steiner

Wien 2006

23 ♕g4+! gewann auf der Stelle angesichts von 23...♕xg4 24 ♘xf6+ und 25 ♘xg4. Man beachte jedoch, dass die andere Springergabel 23 ♘xd6 viel weniger wirkungsvoll ist, da Weiß nach 23...♕g6 24 ♘xe8?? mit 24...♕xg2# matt gesetzt wird!

SG05

Petrosjan – Spasski

Weltmeisterschaft (10), Moskau 1966

In dieser berühmten Stellung aus einem WM-Match fand Petrosjan mit 29 ♗xf7+ ♖xf7 30 ♕h8+! 1-0 ein wunderschönes Finale.

SG06

Smirin – Pelletier

Biel 2003

28 ♕xe6! gewann sofort wegen 28...♖xe6 29 ♘f7+.

SG07

Xie Jun – Short

Jinan 2002

Nach 51...g4?? 52 ♕h8+ ♔g6 53 ♕xg7+! gab Schwarz auf.

SG08

Borosova – Rozić

Europäische Mädchenmeisterschaft U18, Obrenovac 2004

Nach 19 ♕h8+! ♔xh8 20 ♘xf7+ ♔g8 21 ♘xg5 mit völliger Zerstörung der schwarzen Bauernstruktur trug Weiß am Ende den Sieg davon.

SG09

Timman – Kosaschwili

Curaçao 2002

Nach 41 ♕xg7+! ♔xg7 42 ♘xh5+ ♔f7 43 ♘xf4 besaß Weiß einen entfernten Freibauern mehr, was im Springerendspiel fast immer entscheidend ist. Es folgte noch 43...♔e7 44 h4 ♔d6 45 h5 ♘g4 46 ♔c3 ♘h6 47 a5 ♘g4 48 a6 1-0.

SG10

Miles – Anastasjan

Mannschaftseuropameisterschaft, Debrecen 1992

Nach 28 ♖c8+! warf Schwarz sofort das Handtuch angesichts von 28...♖xc8 (oder: 28...♔h7 29 ♘f8+; 28...♔f7 29 ♖8c7) 29 ♖xc8+ ♕xc8 (falls 29...♔f7, so 30 ♖f8+ ♔xg6 31 ♕d3+ ♔g5 32 ♕g3#) 30 ♘e7+.

SG11

Khuzman – Kasparow

Europapokal für Vereinsmannschaften, Rethymnon 2003

Nach 21 ♖xd5! war der Turm unantastbar wegen 21...♕xd5 22 ♘e7+ bzw. 21...♘xd5 22 ♕xg7#. Nach 21...♕e8 22 ♗xc4 gab Kasparow angewidert sofort auf.

SG12

Cekro – Pelletier

Mannschaftseuropameisterschaft, Plowdiw 2003

Mit 51 ♘c6! ♕xc8 52 ♘xe7+ ♔f8 53 ♘xc8 gewann Weiß eine Figur. Da Schwarz einen weit vorgerückten

Freibauern hat, muss hier noch weiter gerechnet werden, aber nach 53...b3 54 ♘d2 wird der Bauer leicht aufgehalten. Daher gab Schwarz auf.

SG13

Külaots – Tallaksen

Gausdal 2003

36 ♖f3+! *(D).*

S

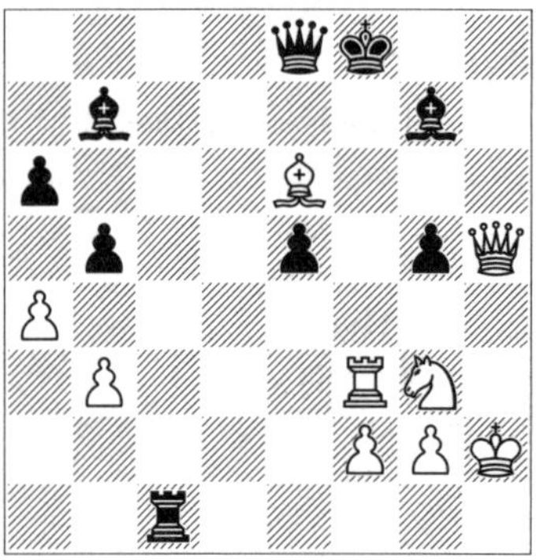

36...♗xf3 (oder 36...♔e7 37 ♘f5+ ♔d8 38 ♖d3+) 37 ♕xf3+ ♔e7 38 ♘f5+, und nun wird 38...♔xe6 mit 39 ♘xg7+ und 38...♔f6 mit 39 ♘d6+ beantwortet. Schwarz zog 38...♔d8, gab sich aber nach 39 ♕a8+ geschlagen.

SG14

Bogdanowitsch – Golubew

Odessa 2004

Er hätte mit einer Kombination von Ablenkung und Springergabeln Material gewinnen können: 26...♘d2+! 27 ♔f2 (27 ♔g1? ♘xf3+) 27...♗c5+! 28 ♖xc5 (oder 28 ♔g3 ♗d6) 28...♘e4+ und 29...♘xc5.

SG15

Wlassow – Nakamura

Internet-Blitzpartie 2004

1 ♕xf7+! zerstörte die Basis der schwarzen Bauernkette und gab Weiß nach 1...♖xf7 2 ♘xe6+ ♔g8 3 ♘xc5 ♗xh4 4 ♘d3 gewinnbringenden Vorteil.

SG16

Lagowski – Berczes

Budapest 2005

Die Fesselung des Springers ist lästig, und 52...♕xe1 53 ♕xf3+ führt nur zum Remis. Schwarz löste das Problem jedoch auf einen Schlag mit 52...♕c2+!, wonach Weiß angesichts von 53 ♕xc2 ♘xe1+ aufgab.

SG17

Rowson – McDonald

Britische Meisterschaft, Torquay 2002

Die Partie endete mit 46...♗b2! *(D).*

W

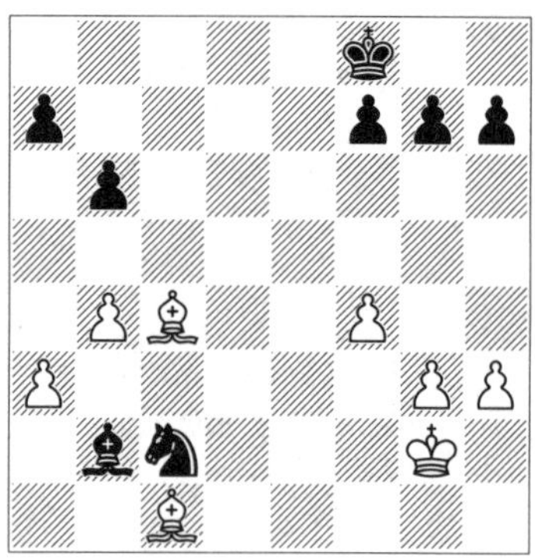

47 ♗b3 ♗xc1 48 ♗xc2 ♗xa3 49 b5 ½-½.

Natürlich war der Zug 46...♗b2 zu finden, aber in dieser Zugfolge waren einige schwierige Beurteilungen zu treffen. Nach 47 ♗xb2 ♘e3+ 48 ♔f3 ♘xc4 49 ♗c1 f5 50 b5 ♔f7 51 ♔e2 ♔e6 52 ♔d3 ♔d5 53 a4 g6 hat Schwarz mindestens gleiches Spiel, aber einen Zug später vermied er richtigerweise 47...♘a1 48 ♗xb2 ♘xb3, wonach der Springer arg deplatziert ist.

SG18

J. Speelman (Ende einer Studie)

8. Lob, Nunn-50JT, 2005

Zum Abschluss das Ende einer meiner eigenen Studien, die in Anbetracht des Themas dieses Kapitels keine allzu großen Schwierigkeiten bereitet haben dürfte.

Die Hauptvariante lautet 1 ♘d7+ (1 ♘xf7? erlaubt ein Patt: 1...♕a3+ 2 ♔b6 ♕a7+) 1...♕xd7 *(D)*

W

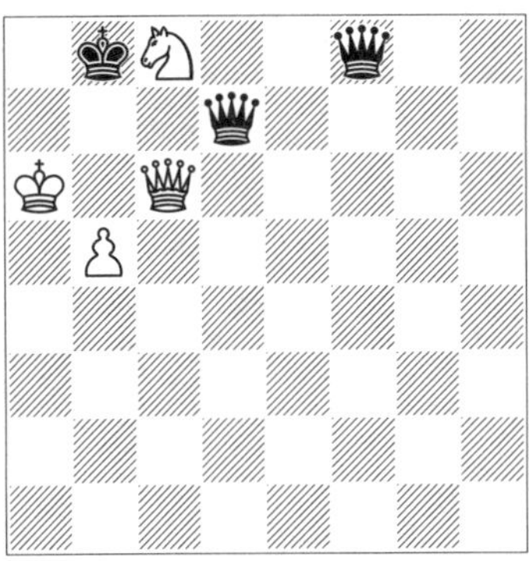

2 ♕a8+ ♔xa8 (nach 2...♔c7 3 b6+ ♔d8 4 ♘a7+ ♔e7 5 ♘c6+ ♔f7 6 ♘e5+ ♔e6 7 ♕xf8 ♕a4+ 8 ♔b7 ♔xe5 9 ♕c5+ ♔f4 10 ♔c7 ist die Stellung gemäß Endspieldatenbank gewonnen) 3 ♘b6+ ♔b8 4 ♘xd7+ und 5 ♘xf8.

Ungedeckte Figuren

UF01

Christiansen – Karpow

Wijk aan Zee 1993

Diese Stellung entstand nach 1 d4 ♘f6 2 c4 e6 3 ♘f3 b6 4 a3 ♗a6 5 ♕c2 ♗b7 6 ♘c3 c5 7 e4 cxd4 8 ♘xd4 ♘c6 9 ♘xc6 ♗xc6 10 ♗f4 ♘h5 11 ♗e3. Hier ist 11...♗c5 oder 11...♕b8 zur Kontrolle von f4 gespielt worden, aber Karpow verfiel auf eine sehr unglückliche Neuerung: Nach 11...♗d6?? 12 ♕d1! gewann Weiß eine ganze Figur, und Schwarz gab sofort auf. In der nächsten Partie konnte Karpow jedoch mit den weißen Steinen ausgleichen und dann den Miniwettkampf gegen Christiansen in diesem K.o.-Turnier noch gewinnen.

UF02

J. Costa – Mladenow

Weltmeisterschaft U12,
Oropesa del Mar 1999

Bei zwei ungedeckten schwarzen Figuren ist es nicht allzu überraschend, dass Weiß Material gewinnen kann.

Weiß zwang mit 22 ♖e8+! den gegnerischen König auf eine exponierte Diagonale und bereitete so zwei Züge später eine Läufergabel vor: 22...♔g7 23 ♖e2 ♖b3 (nach 23...♖d7 zieht sich der Läufer einfach zurück, beispielsweise nach e3) 24 ♖xb2! ♖xb2 25 ♗d4+ f6 26 ♗xb2 1-0.

UF03

Adams – M. Gurewitsch

Olympiade, Turin 2006

Durch 27...b6 wurde fatalerweise der Turm a8 exponiert. Nach 28 ♘xd5! stellte Schwarz sofort die Uhr ab.

UF04

Åkesson – Meijere

Rilton-Cup, Stockholm 1998

Es folgte 25 ♖xc6 ♕xc6 26 ♕d4+ ♗f6 27 ♕xa7 mit Rückgewinn der Figur und Partiegewinn einige Züge später.

(Sehr stark ist übrigens auch das kompliziertere 25 ♕c3+ ♔g8 26 ♕xc6 ♕xe4 27 ♖g5+ ♗xg5 28 ♕xe4 ♗xc1 29 ♕g4+ ♔h7 30 ♕f5+ ♔g7 31 ♕c5.)

UF05

Carro – Rossolimo

La Coruña 1951

Nach 1...♕c1+ 2 ♔h2 ♕f4+ gewinnt Schwarz Material, da nach 3 ♔h1 ♕f1+ die Gabel die Qualität gewinnt, während nach 3 ♔g1 ♘f3+ der Abzugsangriff die Dame für einen Springer abholt.

UF06

Karpow – Hübner

Montreal 1979

In Zeitnot spielte Karpow 39 ♕c4 und musste schließlich ins Remis einwilligen.

Stärker war stattdessen 39 ♖g8+ ♔h7 *(D)*, und nun:

a) 40 ♖xg6 beutet die ungedeckte Stellung der schwarzen Dame aus.

W

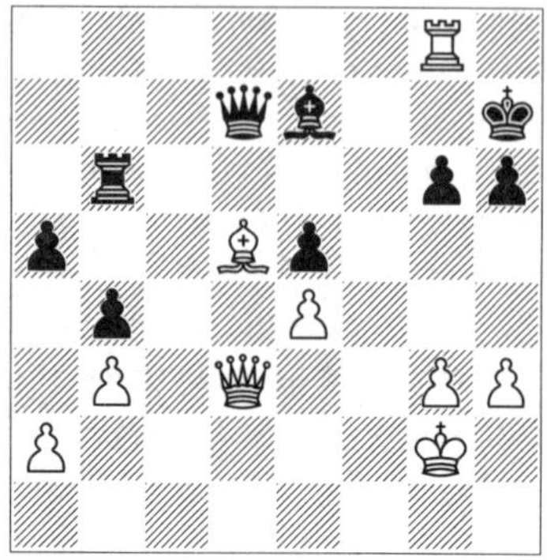

Falls 40...♖xg6, so 41 ♗g8+!, und falls 40...♔xg6, so 41 ♗f7+!. Schwarz kann aber mit 40...♕c7 noch kämpfen.

b) Noch stärker ist 40 ♕e3! mit gleichzeitigem Angriff auf den Turm und der Drohung 41 ♖h8+!. Danach hat Schwarz nichts Besseres als das hoffnungslose 40...♖e6.

UF07

Anand – Kassimdshanow

FIDE-Weltcup, Haiderabad 2002

Nach der Ablenkung 27 d8♕! ♖xd8 folgte 28 ♕a5 *(D)*, was zwei ungedeckte Figuren angreift.

S

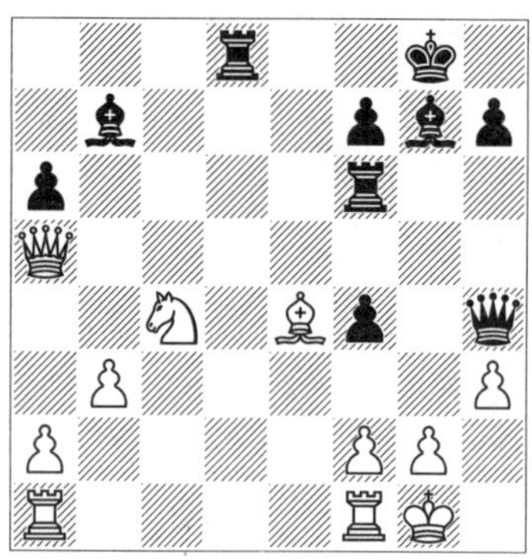

Nach 28...♗xe4 29 ♕xd8+ ♗f8 30 f3 ♗f5 strich Kassimdshanow die Segel.

UF08

Strating – Van der Schilden

Haarlem 1996

Nach 11...♖xb2?? 12 ♕xd8+ ♔xd8 13 0-0-0+ gewann Weiß einen Turm, was Schwarz zur sofortigen Resignation veranlasste.

Dieser Knaller unter Ausnutzung des Rochaderechts ist im Lauf der Jahre mehrmals vorgekommen. Natürlich muss die Rochade noch regelgerecht sein; daher der Hinweis, dass es sich um eine Eröffnungsstellung handelte.

UF09

R. Philipps – Gagnon

Montreal 1998

23...♖xc4! 24 ♖xc4 ♕d5 gewann eine Figur. Weiß gab ein paar Züge später auf. An dieses Muster erinnerte mich Beispiel UF07, da ich auf genau diese Art und Weise in einer Blitzpartie gegen Kassimdshanow einen Bauern eingebüßt hatte.

UF10

Sadilek – Seknicka

Wien 2006

Diese Stellung ergab sich nach 1 d4 e6 2 e4 d5 3 ♘d2 dxe4 4 ♘xe4 ♘d7 5 ♘f3 ♘gf6 6 ♗g5 ♗e7 7 ♘xf6+ ♘xf6 8 ♗d3 0-0 9 ♕e2, wonach Schwarz mit 9...b6?? 10 ♗xf6 ♗xf6 11 ♕e4! fürchterlich fehlgriff und sofort aufgab.

Das Muster mit ♗d3 und ♕e4 und Doppelangriff auf h7 und a8 ist in der Theorie vieler ähnlicher Abspiele wichtig. Zuweilen verbietet sich deswegen ...b6, aber manchmal gewinnt Weiß zwar vorübergehend eine Figur, gerät jedoch dann mit der Dame in der Ecke in Schwierigkeiten...

UF11

Iwantschuk – Karpow

Las Palmas 1996

Diese Partie begann mit 1 e4 e6 2 d4 d5 3 ♘c3 dxe4 4 ♘xe4 ♘d7 5 ♗d3 ♘gf6 6 ♕e2 c5 7 ♘xf6+ ♘xf6 8 dxc5 ♗xc5 9 ♘f3 ♕c7 10 0-0 0-0 11 ♗g5 b6 *(D)*.

W

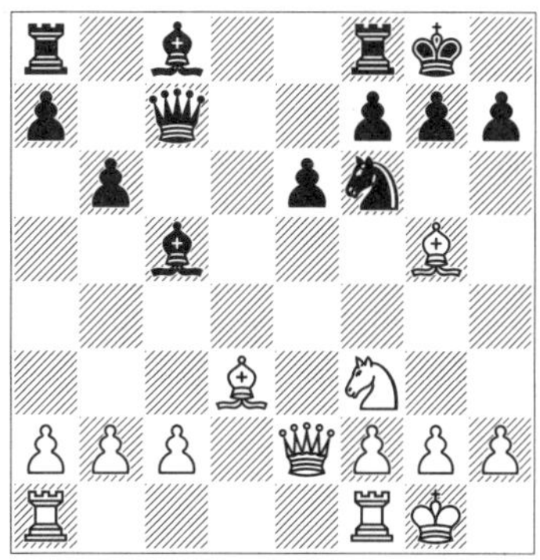

Ziemlich überraschend erzwang Iwantschuk hier bereits mit 12 ♘e5 ♗b7 13 ♗xf6 gxf6 14 ♗xh7+ Dauerschach, so dass man sich auf Remis einigte.

Mit diesem Beispiel wollte ich jedoch darauf hinweisen, dass Schwarz nach 12 ♗xf6 gxf6 13 ♕e4 f5 14 ♕xa8 ♗b7 15 ♕xa7 (nach 15 ♕xf8+ ♔xf8 steht Schwarz sehr aktiv) mit 15...b5! die Dame fängt und etwas Materialvorteil behält. In taktischen Varianten muss man so lange analysieren, bis man glaubt, dass die Lage sich beruhigt hat. Hier war es sicher nicht gut genug, nach 14 ♕xa8 mit den Berechnungen aufzuhören.

UF12

Adams – Barejew

Wijk aan Zee 2004

Das einfache 24 ♕xf6 gxf6 25 ♖xe6! gewann einen wichtigen Bauern, wonach Barejew die Lust am Weiterspielen vergangen war.

UF13

Mamedjarow – Kharlow

Sotschi 2006

Nach 20 ♘xf7 ♖xf7 21 ♖xe6 ♕d7 scheint der weiße Turm gefesselt zu sein, aber 22 ♖xf6! ♕xg4 23 ♖xf7! *(D)* beweist das Gegenteil. Die Abzugsschachdrohung ist nun so stark, dass der Anziehende noch eine Figur gewinnt.

S

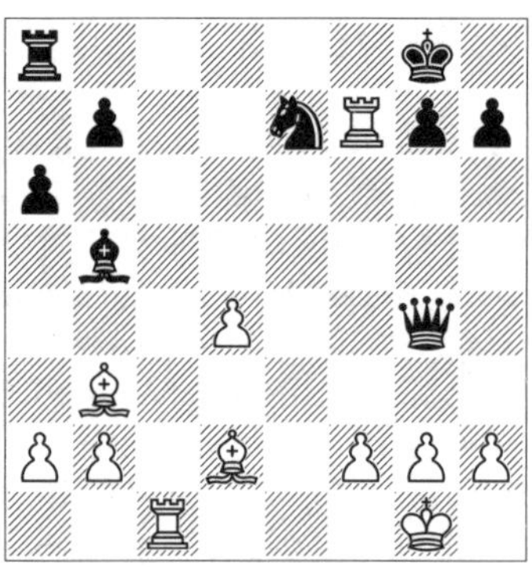

Nach 23...♔h8 24 ♖xe7 ♖c8 25 ♖xc8+ ♕xc8 26 d5 gab Schwarz auf.

UF14

Areschtschenko – Rogowski

Ukrainische Meisterschaft, Simferopol 2003

Nach 15 ♕d5+ ♔h8 16 ♕xc5 spielte Schwarz das äußerst ästhetische 16...♘g3+! 17 hxg3 ♕h5+ 18 ♔g1 ♘xf3+! 19 gxf3 ♕xc5+ mit Damengewinn und Sieg in wenigen Zügen.

UF15

C. Torre – Em. Lasker

Moskau 1925

In diesem sehr berühmten Beispiel kann Weiß ein Abzugsschach aufbauen und dann nach dem Schlagen einer Figur immer wieder erneuern, was als „Zwickmühle" bezeichnet wird.

Nach 25 ♗f6! ♕xh5 26 ♖xg7+ ♔h8 27 ♖xf7+ ♔g8 28 ♖g7+ ♔h8 29 ♖xb7+ ♔g8 30 ♖g7+ ♔h8 *(D)* verfügt Weiß nicht über einen sofortigen Todesstoß, hat aber einige Bauern gewonnen.

W

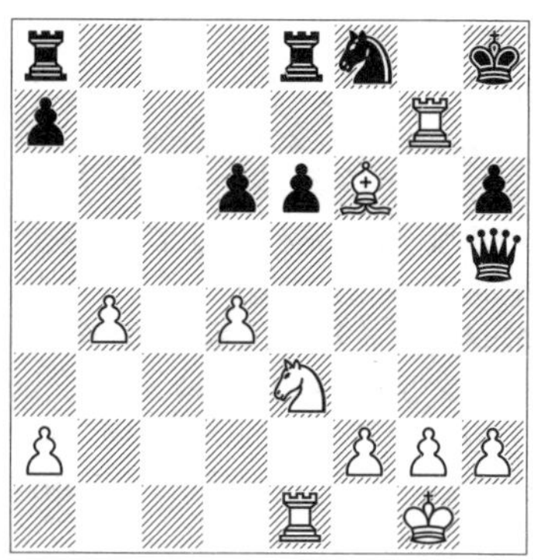

Er nahm nun nicht auf a7 – was den Turm a8 aktivieren würde – sondern kassierte mit 31 ♖g5+ ♔h7 32 ♖xh5 sofort die Dame ein. Schwarz konnte von Glück reden (oder von Pech, da er nun lediglich länger leiden musste), dass er mit 32...♔g6 die Figur zurückgewinnen konnte, aber nach 33 ♖h3 ♔xf6 34 ♖xh6+ ♔g5 35 ♖h3 hatte Weiß drei Bauern mehr und trug bald den Sieg davon.

Linienöffnung und -schließung

LÖ01

Makogonow – Flohr

Wettkampf (8), Baku 1942

Ohne den Läufer auf d6 wäre ♕d8 sofort matt.

Mit 41 ♗b8! räumte Weiß unter Tempogewinn die Linie und zwang den Gegner zur sofortigen Aufgabe angesichts von 41...♕xb8 42 ♕d7+ ♔f8 43 ♕d8+ ♕xd8 44 ♖xd8# mit einem ungewöhnlichen Grundreihenmatt.

LÖ02

Zamora – G. Garcia

Kubanische Meisterschaft, Havanna 1965

1...♗d4! entfesselte den Turm und drohte 2...♖xc3, was Weiß zur Linienöffnung mit 2 cxd4 veranlasste. Nach 2...♖xa3 3 ♖e1 (oder 3 dxc5 ♖xa1+) 3...♕d5 gab er auf. Dieses Beispiel hätte natürlich auch im Abschnitt über Fesselungen stehen können.

LÖ03

Aljechin – Hulscher

Simultanpartie, Niederlande 1933

Hier muss Weiß verhindern, dass der gegnerische König nach f7 entfleucht, was er folgendermaßen erreichte: 16 ♘e5!! *(D)*

S

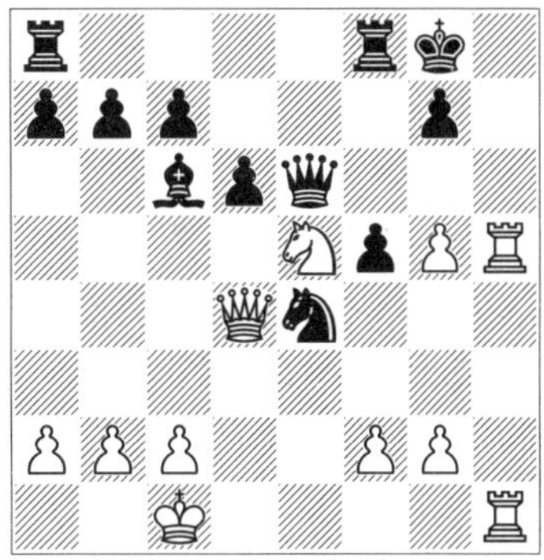

16...dxe5 (oder 16...♕xe5 17 ♕xe5 dxe5 18 g6 und 19 ♖h8#) 17 g6! ♕xg6 18 ♕c4+!, und Schwarz gab auf.

LÖ04

Von Popiel – Marco

Monte Carlo 1902

Offensichtlich dachte Schwarz, dass er durch die Fesselung eine Figur verliert, aber 36...♗g1! hätte den Spieß umgedreht – nach 37 ♔xg1 ♖xd3 steht Schwarz auf Gewinn.

LÖ05

Trifunović – Aaron

Beverwijk 1962

Diesmal ist der Läufer nicht gefesselt, aber Weiß spielte die mit Tempogewinn erfolgende Linienräumung 31

♗g8!, was wiederum die Entscheidung brachte.

Dies war nach dem letzten Beispiel eine leichte Übung, aber ich wollte hervorheben, dass die gleichen Muster immer wieder vorkommen, auch wenn sie etwas ungewöhnlich sind.

LÖ06

Swidler – Barejew

Wijk aan Zee 2004

In dieser Stellung hatte Barejew gerade mit 16...exf4?? einen groben Fehler begangen. Abermals bestand das Problem in der Öffnung einer Linie unter Tempogewinn, in diesem Fall der e-Linie, was Swidler mit dem (ziemlich offensichtlichen) 17 ♗xb7! *(D)* bewerkstelligte.

S

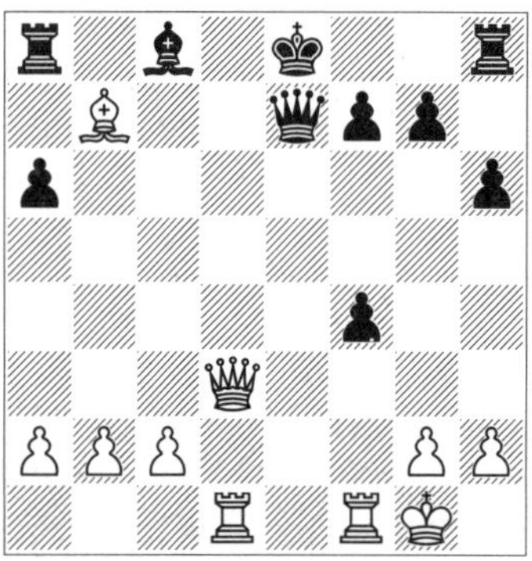

Auf 17...♕xb7 folgt nun 18 ♕d8#, und 17...♗xb7 wird mit 18 ♖fe1 ♕xe1+ 19 ♖xe1+ ♔f8 20 ♕d7 beantwortet. Da auch 17...0-0 18 ♗xa8 ♕a7+ 19 ♕d4 ♕xa8 20 ♖xf4 hoffnungslos für Schwarz ist, warf Barejew sofort das Handtuch.

LÖ07

Fischer – Benkö

Meisterschaft der USA,
New York 1963/64

In einem anderen sehr berühmten Beispiel will Schwarz sich mit ...f5 verteidigen, aber Fischer fand einen brillanten Weg, dies zu verhindern, indem er mit 19 ♖f6!! *(D)* den f-Bauern blockierte.

S

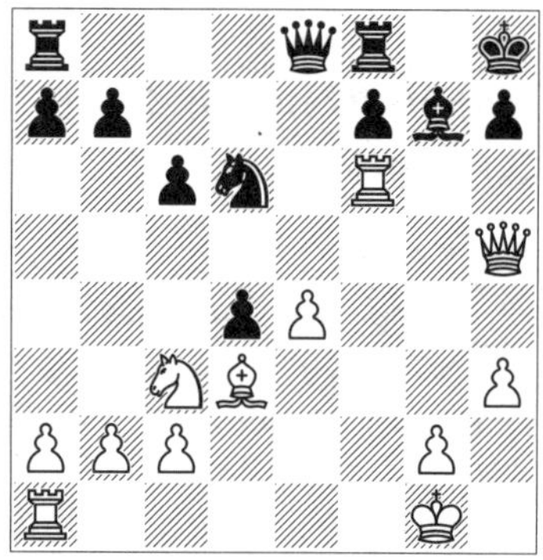

Auf 19...♗xf6 erzwingt Weiß nun mit 20 e5 sofortiges Matt. Daher versuchte Benkö 19...♔g8, strich aber nach 20 e5 h6 21 ♘e2 die Segel.

LÖ08

Réti – Bogoljubow

New York 1924

Weiß hat zwar Angriff, aber es sieht so aus, als ob Schwarz überleben könnte. Ein einziger Zug bewies jedoch das Gegenteil: 25 ♗e8! unterbrach die Grundreihe und veranlasste Schwarz angesichts von 25...♖xe8 26 ♕xf8+ ♖xf8 27 ♖xf8# zur sofortigen Resignation.

LÖ09

Ståhlberg – Persitz

Ljubljana 1955

In dieser analogen Stellung unterbrach Weiß die Grundreihe mit 17 ♗b8! *(D)*.

S

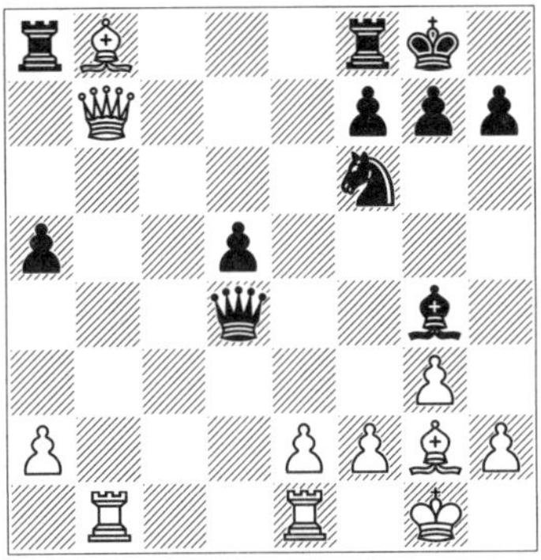

Das war in diesem Fall nicht auf der Stelle tödlich, aber nach 17...♘e4 (auf 17...♖axb8? folgt natürlich 18 ♕xb8 ♖xb8 19 ♖xb8+ mit Matt) 18 ♗xe4 ♖axb8 19 ♕xb8 dxe4 20 ♕f4 hatte Weiß die Qualität gewonnen und gewann schließlich im 39. Zug.

LÖ10

Waganjan – T.L. Petrosjan

Moskau 2004

Schwarz scheint sicher genug zu stehen, aber der verblüffende Zug 35 ♗xd5+!! *(D)* machte ihm einen Strich durch die Rechnung.

Nach 35...cxd5 36 ♖a7+ erzwingen die beiden Türme das Matt. Daher versuchte Schwarz 35...♔g7, gab aber nach 36 ♗b3 ♖b4 (oder 36...♖dxd4 37 ♗xa4 ♖xa4 38 ♖b7+ ♗xb7 39 ♖xa4)

S

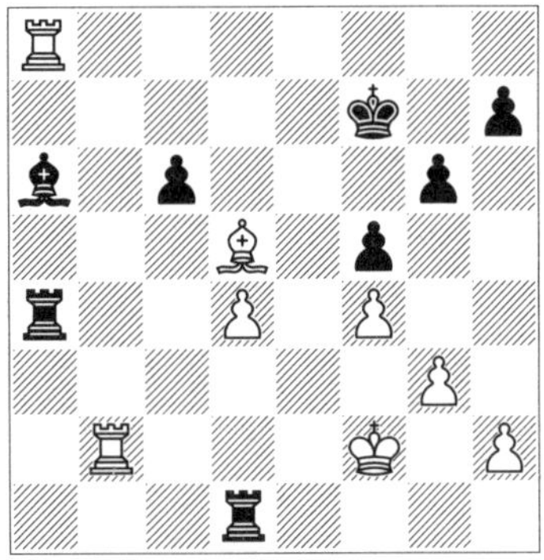

37 ♖xa6 ♖d3 38 ♖a3 ♖b7 39 ♔e2 ♖xd4 40 ♖ba2 auf.

LÖ11

Kasperowitsch – Buchman

UdSSR 1977

Hier will Schwarz seine Dame nach g1 stellen, aber sofort 1...♕g1? verbietet sich wegen 2 ♖g2+.

Mit 1...♖g6! löste er das Problem: 2 ♗xg6 ♕g1 3 ♗xf7+ ♔h7! 4 ♗g6+ ♔h6!, und Weiß gab auf.

LÖ12

Jussupow – Lobron

Nussloch 1996

Weiß hatte im vorigen Zug das überaus thematische 19 d5! vom Stapel gelassen, was mit 19...♘c6-a5 beantwortet worden war (nach 19...exd5 gewinnt 20 ♖xe7!, aber 19...♘xd5 ist komplizierter). Nun schreit die Position förmlich nach 20 dxe6!! *(D)* mit Freisetzung der in der weißen Stellung steckenden Energie, was in der Tat funktioniert:

a) Nach 20...♖xd3 21 exf7+ ♔g7 22 fxe8♕ ♕xe8 23 ♖xd3 ♘xb3 24

S

♖de3 ♔f7 verfügt Weiß über eine ganze Reihe guter Fortsetzungen. Einfach 25 ♖xe7+ ♕xe7 26 ♖xe7+ ♔xe7 27 ♘e5 ♔e6 28 ♗xf6 ♔xf6 29 ♘d7+ ist gut genug.

b) Schwarz spielte daher 20...♘xb3, was aber vernichtend mit 21 exf7+ ♔xf7 22 ♕c4+ ♔g7 23 ♘e5! beantwortet wurde. Es folgte noch 23...♘g8 24 ♖xd8 ♕xd8 25 ♕f7+ ♔h8 26 ♕xb3 ♕d4 27 ♖e3! ♖f8 28 ♗xe7 1-0.

LÖ13

Rublewski – Klimow

Russische Meisterschaft, Krasnojarsk 2003

Der Versuch des Nachziehenden, sich mit einem Grundreihentrick zu verteidigen (28 ♖xf5?? ♖d1+), wurde mit 28 ♘xe6+! ♕xe6 29 ♖xg7 abgeschmettert, wonach der dreifache Angriff auf f7 absolut tödlich war. Nach 29...♖d7 30 ♕g8+ gab Schwarz auf.

LÖ14

Karpow – Topalow

Dos Hermanas 1994

Mit 30 ♘f6!! *(D)* leitete Weiß eine wunderschöne, äußerst geometrische Kombination ein.

S

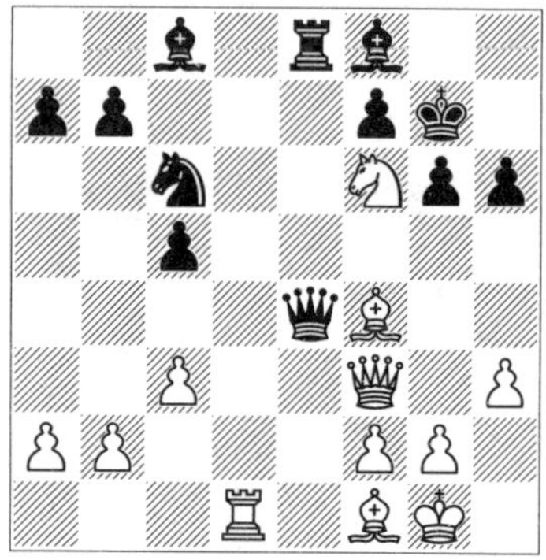

Nach 30...♔xf6 (oder 30...♕xf3 31 ♘xe8+) 31 ♗e5++! ♔xe5 32 ♕xe4+ ♔xe4 33 ♖e1+ ♔f5 34 ♖xe8 gewann die Gabel eine Figur zurück und beließ Karpow im Mehrbesitz einer Qualität. Nach 34...♗e6 35 ♖xf8 ♗xa2 36 ♖c8 stellte Topalow die Uhr ab.

LÖ15

H. Rinck

Deutsche Schachzeitung, 1906

In dieser kurzen, aber hübschen Studie gewinnt Weiß mit einem unter der Bezeichnung Nowotny bekannten Problemthema, bei dem eine Figur auf einem Feld geopfert wird, auf dem sie von zwei verschiedenen gegnerischen Steinen geschlagen werden kann, die sich dabei aber gegenseitig stören.

1 a7 ♗g2 2 d7 ♖d2 3 ♗d5! *(D)* erzwingt die Umwandlung eines der Bauern. Die beste schwarze Verteidigung ist 3...♖xd5, aber nach 4 a8♕

S

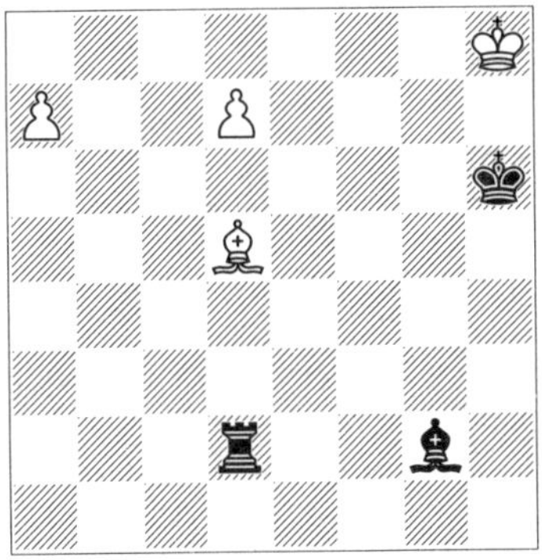

♖xd7 5 ♕f8+ ♔g6 6 ♕e8+ ♖f7 7 ♕e6+ ♖f6 8 ♕g4+ ♔f7 9 ♕g8+ (9 ♕xg2?? ♖h6#) 9...♔e7 10 ♕xg2 erreicht Weiß ein gewonnenes Endspiel mit Dame gegen Turm.

Fesselungen

FE01

Natürlich gewinnt Weiß mit 1 ♗e5 mit absoluter Fesselung des Springers gegen den König. Nach 1...♔g7 verhindert 2 h4 oder 2 f4, dass Schwarz sich mit ...g5 und ...♔g6 entfesselt, und bringt Schwarz in sofortigen Zugzwang.

a) Mit dem Bauern auf h6 gewinnt 1 ♗e5 ♔g7 2 h4! nach 2...g5 3 h5! immer noch, aber 2 f4 funktioniert nun nicht mehr.

FE02

Radziewicz – Khamrakulowa

Mädchenweltmeisterschaft, Athen 2001

33 ♖cxe6 ♖xe6 34 ♗xd5 *(D)* fesselt nicht nur fatalerweise den Turm e6, sondern spießt auch die beiden schwarzen Türme auf.

S

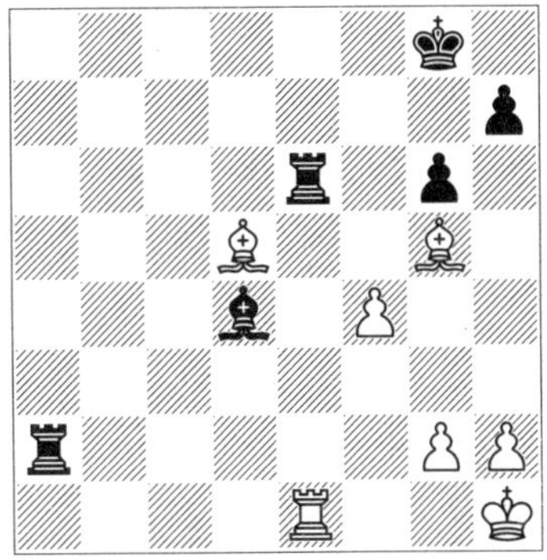

Nach 34...♔g7 35 ♗xe6 ♖a5 36 ♗h4 gab Schwarz auf.

FE03

Speelman – M. Piket

Dordrecht (Blitz) 2003

1 ♖c7 ♖d7 2 ♕xf7+! ♕xf7 3 ♖xd7 zwang den Nachziehenden zur Aufgabe.

FE04

Golubew – Mantovani

Biel 1992

Nach 26 ♕xc5+! besteht die Hauptpointe in 26...♕xc5 27 ♘c6+ ♔a8 28 ♖xb8#. Schwarz versuchte 26...♕b6, gab aber nach 27 ♘c6+ ♔a8 28 ♖xb6 auf.

FE05

Radjabow – Dao Thien Hai

Olympiade, Turin 2006

Nach 36...g6? 37 hxg6 ♕xg6+ 38 ♖g4! gab Schwarz auf.

FE06

Vidarsson – Stefansson

Isländische Meisterschaft, Seltjarnarnes 2002

Mit 28...♗c3! *(D)* profitierte der Nachziehende von der Fesselung entlang der zweiten Reihe und erzwang angesichts der Drohung 29...♖d2 die sofortige Resignation.

W

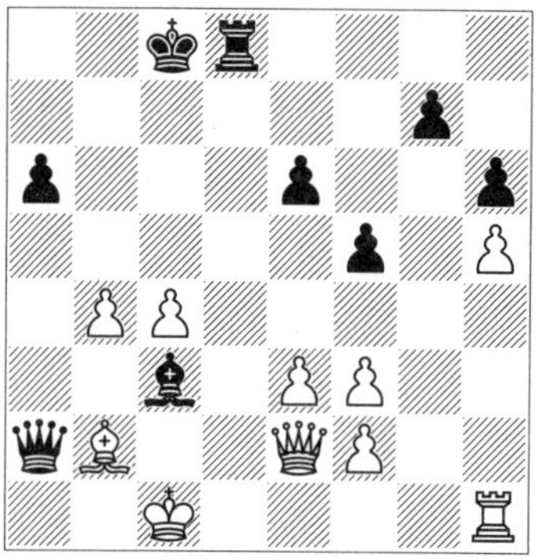

Auf 29 ♖d1 folgt 29...♗xb2+, oder 29 ♕c2 ♗d2+ 30 ♔d1 ♗xe3+ 31 ♔e1 ♖d2.

FE07

Diese Eröffnungskatastrophe, die sich nach 1 e4 e5 2 ♘f3 ♘c6 3 ♗c4 h6? 4 d4 d6 5 ♘c3 ♗g4 6 dxe5 ♘xe5? ergibt, wurde (in einer etwas anderen Form) erstmals von Legall de Kermeur (1702-92), dem Champion des Café de la Régence und Lehrer von Philidor, beschrieben. Sie ist im Laufe der Jahre einige Male vorgekommen; in einer großen Datenbank habe ich tatsächlich drei verschiedene Partien damit gefunden. Die Fesselung ist nur relativ, und Weiß gewinnt mit 7 ♘xe5! ♗xd1 8 ♗xf7+ ♔e7 9 ♘d5#.

FE08

Renet – Miles

Zonenturnier, Linares 1995

...und viele andere Partien.

Diese Stellung ergibt sich nach 1 e4 ♘c6 2 ♘f3 d6 3 d4 ♘f6 4 ♘c3 ♗g4 5 d5. Es stellt sich heraus, dass 5...♘e5 recht gut spielbar ist, da Schwarz nach 6 ♘xe5 ♗xd1 7 ♗b5+ c6 8 dxc6 dxe5! 9 c7+ (auf 9 cxb7+? folgt 9...♘d7!) 9...♕d7 10 ♗xd7+ ♔xd7 11 ♔xd1 entweder 11...♔xc7 oder zuerst 11...e6 (wie in der Partie) spielen kann.

Man sollte sich unbedingt merken, dass taktische Zugfolgen wie diese von der exakten Position abhängen. Nach 1 e4 ♘c6 2 ♘f3 d6 3 d4 ♗g4 4 d5 ♘e5 (d. h. mit den Springern auf b1 und g8) 5 ♘xe5 ♗xd1 6 ♗b5+ c6 7 dxc6 ist 7...♕a5+ 8 ♘c3 0-0-0 kompliziert, wenngleich 9 ♘c4 gut für Weiß zu sein scheint; es ist jedoch absolut klar, dass 7...dxe5? wegen 8 cxb7+ auf der Stelle verliert.

FE09

Mohandesi – Barsow

Leuven 2002

Der Nachziehende entfesselte sich mit 13...♘xe4! 14 ♗xd8 (14 ♘xe4 ♕xh4+ ist ziemlich hoffnungslos für Weiß) 14...♘xf3+! 15 ♔f1 (auf 15 gxf3 folgt 15...♗f2+ 16 ♔f1 ♗h3#) 15...♘cd2+! 16 ♕xd2 ♘xd2+ 17 ♔e1 ♘xb1, und Weiß gab ein halbes Dutzend Züge später auf.

FE10

Flohr – Bronstein

Pärnu 1947

Der Pferdefuß an der Fortsetzung 20...♘cxd5 21 ♘exd5 ♘xd5 22 ♗xg7 ♕xg7 23 ♘xd5 ♕d4+ 24 ♔h1 ♕xd5 lautet 25 ♗c4! *(D)*.

S

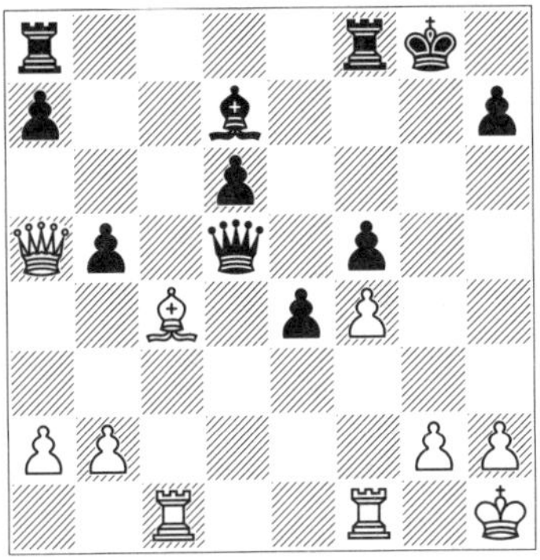

Nach 25...♕xc4 26 ♖xc4 bxc4 27 ♕d5+ hat Weiß hervorragende Gewinnchancen.

FE11

A. Troitski

L'Echiquier, 1930

In dieser hübschen Studie macht sich Weiß zwei „Kreuzfesselungen" zunutze: 1 ♕f6+ ♔h5 2 ♕f5+ ♔h6 3 ♗e3+ ♔g7 4 ♕g5+ ♔f8 5 ♗c5+ ♗d6 6 ♕e5! ♕d8 7 ♗xd6+ ♔g8 8 ♕g3+ ♔h8 9 ♗e5+ f6 10 ♕g5!.

FE12

Nach 1...♖a1+ 2 ♔h2 ♕g1+ 3 ♔g3 ♖a3+ 4 ♖d3 scheint Weiß unbeschadet zu entkommen, aber 4...♕d4! beweist das Gegenteil.

FE13

Onescius – Gama

Rumänische Meisterschaft, Bukarest 1955

Nach 1 ♘xf3 exf3! verteidigt sich Weiß mit der Ablenkung 2 ♕g7+!! *(D)*.

S

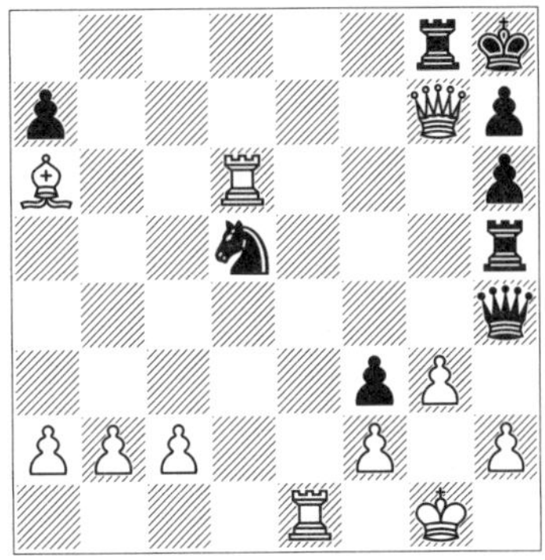

Nach 2...♔xg7 (2...♖xg7 3 ♖e8+ ♖g8 4 ♖xg8+ ♔xg8 5 gxh4 ist schlechter) 3 gxh4 hat Weiß entscheidenden Vorteil, muss aber noch vorsichtig sein; etwa nach 3...♔h8+ 4 ♔h1 ♖xh4 5 ♖g1 (nicht 5 ♖xd5? ♖g2) 5...♖xg1+ 6 ♔xg1 ♘f4, und nun vielleicht 7 ♗c8.

FE14

Toran – Kuijpers

Malaga 1965

23...♗d4+ 24 ♗e3 ♕g5?? 25 ♕xd4!, und Schwarz gab auf.

FE15

Olsen – Jakobsen

Århus 1953

1 ♖exd5?? ♕xg2+!! 2 ♔xg2 ♗xc6, und es war der Weiße, der die Segel streichen musste.

Spieße

SP01

In dieser für Turmendspiele fundamentalen Stellung gewinnt Weiß mit 1 ♖h8! ♖xa7 (Schwarz kann vorher noch Schachs bieten, was ihm aber nicht hilft) 2 ♖h7+.

SP02

Hebden – Speelman

Southend 2000

Dies ist ein gutes Beispiel dafür, dass die elementaren Muster auch im praktischen Spiel wichtig sind. Hier hatte ich gerade mit 1...♔f7-e7?? einen groben Fehler begangen – zuerst 1...♖a5 hätte Remis gemacht.

Nach 2 a7! ♖a5 3 ♖h6! gab ich auf, da es gegen die Drohung 4 ♖h8! ♖xa7 5 ♖h7+ keine Verteidigung gibt.

SP03

L. van Vliet

Deutsche Schachzeitung, 1888

Dieses theoretische Endspiel ist nach der Ablenkung der schwarzen Dame durch eine Reihe von Spießen gekennzeichnet.

Auf 1...♕d5 folgt 2 ♕a4+ ♔b6 3 ♕b3+!; 1...♕f3 2 ♕a4+ ♔b6 3 ♕b3+! oder 1...♕g2 2 ♕a3+ ♔b6 3 ♕b2+!. Die hartnäckigste Antwort 1...♕h1 2 ♕a3+ ♔b6 3 ♕b2+ führt sowohl nach 3...♔a5 4 ♕a2+ ♔b4 5 ♕b1+ als auch nach 3...♔c7 4 ♕h2+ zu weiteren Spießen, während 3...♔c5 4 ♔a7 ♕h7 5 ♕b6+ ♔c4 6 ♔a6 ebenfalls für Weiß gewinnt.

SP04

In dieser sehr einfachen Übungsstellung gewinnt die Hinlenkung 1 f3+! *(D)*.

S

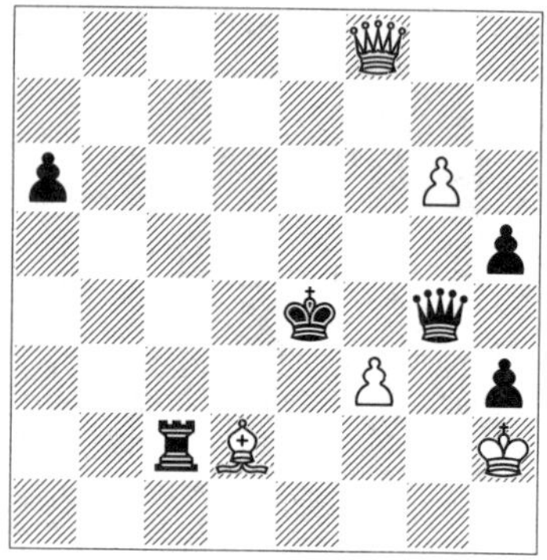

Nach 1...♕xf3 2 ♕a8+ verliert der Nachziehende seine Dame.

SP05

P. Schlosser – Rajetski

Cappelle la Grande 2003

Wenn Weiß den Turm nimmt, gibt Schwarz Dauerschach, aber er kann mit einer typischen Zugfolge die gegnerische Dame gewinnen: 49 ♕f8+ ♔h7 50 ♘f6+ ♔g6 51 ♕g8+!, und angesichts von 51...♔xf6 52 ♕h8+ gab Schwarz auf.

SP06

Botscharow – Najer

Tomsk 2006

Schwarz beendete die Partie mit 64...♕g6+ 65 ♔h3 (auch auf 65 ♔f3 kommt 65...h1♕) 65...h1♕+ 66 ♕xh1 ♕h6+, und Weiß gab wegen 67 ♔g2 ♕xc6+ auf.

SP07

Ionow – Shelnin

UdSSR 1980

Weiß fand den Durchbruch 1 ♖xg5 ♘xg5 2 ♗xf6 gxf6 (2...♘f7 3 ♕h7+ ♔f8 4 ♕xg7+ ♔e8 5 ♕g8+) 3 ♕h8+ ♔f7 4 ♖h7+! ♘xh7 5 ♕xh7+, was Schwarz zur Aufgabe bewog.

SP08

Hjelm – Asauskas

Oslo 2003

Nach 27...♕c7 28 ♖xf7 ♕xd7 29 ♖xd7 steht Weiß viel besser, aber Schwarz konnte mit 27...♕xc1+! 28 ♔xc1 ♖xc2+ 29 ♔d1 ♖c1+ sofortiges Remis erzwingen. Weiß kann dem Dauerschach nicht entkommen, da er nach 30 ♔e2 ♖8c2+ 31 ♔f3 ♖f1+ 32 ♔e3 ♖e1+ nicht 33 ♔d3 spielen kann wegen des Spießes 33...♖d1+. Stattdessen einigte man sich nach 33 ♔f3 auf Remis.

SP09

Aleksejew – Assejew

St. Petersburg 2000

Weiß spielte 31 e6? und musste sich am Ende ins Remis fügen.

Er verpasste eine bildhübsche Kombination mit zwei Ablenkungen und anschließendem Spieß: 31 ♘e6! ♖xe6 32 ♖f7! ♔xf7 33 ♕xh7+ ♔e8 34 ♕g8+.

SP10

H. Rinck

Deutsche Schachzeitung, 1905

Spieße gibt es häufig in Studien zu sehen. Hier zeigt Henri Rinck in einem von zahlreichen ähnlichen Beispielen, wie der König auf ein fatales Feld getrieben werden kann: 1 ♕f1+ ♔d5 (1...♔b3 2 ♕b5+ ♔c2 {oder 2...♔a3 3 ♕a5+ ♔b3 4 ♕a2#} 3 ♕b1#) 2 ♘f6+! exf6 3 ♕b5+ ♔e4 4 ♕e2+ ♔f5 5 ♕c2+ ♔g5 (oder 5...♔e6 6 ♕b3+) 6 ♕g2+.

SP11

J. Sehwers

Rigaer Tageblatt, 1900

1 ♖a5+ *(D)*, und nun:

S

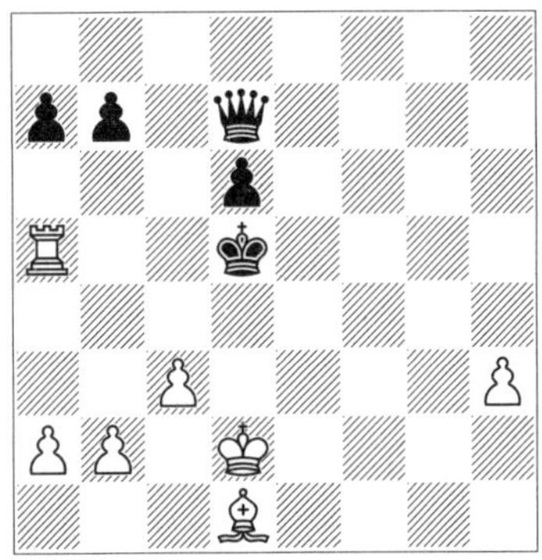

a) 1...b5 2 ♖xb5+ ♕xb5 (2...♔c6 3 ♗a4 ♕c7 4 b4!) 3 c4+ ♕xc4 (3...♔xc4 4 ♗e2+) 4 ♗b3.

b) Die Hauptvariante lautet 1...♔e4 2 ♖f5!!, und egal auf welche Weise Schwarz schlägt, geht die Dame durch einen Spieß verloren.

SP12

J. Fritz

Swobodne Slowo, 1953

In diesem ziemlich schwierigen Beispiel führt forciertes Spiel wiederum zu einem Spieß: 1 ♘c1+ ♔c2 2 ♘xb3 ♗h4 3 ♘d4+ ♔d3 4 ♘g8! (der schwierigste Zug der Lösung, der entscheidend die Felder f6 und e7 kontrolliert) 4...♔xd4 5 ♔g4 ♗f2 6 ♗b6+.

Überlastete Figuren und Ablenkungen

ÜL01

Swidler – Almasi

Bundesliga 2003/04

Die schwarze Dame hat die lebenswichtige Aufgabe, den Turm auf e8 zu verteidigen.

Weiß lenkte die Dame mit 17 ♕g4! ab und erzwang die sofortige Aufgabe, da auf 17...♕xg4 natürlich 18 ♖xe8# folgt, während 17...♘e6 einfach mit 18 ♘xe6 beantwortet wird.

ÜL02

Romanischin – Plaskett

London 1977

Die schwarze Dame muss sowohl f6 als auch d7 verteidigen.

1 ♖xd7! war tödlich, da 1...♕xd7 die Antwort 2 ♗xf6 ♕d1+ 3 ♗f1 nebst Matt zulässt und 1...♘xd7 2 ♕xg7# sofort Matt ist.

ÜL03

Van Wely – L'Ami

Niederländische Meisterschaft, Leeuwarden 2004

Hier muss die weiße Dame sowohl a2 als auch c2 decken. Schwarz lenkte mit 26...♘a2+! die Dame ab und gewann angesichts von 27 ♕xa2 ♕c2# auf der Stelle.

ÜL04

Esplana – Belli

Peruanische Meisterschaft, Lima 2000

Hier ist die schwarze Dame mit der Deckung des Feldes g6 betraut.

Nach 29 ♗d5 *(D)* gab Schwarz auf.

S

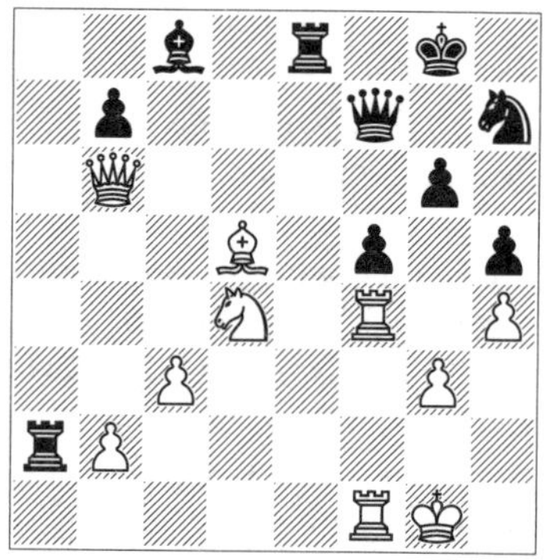

Nach der Fortsetzung 29...♕xd5 30 ♕xg6+ ♔f8 gewinnt fast jeder Zug – am saubersten sieht 31 ♘xf5 oder 31 ♕xh7 aus.

ÜL05

Marinković – Makarytschew

Belgrad 1988

Der Läufer d4 steht auf dem Schnittpunkt zwischen zwei wichtigen Diagonalen und wird durch den Turm d1 gedeckt. 23...♖b1! zwang Weiß zur Aufgabe, da Schwarz nach 24 ♖xb1 ♗xd4+ durch die Gabel den Turm a7 gewinnt und eine ganze Figur mehr behält.

ÜL06

Leko – Grischuk

Cap d'Agde (Schnellpartie) 2003

Der g-Bauer erfüllt hier zwei wichtige Aufgaben, indem er die Springergabel auf h4 verhindert und die g-Linie geschlossen hält. 36...♘h4+! gewann auf der Stelle, da der Bauer nach 37 gxh4 die letztgenannte Rolle nicht mehr erfüllt und 37...♖g8+ die weiße Dame gewinnt.

ÜL07

Zhao Jun – Minasjan

Aeroflot-Open, Moskau 2004

Nach 26 c3? (gut spielbar war 26 ♔f1) erzwang die sehr hübsche Replik 26...♖e8!! die sofortige Aufgabe, da Schwarz nach 27 ♕xe8 (oder 27 ♕d2 ♗xf2+! 28 ♕xf2 ♖e1+) 27...♗xf2+ 28 ♔h1 ♘g3+ 29 ♔h2 ♗g1+ 30 ♔xg3 ♕f2+ 31 ♔g4 in zwei Zügen matt setzen kann (auf drei verschiedene Arten).

ÜL08

Alcazar Jimenez – Mamedjarow

Weltmeisterschaft U18, Khalkidhiki 2003

35...♕e1+! lenkte die Dame von der Verteidigung des Turms c2 ab. Nach 36 ♕xe1 ♖xc2 war die Dame angegriffen, und es drohte Matt auf h2. Weiß versuchte 37 ♗f5+ ♔f6, gab dann aber auf.

ÜL09

Leko – Anand

Cap d'Agde (Schnellpartie) 2003

Der Zug 37...♘g3+! liegt auf der Hand, da er den kläglichen Rest des Bauernschutzes um den weißen König vernichtet. Er funktioniert, da Schwarz nach 38 hxg3 ♕h3+ 39 ♔g1 ♕xg3+ 40 ♔h1 mit 40...♖h4+ den Springer ablenkt und die verborgene taktische Schwäche ausnutzt, dass die weiße Dame ungedeckt ist. Nach 41 ♘xh4 ♕xe3 42 ♘g2 ♕e2 43 ♖f5 ♕xb2 44 ♖c5 ♕xa2 45 ♖xc6 a5 gab Leko auf.

ÜL10

Speelman – Velimirović

Maribor 1980

Diese Stellung stammt aus einem weit zurückliegenden Turnier aus dem Jahre 1980, als ich den Großmeistertitel errang. Unter leichtem Druck stehend, konnte ich hier mit 25 ♗xg7! *(D)* die Notbremse ziehen.

S

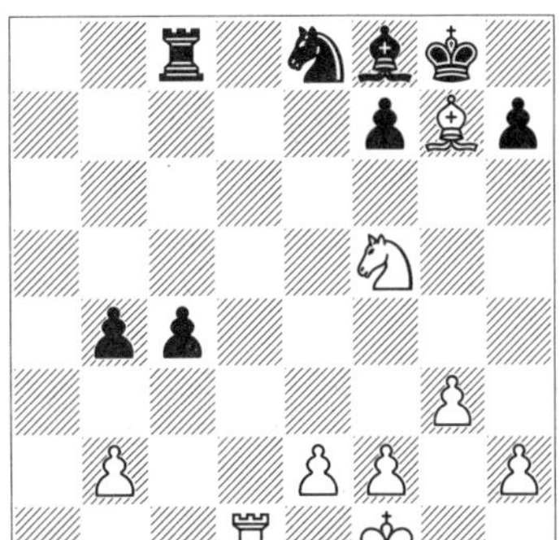

Wir einigten uns sofort auf Remis angesichts von 25...♘xg7 26 ♘h6+ ♔h8 27 ♘xf7+ mit Dauerschach; nach 25...♗xg7? 26 ♘e7+ ♔f8 27 ♘xc8 ♗xb2 28 ♘b6 c3 29 ♘c4 c2 30 ♘xb2

cxd1♕+ 31 ♘xd1 ist Weiß sogar im Vorteil.

ÜL11

A.N. Pantschenko – Kotschijew

Riga (U18) 1973

Nach 25...♘f5 26 ♕xh7+ ♔f8 27 ♕h8+ ♔e7 28 ♕f6+ hat Weiß Dauerschach, aber Schwarz lenkte mit dem Superzug 25...♗g4+! den weißen Turm nach g4, und nach 26 ♖xg4 ♘f5 27 ♕h3 (natürlich funktioniert 27 ♕xh7+ jetzt nicht, da der Springer das Feld h4 kontrolliert) 27...♖xc2+ 28 ♔f1 ♕b5+ strich Weiß die Segel.

ÜL12

Aljechin – N.N.

Simultanpartie, Trinidad 1939

Nach 1 ♖c8! ♖xc8 machte die herrliche Ablenkung 2 ♕e7!! dem Treiben ein Ende.

ÜL13

Paglilla – Carbone

Argentinien 1985

Die schwarze Dame ist natürlich wegen der Grundreihenschwäche des Anziehenden tabu, und wenn der Turm wegzieht oder auf d8 schlägt, fällt der Bauer f6. Weiß löste das Problem mit einem wunderschönen und vernichtenden Schlag: 1 ♕a8!!, und Schwarz gab wegen 1...♖xa8 2 fxe7 nebst ♖d8+ auf.

ÜL14

Malachow – P.H. Nielsen

Europameisterschaft, Istanbul 2003

Weiß entfernte mit 25 ♘b5! den Springer mit Tempo aus dem Weg und überlastete nach 25...cxb5 mit 26 ♕f4! die schwarze Dame. Da 26...♕d7 27 ♗xb6 ♕xd4 (oder 27...axb6 28 ♖xd7 ♗xd7 29 e5) 28 ♗xd4 ♖xd4 29 ♕e5 hoffnungslos ist, stellte Schwarz sofort den Widerstand ein.

ÜL15

A. Wotawa

Schach-Magazin, 1951

In dieser Stellung aus der Schlussphase einer Studie muss der Anziehende den schnellsten Weg zur Störung des gegnerischen Läufers finden, nämlich 1 ♗g3 a4 *(D)*

W

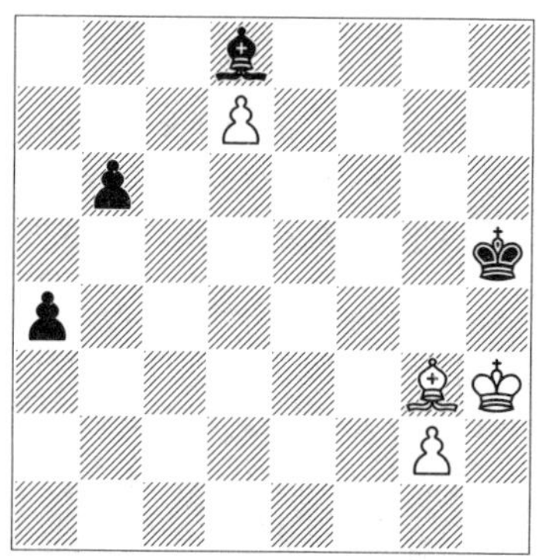

2 ♗h4! (Ablenkung) 2...♗xh4 3 g4+!, was den schwarzen König nach g5 treibt, wo er aber dem Läufer die Diagonale verstellt und daher 4 d8♕+ zulässt.

ÜL16

Maroczy – Bogoljubow

New York 1924

Schwarz spielte 25...♖e2?! und gewann nach 26 ♖f1?? ♕xd4+ 27 ♔h1 ♕f6 0-1 in der Tat sehr schnell. Nach 26 ♖xe2 dxe2 27 ♕xf6 e1♕+ 28 ♕f1 ♕e3+ 29 ♕f2 ♕g5+ 30 ♕g3 ♕xg3+ 31 hxg3 sollte sich Weiß jedoch leicht behaupten können, obgleich Schwarz den Bauern g6 gewinnen kann.

Stattdessen führt 25...♖c1! 26 ♗xc1 (nicht 26 ♕xf6 ♖xe1+ 27 ♕f1 d2!) 26...♕xf5 27 ♖e8+ ♕f8 28 ♖xf8+ ♔xf8 zum gleichen Endspiel, aber mit einem zusätzlichen schwarzen Bauern auf d3, was offensichtlich die Gewinnchancen des Nachziehenden erheblich verbessert.

ÜL17

Tschatalbaschew – Cornette

Calvi 2004

Im Moment kann der weiße König nach d2 gehen, aber mit dem exzellenten Zug 23...♖c2! *(D)* nahm Schwarz dieses Fluchtfeld unter Kontrolle.

W

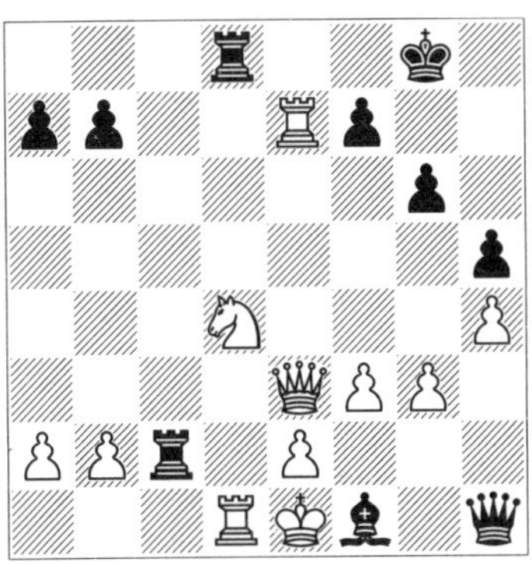

Die Ablenkung des Springers mit 24 ♘xc2 öffnet die d-Linie, so dass die Fortsetzung 24...♗h3+ 25 ♔f2 ♕g2+ 26 ♔e1 ♕f1# zum Matt führt, und auch 24 ♖e8+ ♔h7 hilft nicht. Weiß versuchte 24 ♕f4, aber mit 24...♗xe2+ 25 ♔f2 ♗c4+! 26 ♘xc2 (oder 26 ♖d2 ♕h2+) wurde der Springer trotzdem abgelenkt. Nach 26...♕h2+ gab der Anziehende auf, ohne auf 27 ♔e1 ♕g1# zu warten.

ÜL18

Cyborowski – Mista

Polnische Meisterschaft, Warschau 2004

Weiß lenkte mit dem überraschenden 26 ♗b5! die Dame ab und leitete ein Abschlussfeuerwerk ein: 26...♕xb5 27 ♖xg6! fxg6 28 ♕xh5+! gxh5 29 ♖g7#.

Mattangriffe

MA01

Nach den Anfangszügen 1 e4 g6 2 d4 ♗g7 3 ♘f3 d6 4 ♗c4 hat der Nachziehende gerade mit dem katastrophalen Zug 4...♘d7?? die schwarzen Felder entscheidend geschwächt. Nach 5 ♗xf7+! warf Schwarz in einer Reihe von Partien angesichts von 5...♔xf7 6 ♘g5+ ♔f8/e8 (natürlich muss man sich davon überzeugen, dass 6...♔f6 nicht möglich ist, aber im vorliegenden Fall erscheint dies sehr unwahrscheinlich, was die Antwort 7 ♕f3# überzeugend belegt) 7 ♘e6(+) das Handtuch. Einige Male hat Schwarz auch nach 5...♔f8 6 ♘g5 die Partie noch weitergeschleppt.

MA02

Sutovsky – Asmaiparaschwili

Moskau (Schnellpartie) 2002

Diese Stellung zeigt eine weitere Katastrophe auf f7, ungewöhnlicherweise mit einem sehr starken Spieler als Opfer.

Nach 24 ♗xf7+ gab Schwarz angesichts von 24...♔xf7 25 ♕b3+ ♔e8 (25...♔f8 26 ♘xg6+ ♔e8 27 ♕e6+ oder 25...♔f6 26 ♕e6#) 26 ♕e6+ ♔f8 27 ♘xg6# sofort auf.

MA03

Suba – Sax

Hastings 1983/84

Auch hier erwies sich die Schwäche von f7 als tödlich, aber aus einem anderen Grund – der Springer wurde von der Verteidigung von c6 abgelenkt.

Die Partie hatte folgenden Verlauf genommen: 1 c4 ♘f6 2 ♘f3 c5 3 ♘c3 d5 4 cxd5 ♘xd5 5 e4 ♘b4 6 ♗c4 ♘d3+ 7 ♔e2 ♘f4+ 8 ♔f1 ♘e6 9 ♘e5 ♕d6 10 f4 ♘c6 11 ♕a4 ♘ed8 12 d4 cxd4 13 ♘b5 ♕b8 14 ♘xd4 f6 15 ♘dxc6 bxc6? *(D).*

W

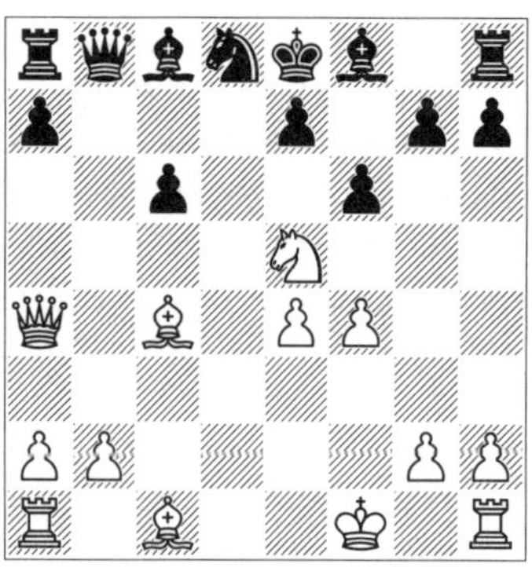

Nach 16 ♗f7+! gab Schwarz wegen 16...♘xf7 17 ♕xc6+ ♔d8 18 ♘xf7# sofort auf.

MA04

Morphy – Herzog von Braunschweig und Graf Isouard

Paris 1858

Dies ist die Schlussphase einer der berühmtesten Partien aller Zeiten, die angeblich in der Pause einer Oper gespielt wurde. Aus diesem Grund wollte Morphy schnell gewinnen, um sich auf die zweite Hälfte konzentrieren zu können.

Die Anfangszüge waren: 1 e4 e5 2 ♘f3 d6 3 d4 ♗g4 4 dxe5 ♗xf3 5 ♕xf3 dxe5 6 ♗c4 ♘f6 7 ♕b3 ♕e7 8 ♘c3 c6 9 ♗g5 b5 10 ♘xb5 cxb5 11 ♗xb5+ ♘bd7 12 0-0-0 ♖d8 13 ♖xd7 ♖xd7 14 ♖d1 ♕e6 *(D).*

W

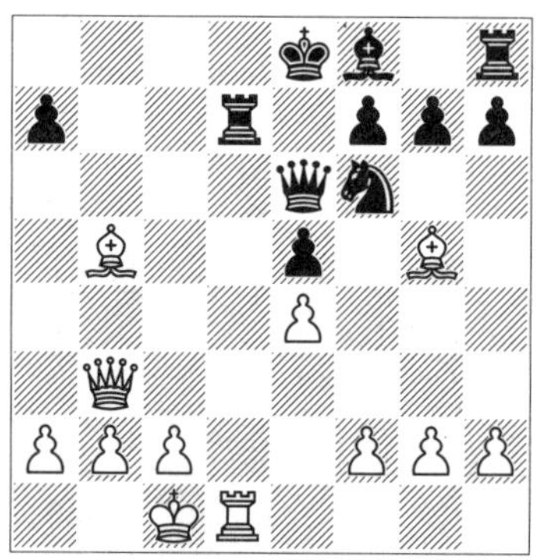

Nun beendete Morphy die Partie mit einem spektakulären Damenopfer, das viele Generationen von Schachspielern begeistert hat: 15 ♗xd7+! ♘xd7 16 ♕b8+! ♘xb8 17 ♖d8# (1-0).

MA05

Réti – Tartakower

Wien (freie Partie) 1910

Dies ist eine weitere sehr berühmte Kurzpartie, in der der König auf den offenen Zentrumslinien zugrunde geht. Weiß erzwang das Matt durch 9 ♕d8+! ♔xd8 10 ♗g5++ ♔c7 (oder 10...♔e8 11 ♖d8#) 11 ♗d8#.

(Eröffnet wurde mit den Zügen 1 e4 c6 2 d4 d5 3 ♘c3 dxe4 4 ♘xe4 ♘f6 5 ♕d3 e5? 6 dxe5 ♕a5+ 7 ♗d2 ♕xe5 8 0-0-0 ♘xe4?.)

MA06

Ostropolski – Iwanowski

UdSSR 1949

Dieses Stellung zeigt das gleiche Mattbild wie in den vorherigen Beispielen, aber ziemlich gut versteckt: 1 ♕xd7+! ♖xd7 2 ♘c7+ ♖xc7 3 ♖d8#.

MA07

a) 1...♕h3 wird mit 2 ♕h8+! ♔xh8 3 ♘xg6++ ♔g8 4 ♘e7# beantwortet.

b) 1...♕e6 verläuft etwas anders: 2 ♕h8+! ♔xh8 3 ♘xf7++ ♔g8 4 ♘h6#.

Je nachdem, ob die schwarze Dame h6 oder e7 deckt, muss der Springer seine Route ändern. Man beachte den von mir hinzugefügten Bauern auf a7, der 1...♕a7+ verhindern soll, wenngleich der Anziehende selbst in diesem Fall mit 2 ♔h1 ♖xb2 3 ♘c6 gewinnt.

MA08

Cramer – Zilverberg

Leeuwarden 1992

In diesem Beispiel aus einer richtigen Partie hatte der Nachziehende gerade 15...♗f6-g7?? *(D)* gespielt.

W

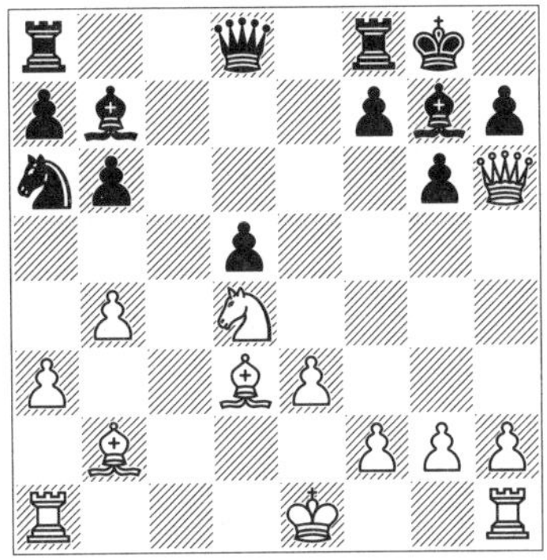

Nun wurde er durch 16 ♕xg7+! ♔xg7 17 ♘f5++ ♔g8 18 ♘h6# (1-0) zur Strecke gebracht.

Man beachte, dass 16 ♘f5?, was in derartigen Stellungen manchmal funktioniert, hier an 16...♗xb2! scheitert (aber natürlich nicht 16...♗xh6? 17 ♘xh6# oder 16...gxf5 17 ♕xg7#).

MA09

Belsitzman – Rubinstein

Warschau 1917

In diesem berühmten Beispiel kombinierte der Nachziehende eine Attacke auf den weißen Feldern mit einem Angriff über die h-Linie und machte mit 16...♕xh2+! Feierabend, wonach Weiß angesichts der Fortsetzung 17 ♔xh2 hxg3++ 18 ♔g1 ♖h1# das Handtuch warf.

(Die vorhergehenden Züge waren 1 e4 e5 2 ♘f3 ♘c6 3 ♘c3 ♘f6 4 ♗b5 ♘d4 5 ♗c4 ♗c5 6 ♘xe5 ♕e7 7 ♘d3 d5 8 ♘xd5 ♕xe4+ 9 ♘e3 ♗d6 10 0-0 b5 11 ♗b3 ♗b7 12 ♘e1 ♕h4 13 g3 ♕h3 14 c3 h5 15 cxd4 h4 16 ♕e2? – es sieht so aus, als ob sich Weiß mit 16 ♘f3 verteidigen kann.)

MA10

Lahaye – Gommers

Hengelo (U16) 1996

Dies ist ein weiteres Beispiel für einen Angriff am Schnittpunkt der langen Diagonale und der h-Linie. Nach 30 ♕h7+ ♔f8 31 ♕xg7+ ♔e8 kann der schwarze König fliehen, aber 30 ♕h8+! erzwingt sofortiges Matt nach 30...♗xh8 31 ♖xh8#.

MA11

Botwinnik – Keres

WM-Turnier,
Moskau/Den Haag 1948

Angriffe auf den schwarzen Feldern richten sich häufig gegen das Feld g7, auf dem ein Springeropfer absolut tödlich sein kann. In diesem Fall opferte Weiß jedoch einen Turm: 21 ♖xg7+! ♔xg7 22 ♘h5+ ♔g6 (22...♔g8 23 ♘xf6+ ist vollkommen hoffnungslos für Schwarz) 23 ♕e3! 1-0.

MA12

Hennings – Csulits

Ostdeutsche Meisterschaft,
Annaberg-Buchholz 1965

Hier greift der Anziehende wieder auf den schwarzen Feldern an und würde liebend gerne den Bauernschild des feindlichen Königs mit 13 ♘xg7! *(D)* aufreißen.

S

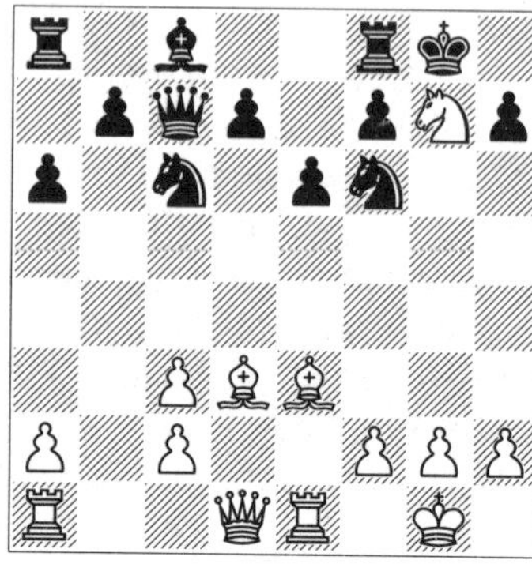

Dies ist in der Tat korrekt, wenngleich nach 13...♔xg7 die typische Fortsetzung 14 ♗h6+ (da 14 ♕f3 mit 14...♘g8! beantwortet wird, was in ebenfalls für derartige Stellungen typischer Weise die so wichtigen schwarzen Felder verteidigt) 14...♔xh6 (auf 14...♔g8 folgt 15 ♕f3; 14...♔h8 wird einfach mit 15 ♗xf8 beantwortet) 15 ♕d2+ ♔h5 (15...♔g7 16 ♕g5+ ♔h8 17 ♕xf6+ ♔g8, und der Anziehende kann sich den Gewinnweg aussuchen; am saubersten ist 18 ♕g5+ ♔h8 19 ♕h6) 16 ♖e3 ♘e5 17 ♖h3+ ♔g4 18 ♕e2+ ♔g5 19 ♕e3+ 1-0 zu finden war.

MA13

Wagman – Astengo

Genua 1986

Bei einem Angriff auf den schwarzen Feldern kann ein Bauer auf f6 in Kombination mit der Dame eine unglaubliche Wirkung ausüben. Hier ist es Schwarz noch gelungen, das Feld g7 zu verteidigen, aber das Feld h7 ist ebenfalls bedroht.

Die Partie endete mit 18 ♕h6 ♘e6 19 ♖f4 ♖g8 20 ♕xh7+!, und Schwarz strich angesichts von 20...♔xh7 21 ♖h4# die Segel.

Wenn dieser Angriff einmal aufgebaut ist, gibt es dann, wenn der Turm das Feld g7 verteidigt, in der Regel nur eine Verteidigung (außer wenn der Nachziehende einen Gegenangriff führen kann), nämlich ...g5 (was hier offenkundig nicht geht), um dem schwarzen König einen Platz auf g6 zu verschaffen.

MA14

Wolschin – Tunik

Russische Meisterschaft, Samara 2000

Hier steht der Bauer noch nicht auf f6, aber das Muster mit dem Bauern auf e5 und dem Springer typischerweise auf e4, der auf jeden Fall zum Sprung nach f6 bereit steht, legt immer die Möglichkeit ♘f6+ nahe.

In diesem Fall waren die Dinge völlig klar: Nach 19 ♘f6+! gxf6 (oder 19...♗xf6 20 exf6 gxf6 21 ♕h6) 20 ♖e3 hatte Schwarz keine Verteidigung und gab sofort auf.

MA15

Grekso – Nyers

Slowakische Meisterschaft U18, Komarno 1999

Natürlich kann Schwarz sich des gleichen Musters bedienen. Hier verfügt er über viel zu viele Angriffseinheiten in der Nähe des weißen Königs, und nach 19...♘f3+ 20 ♗xf3 exf3 21 g3 gab Weiß auf, ohne auf 21...♖xh2! 22 ♔xh2 ♕h6+ 23 ♔g1 ♕h3 zu warten.

MA16

Perifanis – Tsomis

Kallithea 1978

Wir bewegen uns weiter zum weißfeldrigen Angriff auf h7 und beginnen mit diesem sehr einfachen, aber auch ziemlich typischen Beispiel für eine Kombination, mit der die Dame mit Tempo in den Angriff eingeschaltet wird.

Hier spielte Weiß 21 ♖h8+! *(D)*.

S

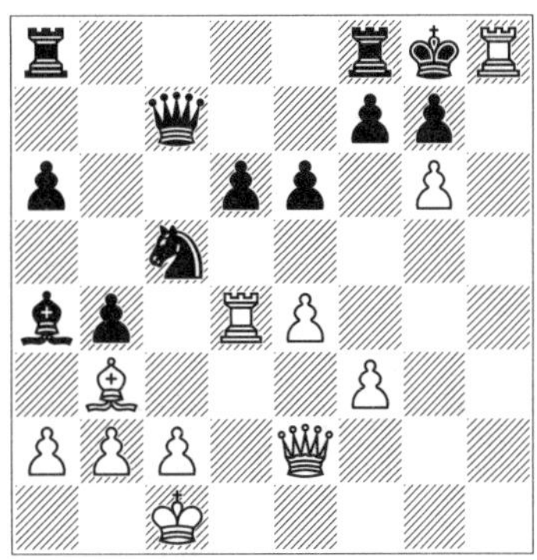

Nun stellte Schwarz angesichts von 21...♔xh8 22 ♕h2+ ♔g8 23 ♕h7# den Widerstand ein.

MA17

Scholz – Matriciani

Hassloch 1996

Dieses Beispiel ist im wesentlichen dasselbe, abgesehen davon, dass Weiß hier beide Türme loswerden muss, um seine Dame zu aktivieren: 23 ♖h8+

♔xh8, und Schwarz gab auf, ohne auf 24 ♖h3+ ♔g8 25 ♖h8+! ♔xh8 26 ♕h3+ ♔g8 27 ♕h7+ ♔f8 28 ♕h8# zu warten.

MA18

Yates – Marin y Llovet

Olympiade, Hamburg 1930

In diesem Beispiel, das ich wegen seiner völligen Erzwungenheit ausgewählt habe, ist das Angriffsziel wieder h7, aber diesmal dringt Weiß mit dem „klassischen Läuferopfer“ durch: 11 ♗xh7+!, und Schwarz gab angesichts von 11...♔xh7 12 ♕h5+ ♔g8 13 ♘g5 ♖d8 14 ♕h7+ ♔f8 15 ♕h8# sofort auf.

MA19

Luthi – Leist

Zürich 1986

12 ♗xh7+ ♔xh7 13 ♘g5+ *(D)*:

S

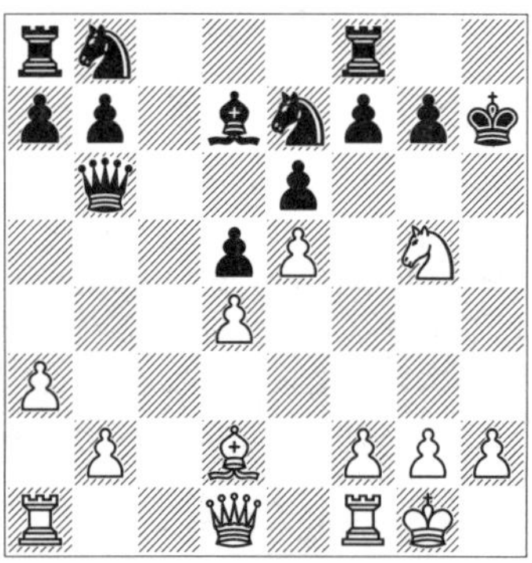

a) Nach 13...♔g8 14 ♕h5 ♖e8 15 ♕xf7+ ♔h8 ermöglicht der Bauer a3 den Zug 16 ♗b4! mit der Drohung ♕h5+, ♕h7+ und ♕h8#, was diese Verteidigung vollkommen widerlegt. Mit dem Bauern auf a2 wäre jedoch 16 ♖ae1 immer noch entscheidend; so folgt z. B. auf 16...♘f5 17 ♖e3 ♘xe3 18 fxe3 usw.

b) Der Springer auf b8 blockiert die Grundreihe, so dass der Turm auf f8 oder in einem Abspiel auf h8 ungedeckt ist. In der Partie versuchte Schwarz 13...♔g6, aber 14 ♕g4 (so spielt Weiß auch nach 13...♔h6) 14...f5 (nach 14...f6 gewinnt 15 ♘xe6+ ♔f7 16 ♕xg7+ ♔xe6 17 ♕xf8 leicht) 15 ♕h4 war vernichtend, da der Nachziehende mit dem Springer auf b8 nicht 15...♖h8 spielen kann. Die Partie nahm folgendes Ende: 15...f4 16 ♕h7+ ♔xg5 17 h4+ ♔g4 18 f3+ ♔g3 19 ♗e1# (1-0).

MA20

Pappier – Devcić

Buenos Aires 1981

Hier hat sich der Brennpunkt des Angriffs nach f7 verlagert, und im vorliegenden Fall ist die Sache glasklar: 13 ♗xf7+! ♔xf7 14 ♕c4+ *(D)*.

S

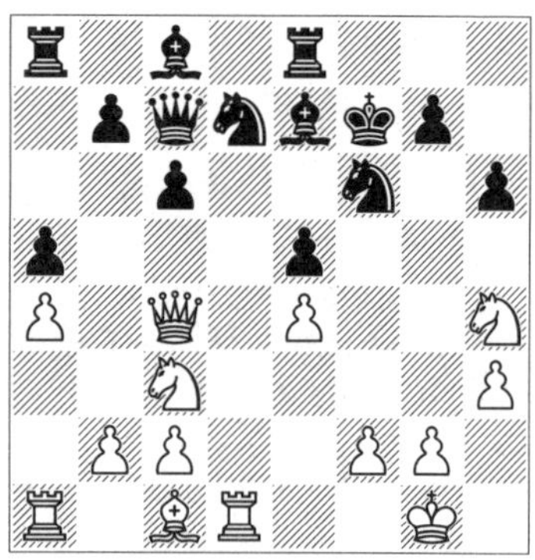

Auf 14...♔f8 folgt nun 15 ♘g6#. Schwarz versuchte 14...♘d5, gab aber nach 15 ♘xd5 ♘b6 16 ♘xb6+ ♗e6 17 ♘xa8 ♖xa8 18 ♕e2 ♗xh4 19 ♕h5+ auf.

MA21

de la Paz – Wohl

Havanna 2001

Hier kam die Katastrophe noch früher. Die Anfangszüge der Partie waren 1 e4 e5 2 ♘f3 d6 3 ♗c4 ♗e7 4 c3 ♘f6 5 d3 0-0 6 ♗b3 ♘bd7 7 0-0 ♖e8?? *(D).*

W

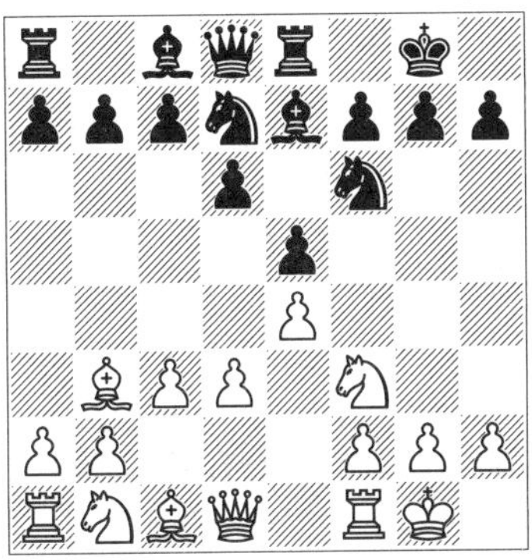

Nach 8 ♗xf7+ gab Schwarz angesichts von 8...♔xf7 9 ♘g5+ ♔ beliebig 10 ♘e6 mit Damengewinn sofort auf.

MA22

Aljechin – Feldt

Simultanpartie, Odessa 1916

In dieser Stellung aus einer Simultanvorstellung richtet sich der Angriff wieder auf die weißen Felder, aber diesmal opfert der Anziehende einen Springer auf f7 und veranstaltet eine Mini-Königsjagd: 15 ♘f7! ♔xf7 (oder 15...♗xf3 16 ♕xe6) 16 ♕xe6+! ♔g6 (16...♔xe6 17 ♘g5#; 16...♔f8 17 ♘g5) 17 g4! ♗e4 18 ♘h4#.

MA23

In diesem Beispiel kommt der Angriff wieder über die weißen Felder und führt diesmal zu einem „erstickten Matt“: 1 ♕d5+ (aber nicht 1 ♕b3+? ♔h8 2 ♘f7+ ♖xf7!) 1...♔h8 2 ♘f7+ ♔g8 (falls hier 2...♖xf7, so 3 ♕xa8+) 3 ♘h6++ ♔h8 4 ♕g8+! ♖xg8 5 ♘f7#.

MA24

Chojnacki – Burzynski

Posen 2001

Hier kam ein ersticktes Matt in einer echten Partie vor. Schwarz hatte gerade mit 10...♖f8-e8?? einen groben Bock geschossen (am besten war 10...♗d6!) und den Gegner buchstäblich zu 11 ♘xf7! ♔xf7 (auf 11...♗xf3 folgt 12 gxf3 ♔xf7 13 ♕xe6+ ♔f8 14 ♗c4 mit Gewinn) 12 ♘g5+ (nach 12 ♕xe6+ ♔f8 13 ♘g5 ♗d5 kann der Nachziehende sich noch wehren, obgleich 14 ♘xh7+ ♘xh7 15 ♕xd5 immer noch genügen sollte) 12...♔g8 13 ♕xe6+ ♔h8 14 ♘f7+ ♔g8 15 ♘h6++ ♔h8 16 ♕g8+ ♘xg8 17 ♘f7# (1-0) eingeladen.

MA25

Najer – S. Ionow

St. Petersburg 2004

Den Abschluss bilden einige Beispiele für Opfer zur Aufreißung von

Linien zum rochierten König, beginnend mit dieser einfachen Aufgabe aus einem Halbfinale der Russischen Meisterschaft.

In dieser Stellung spielte Weiß 24 ♖xg7+! *(D)*.

S

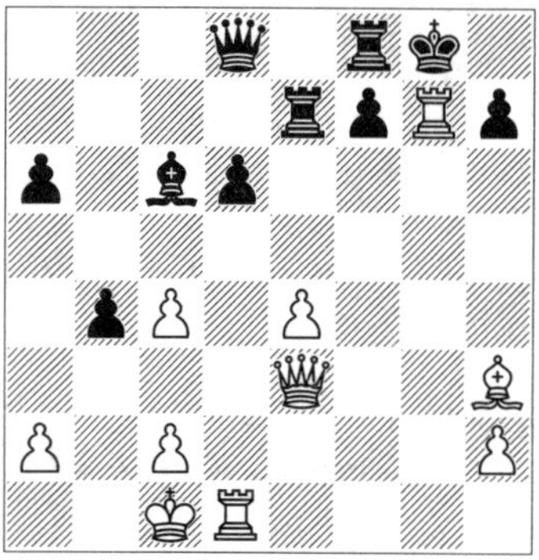

Der Nachziehende entschied sich für die sofortige Resignation angesichts von 24...♔xg7 25 ♕g5+ ♔h8 26 ♕f6+ ♔g8 27 ♖g1# oder 24...♔h8 25 ♖xh7+ ♔xh7 26 ♗f5+ gefolgt von Matt.

MA26

Lovrić – Sinanović

Croatia Cup, Pula 1998

Die Angriffslinien der weißen Figuren schneiden sich auf g7 – dieses Beispiel hätte auch weiter oben als Angriff über die schwarzen Felder stehen können.

Nach der Räumung 18 ♘d7! und der Antwort 18...♕xd7 folgte der thematische Abschluss 19 ♖xg7+! ♔h8 (oder 19...♔xg7 20 ♕g4+) 20 ♗xf6 ♘e8 21 ♖g8++!, der Schwarz wegen 21...♔xg8 22 ♕g4+ zur Aufgabe zwang; 21 ♖xh7+ erzwingt allerdings ebenfalls das Matt.

MA27

Steinitz – Tschigorin

Weltmeisterschaftsmatch (4), Havanna 1892

24 ♖xh7+! ♔xh7 25 ♕h1+ ♔g7 26 ♗h6+ (26 ♕h6+ ♔f6 27 ♕h4+ ♔g7 28 ♗h6+ ♔h8 29 ♗xf8# setzt ebenfalls matt) 26...♔f6 27 ♕h4+ ♔e5 28 ♕xd4+, und der Nachziehende gab auf, ohne auf 28...♔f5 29 g4# zu warten.

MA28

Short – Ye Jiangchuan

Taiyuan 2004

Schwarz, der ohnehin verloren war, hatte gerade 26...♘f6x♘d5 *(D)* versucht.

W

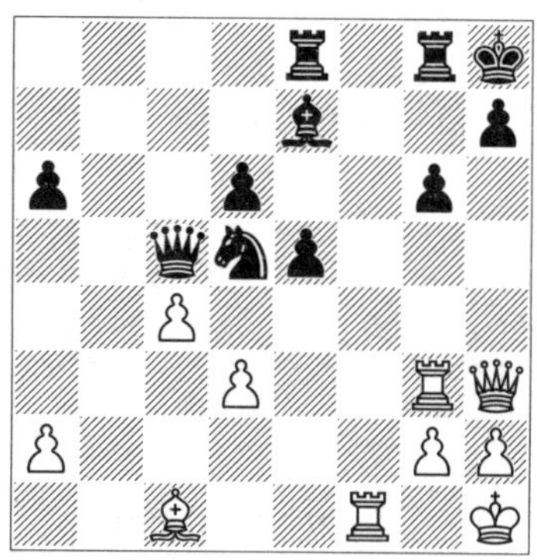

Nach 27 ♕xh7+! gab er angesichts der Fortsetzung 27...♔xh7 28 ♖h3+ ♔g7 29 ♗h6+ ♔h8 30 ♗f8+ ♗h4 31 ♖xh4# sofort auf.

MA29

J. Polgar – Karpow

Hoogeveen 2003

Bei so vielen auf den schwarzen König gerichteten Figuren überrascht es nicht, dass Weiß sofort zuschlagen kann. Ein klassisches doppeltes Läuferopfer ist in der Tat absolut tödlich.

Nach 25 ♗xh7+! ♔xh7 26 ♕h5+ kapitulierte Karpow sofort, ohne auf das Opfer des zweiten Läufers nach 26...♔g8 27 ♗xg7! *(D)* zu warten, das hier glasklar ist, da der Turm bereits auf der dritten Reihe steht:

S

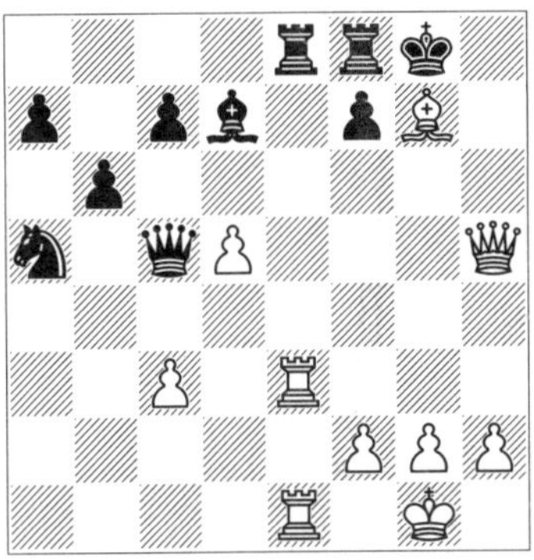

a) 27...♔xg7 28 ♖g3+.

b) 27...f5 28 ♕g6.

c) 27...f6, und ein Gewinnweg ist nun 28 ♗xf8 (28 ♗xf6!? erzwingt ein schnelles Matt) 28...♖xe3 (28...♔xf8 29 ♖xe8+ oder 28...♖xf8 29 ♖g3+) 29 ♕g6+ ♔xf8 30 ♕xf6+ nebst 31 ♖xe3.

MA30

S. Pedersen – Zygouris

Weltmeisterschaft U16, Singapur 1990

Dieses Muster, das als Bodens Matt bekannt ist, kommt normalerweise nur bei der langen Rochade vor und wird meistens von Weiß gespielt. (In der Stammpartie Schulder-Boden, London 1860, war es allerdings der Nachziehende, der mit ...♕xc3+ matt setzte.)

Nach 19...0-0-0?? 20 ♕xc6+ gab Schwarz angesichts von 20...bxc6 21 ♗a6# auf.

Die Grundreihe

GR01

Szabo – Apsenieks

Kemeri 1939

In hoffnungsloser Stellung hatte Schwarz sich gerade mit 30...♕a6xb6 einen gegnerischen Freibauern einverleibt. Nun war der schwarze Turm auf a8 nicht mehr durch die Dame gedeckt, so dass Szabo die Partie hübsch mit 31 ♕xa8! *(D)* beschließen konnte.

S

Es folgte 31...♕xd6 (auf 31...♖xa8 folgt ebenfalls 32 ♖e8+) 32 ♖e8+! 1-0.

GR02

O. Bernstein – Capablanca

Moskau 1914

In diesem berühmten Beispiel hat Weiß gerade sehr optimistisch einen Bauern auf c3 geschlagen. Nach der Folge 28...♖xc3 29 ♖xc3 hatte er offensichtlich mit 29...♕b1+? 30 ♕f1 ♖d1?? 31 ♖c8+ gerechnet.

Capablanca hatte aber mehr gesehen und zwang Bernstein mit dem diabolischen Schlag 29...♕b2! zur sofortigen Aufgabe angesichts von 30 ♕xb2 ♖d1# oder 30 ♕e1 ♕xc3! 31 ♕xc3 ♖d1+.

GR03

Tuk – Assanowa

Lublin 1969

Ein Desaster. Weiß hatte gesehen, dass Schwarz nach 1...♖xc7 2 ♖xb4 nicht 2...axb4?? spielen kann wegen 3 ♖xa8+, aber nicht, dass stattdessen 2...♖ac8 wegen der Drohung 3...♖c1+ einen Turm gewinnt.

GR04

Spieler unbekannt

Jugoslawien 1949

Nein! Nach 1...♖c5!! wendete sich das Blatt vollkommen. Da Weiß nun nichts Besseres hat als 2 ♖xc5 ♕xb7, gab er lieber sofort auf.

GR05

Bruzon – Jobava

Havanna 2005

18 ♗c5! schaltete den Läufer in den Angriff ein, da 18...♕xc5 mit 19 ♕d8+! beantwortet wird. Schwarz versuchte 18...♖e8, gab aber nach 19 ♖d5 sofort auf.

GR06

Xie Jun – Seirawan

Jinan 2002

Nach 23 ♘f6+?? ♗xf6 24 ♗xf6 ♕e4! gab die Anziehende sofort auf, obwohl sie mit 25 h3 ♕xg4 26 ♖xd8 mit der Drohung 27 ♗e7 noch kämpfen konnte.

GR07

Damski – Neshmetdinow

Moskau 1966

25...♖e8! gewann sogleich, da 26 ♕xf6 (auf andere Damenzüge folgt dieselbe Antwort) mit 26...♕xc1+! 27 ♘xc1 ♖e1# beantwortet wird.

GR08

Douven – Greenfeld

Groningen 1988

Der Anziehende exponierte mit der Ablenkung 26 ♖c8! *(D)* die schwarze Grundreihenschwäche.

S

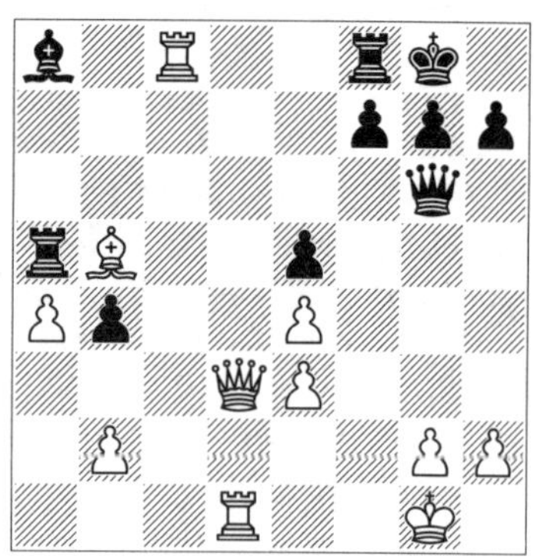

Auf 26...♖xc8 setzt Weiß nun natürlich mit 27 ♕d8+! fort. Schwarz versuchte 26...♕b6, musste sich aber nach der Antwort 27 ♕d8! doch geschlagen geben.

GR09

Tisdall – J. Polgar

Reykjavik 1988

Nach 32...♖1h3! konnte Weiß nur mit 33 ♕e2 *(D)* sofortigen Materialverlust vermeiden.

S

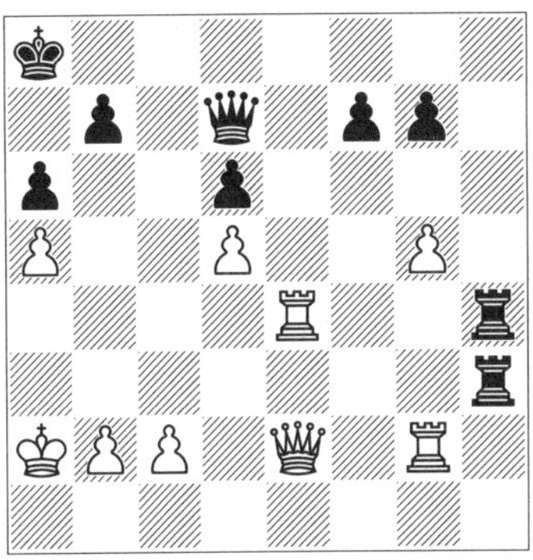

Danach erzwang das unerwartete 33...♕a4+! die sofortige Resignation angesichts von 34 ♖xa4 ♖xa4+ 35 ♔b1 ♖h1+.

GR10

Aljechin – Frieman

Simultanpartie, New York 1924

22 ♗xf6! gewann, da 22...gxf6 mit 23 ♕h6 ♕f8 24 ♖e8!, was die Dame von g7 ablenkt, beantwortet wird, wohingegen 22...♕xf6 auf 23 ♖e8+ ♘f8 24 ♘h6+! ♕xh6 25 ♖xf8+ ♔xf8 26 ♕d8# trifft.

GR11

Mikenas – Bronstein

Meisterschaft der UdSSR, Tallinn 1965

Auf 24...♕e1+ kann der Anziehende sich noch mit 25 ♕f1 verteidigen. Die Geometrie der Stellung ließ jedoch einen schönen Blattschuss zu: 24...♖xa3!!, und Weiß kapitulierte angesichts von 25 ♖xa3 ♕e1+, 25 ♕xa3 ♕e1+ 26 ♖xe1 ♖xe1# oder 25 bxa3 ♕xa1+ 26 ♖b1 ♖e1+!.

GR12

Marić – Gligorić

Belgrad 1962

Nach 19 ♗b7 ♖xc3 20 ♖xf5 gewann Schwarz mit dem wunderschönen Zug 20...♖b3!, einem Vorläufer zur obigen Kombination Bronsteins, auf der Stelle.

Patt

PA01

Dies ist in gewissem Sinne *die* fundamentale Stellung der Endspieltheorie. Sie ist natürlich sehr einfach, aber man muss sie trotzdem richtig behandeln, da ein Fehler sofort einen halben Punkt kostet.

Schwarz spielt 1...♔f8 und remisiert nach 2 ♔e6 (oder 2 ♔g6 ♔g8) 2...♔e8 3 f7+ ♔f8 4 ♔f6 Patt.

Auf 1...♔e8? folgt 2 ♔e6 ♔f8 3 f7, während 1...♔g8? 2 ♔g6 ein wenig interessanter ist, da 2...♔h8 zu 3 f7?? mit einem weiteren Patt einlädt, wenngleich 3 ♔f7 einfach genug ist.

PA02

Grabarczyk – Maciejewski

Polnische Meisterschaft, Czestochowa 1993

Gehen wir schleunigst zu etwas Interessanterem über. Hier hätte Weiß bemerkt haben sollen, dass der schwarze König nur über ein einziges Fluchtfeld auf g7 verfügt. Nach 1 ♔e3? (1 ♗d1 sollte gewinnen, obwohl Weiß noch ein hartes Stück Arbeit bevorsteht) 1...♖g1! einigte man sich auf Remis, da 2 ♖xg1 in der Tat Patt ist und 2 ♖h2 ♖g2! 3 ♖h3 ♖g3+! die Sachlage nicht wesentlich verändert.

PA03

Das offensichtliche 1 ♕xd5+ ♔xd5 2 ♔e2 verliert nach 2...♔c4 3 ♔d2 ♔b3 4 ♔c1 ♔a2, da der weiße König die Ecke nicht erreichen kann, aber Weiß kann mit 1 ♔e1! *(D)* ein Tempo gewinnen.

S

Nun ist 1...♕xg2 sofort Patt, und sonst kommt der weiße König rechtzeitig; zum Beispiel 1...♔c5 2 ♕xd5+ ♔xd5 3 ♔d2 ♔c4 4 ♔c1 und 5 ♔b1 usw.

PA04

Haznedaroglu – Malachow

FIDE-K.o.-Turnier, Tripolis 2004

Es sieht so aus, als ob der Anziehende mit seinem auf der Grundreihe eingeklemmten König und dem relativ gut geschützten schwarzen König in ernsthaften Schwierigkeiten steckt, aber er sicherte sich in nur zwei weiteren Zügen den halben Punkt mit 107 ♕d8+ ♔e3 (sonst kann der König den Schachgeboten nicht entkommen) 108 ♕d2+! ♖xd2 Patt.

PA05

Pilnick – Reshevsky

Meisterschaft der USA, New York 1942

Reshevsky hatte gerade mit 92...g4? mit der Absicht 93 ♕xg4 ♕e1+ und 94...♕g3+ und Vorhang fehlgegriffen. Nach 93 ♕f2! musste er sich jedoch wegen 93...♕xf2 Patt sofort ins Remis fügen – dieses Muster kommt in Damenendspielen offen oder versteckt ziemlich häufig vor.

PA06

Klümper – Sölter

Bottrop 1971

Der schwarze Monarch hätte den Schachgeboten nach 58...♔c2! 59 ♕e2+ ♔c3 60 ♕e1+ ♔c4 entkommen können.

Der Nachziehende beging allerdings den Fehler, den letzten weißen Bauern zu nehmen: 58...♔xa2? 59 ♕f2+ ♔b1 60 ♕e1+ ♔c2 61 ♕f2+ ♔d1 62 ♕f1+ ♔d2 63 ♕f2+ ♔c3 (der schwarze König muss irgendwann versuchen, die dritte Reihe zu überqueren) 64 ♕g3+! ♕xg3 Patt.

PA07

Goldstein – Schachnowitsch

Moskau 1946

Weiß spielte hier 1 ♔e5? *(D).*

S

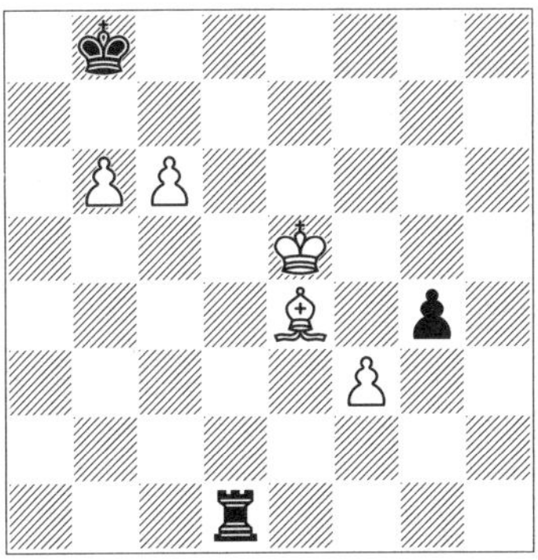

Nach 1...gxf3 2 ♗xf3 (ein anderes Patt erzwingt Schwarz nach 2 c7+ ♔c8 3 ♗xf3 {3 ♗f5+ ♖d7 macht Remis – diese Stellung wäre aber mit dem König auf e3 gewonnen} 3...♖c1! 4 ♔d6 ♖c6+!) 2...♖d7!! 3 ♗d5 ♖b7! wurde der Punkt geteilt.

PA08

Kotow – Pachmann (Variante)

Venedig 1950

1...♔f5? verliert wegen 2 ♖f7+ ♔e6 3 ♖f6+, aber Schwarz kann sich mit 1...♖c6! 2 ♖xg6+ (auf 2 ♔g4 folgt 2...♔d5 3 f5 ♖c4+; oder 2 ♔e4 ♖c4+ 3 ♔e3 ♔f5 4 ♖f7+ ♔g4) 2...♔f5 3 ♖xc6 Patt (oder 3 ♖g8 ♖c3+) retten.

PA09

Speelman – N.N.

Simultanpartie, Ostende 2006

Auf 1 ♔xg5 macht 1...♖xh3 2 f6+ ♔g8 3 ♖a8+ ♔h7 4 ♖f8 ♖h5+ 5 ♔f4 ♖a5 6 g5 ♖xg5! 7 ♖xf7+ ♔g8 Remis. Daher muss Weiß einen schwarzen Bauern am Leben lassen. Dies erreicht er mit 1 h4! gxh4 2 f6+ ♔h7 3 ♖a7 *(D).*

S

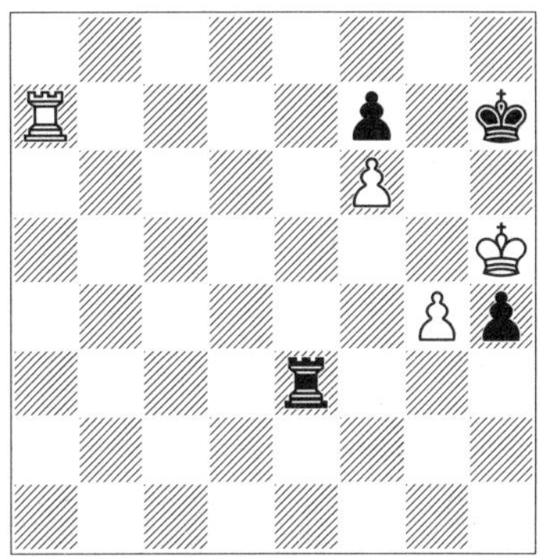

Die Partie endete mit 3...♔g8 4 ♖a8+ ♔h7 5 ♖f8 h3 6 ♖xf7+ ♔g8 7 ♖g7+ ♔f8 8 ♖h7 h2 9 ♔g6 1-0.

PA10

Katischonok – Markhaus

UdSSR 1976

Die weißen Bauern stehen unmittelbar vor der Umwandlung, aber Schwarz kann mit Hilfe seiner eigenen Fußsoldaten Remis erzwingen:

1...♗d3+ 2 ♗xd3 a2+ 3 ♔b2 (oder 3 ♔a1 b2+) 3...a1♕+ 4 ♔xa1 b2+ 5

♔a2 b1♕+ 6 ♔xb1 (oder 6 ♗xb1) Patt.

PA11

G. Nadareischwili

Schachmati w SSSR, 1961

In dieser Studie muss Weiß es vermeiden, den Nachziehenden Patt zu setzen. Auf 1 ♔b6 folgt 1...g5! 2 ♖xg5 ♔h2 3 ♔c5 h3 4 ♔d4 ♔h1 5 ♔e3 h2 mit Remis, aber Weiß kann Zeit gewinnen, indem er den g-Bauern blockiert: 1 ♖g5! *(D)*.

S

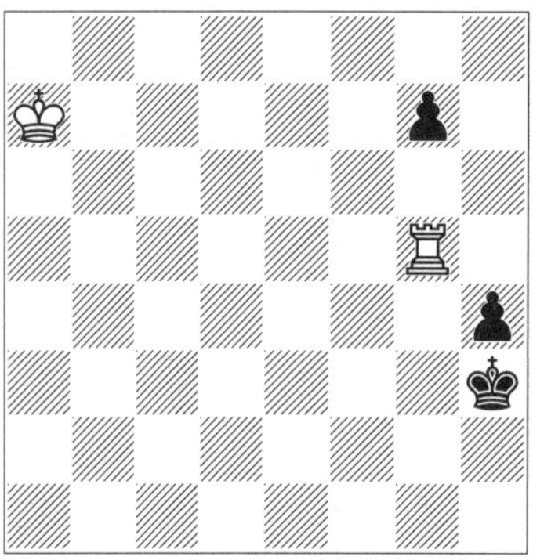

1...♔h2 2 ♔b6 h3 3 ♔c5 ♔h1 4 ♔d4 h2 5 ♔e3 g6 6 ♖g3! g5 7 ♔f2 g4 8 ♖a3 g3+ 9 ♔xg3 ♔g1 10 ♖a1#.

PA12

P. Keres

The Chess World, 1933

In dieser einfachen, aber recht eleganten Studie des großen Paul Keres erzwingt Weiß durch Hinlenkung des feindlichen Läufers, der die Umwandlung des b-Bauern verhindern muss, das Remis: 1 ♕xc3! ♖f3+ 2 ♕xf3 exf3 3 b5 ♗xf2 4 b6 ♗xd4 5 b7 ♗e5 6 b8♕+ ♗xb8.

Bauernumwandlung

BU01

a) Weiß am Zug gewinnt mit 1 b6! cxb6 (oder 1...axb6 2 c6 bxc6 3 a6) 2 a6 bxa6 3 c6, und der c-Bauer geht zur Dame.

b) Schwarz am Zug kann sich nur mit 1...b6! (aber nicht 1...a6? 2 c6 oder 1...c6? 2 a6) 2 axb6 axb6 3 cxb6 cxb6 mit Remis verteidigen (Schwarz kann auf b5 nehmen, aber Weiß spielt so, dass er darauf mit ♔b3 die Opposition einnehmen kann).

BU02

Springer sind am Brettrand häufig sehr ungelenk und im Kampf gegen Randfreibauern besonders schwach.

Hier gewinnt 1 ♘b7+ ♘xb7 2 a6, da der Anziehende nach 2...♔c7/c8 den Springer links liegen lässt und 3 a7! spielt.

BU03

Schirow – Atalik

Sarajewo 2004

Hier bringt eine weitere Ablenkung die Entscheidung. 39 ♖ad2 ♖c6 40 ♕e8+ ♕xe8 41 dxe8♕+ ♔xe8 42 ♖d8+ ♔f7 43 ♖2d7+ sollte gewinnen, aber Schirow ging viel energischer vor: 39 ♖e6+! ♔xd7 (oder 39...♔xe6 40 ♕e8+, und der Anziehende verwertet seinen vorgepreschten d-Bauern) 40 ♖d2+, und Atalik gab auf.

BU04

W. Below – Lautier

Moskau 2004

Es sieht so aus, als ob der c-Bauer bald umzingelt werden wird, aber Lautier bewies das Gegenteil mit dem hervorragenden 31...♗e2+!! *(D)* (nicht 31...♗c6? 32 ♖c1).

W

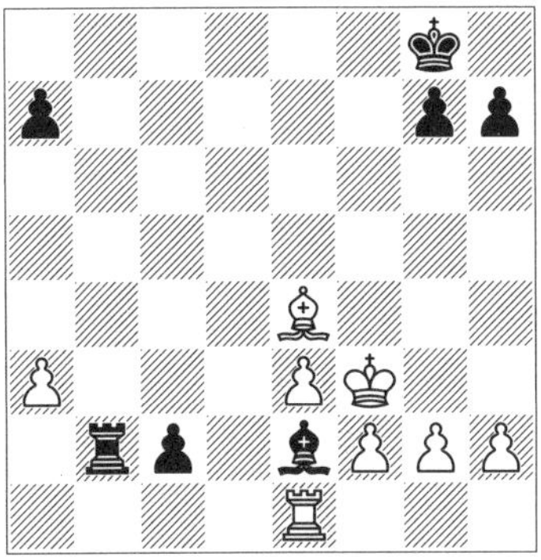

Es folgte 32 ♔g3 ♗d1 33 ♗xc2 ♗xc2, und der Anziehende gab im 49. Zug auf.

BU05

Blackburne – Winawer

Berlin 1891

Natürlich steht Weiß hier haushoch auf Gewinn, aber er muss noch eine gewisse Sorgfalt walten lassen, da die sofortige Bauernumwandlung zu viel Energie freisetzen würde.

Auf 38 b8♕?? antwortet Schwarz 38...♕c1+! 39 ♔h2 ♕f4+ mit Patt oder Dauerschach.

Nach der einfachen Fortsetzung 38 ♗xg6+ strich Schwarz jedoch die Segel.

BU06

Potkin – Izoria

Dos Hermanas (Internet-K.o.-Turnier) 2003

Weiß treibt den gegnerischen Springer auf das verderbenbringende Feld c4 und gewinnt dann dank der Kraft seines f-Bauern: 56 ♔c3 ♘b1+ 57 ♔b2! ♘d2 58 ♔c2 ♘c4 59 ♗d5+! ♔xf6 (oder 59...♔xd5 60 f7) 60 ♗xc4 ♔e5 61 ♔d2, und in dieser hoffnungslosen Stellung überschritt Schwarz die Bedenkzeit.

BU07

Khalifman – Campora

Dos Hermanas 2003

Hier brannte Weiß ein kombinatorisches Feuerwerk ab, um dem Bauern g6 den Weg freizusprengen.

42 ♗xf6! gxf6 43 ♖e8+, und der Nachziehende gab auf angesichts von 43...♕xe8 44 g7+ ♔xg7 (44...♔f7 45 ♕xe8+ ♔xe8 46 g8♕+) 45 ♕xe8, wonach seine Figuren an Hand und Fuß gefesselt sind.

BU08

Kröncke – Levin

Hamburg 2003

Der Angriff auf g7 sieht gefährlich aus, aber der riesige Freibauer auf e3 erwies sich als entscheidender Faktor: 27...♗d4! (die Kraft des e-Bauern ist so groß, dass selbst 27...♕d1+ recht gut ist, obwohl Weiß nach 28 ♕xd1 e2 29 ♕e1 ♗f2 30 ♕xf2 e1♕+ 31 ♕g1 ♕d2 32 ♘e5 ♕xc2 33 ♗d4 ♕xa2 noch kämpfen kann) 28 ♗xd4 ♕xd4

29 ♕xd4 e2 30 ♘f6+ gxf6 31 ♕g4+ ♔h8, und Weiß gab auf.

BU09

Grischuk – Leko

Moskau (Schnellpartie) 2002

Leko spielte 41...♕xd2 und musste sich später ins Remis fügen.

Stattdessen gewinnt 41...♖xd3 42 ♖xd3 ♖xd3 43 ♕xc3 ♖xd1+ sofort. 44 ♕c1 kann entweder mit 44...bxa2+ oder mit 44...♖xc1+ 45 ♔xc1 bxa2 beantwortet werden.

BU10

Besgodow – Bachin

Russische Meisterschaft, Krasnojarsk 2003

Der einfache, aber effektive Zug 33 ♕xc6! veranlasste Schwarz zur sofortigen Aufgabe.

BU11

Topalow – Barejew

Wijk aan Zee 2004

Barejew entfesselte seinen Turm auf g2 mit 47...♔f8 (47...♔h7 oder 47...♔h8 hätte auch ausgereicht, aber es macht natürlich Sinn, sich auf den gegnerischen Freibauern zuzubewegen). Es folgte 48 ♖xg2 (48 ♖a1 trifft auf 48...♖b7; oder 48 ♖f1 ♖b2 49 d5 ♖b1 50 ♔g1 f2+ 51 ♔g2 ♖g7+ 52 ♔xf2 ♖f7+) 48...f2!! – die Pointe des schwarzen Spiels. Nach 49 ♖xf2 ♖xf2 muss der weiße König auf der Grundreihe bleiben, so dass ...♖b2-b1+ gewinnt. Topalow versuchte daher 49 ♖g1, gab aber nach 49...f1♕! auf.

BU12

Malachow – Swjaginzew

Poikowski 2004

Nach 38...♕h4+ 39 ♔g1 ♕h2+ 40 ♔f1 ♕h1+ 41 ♕g1 e3! 42 ♕xh1 e2+ 43 ♔g1 d2! gab Weiß auf. Die Bauernlawine garantiert Matt in einigen Zügen.

BU13

Ermenkow – Sax

Warschau 1969

Nach 44...d2 gewinnt 45 ♕a1+! gefolgt von 46 d8♕. Daher spielte der Nachziehende 44...♕xf1+ 45 ♔xf1 d2 46 ♕xf3 ♖c1+, was anscheinend sehr stark war, bis Weiß ihm die ausgezeichnete Riposte 47 ♕d1!! *(D)* vorsetzte.

S

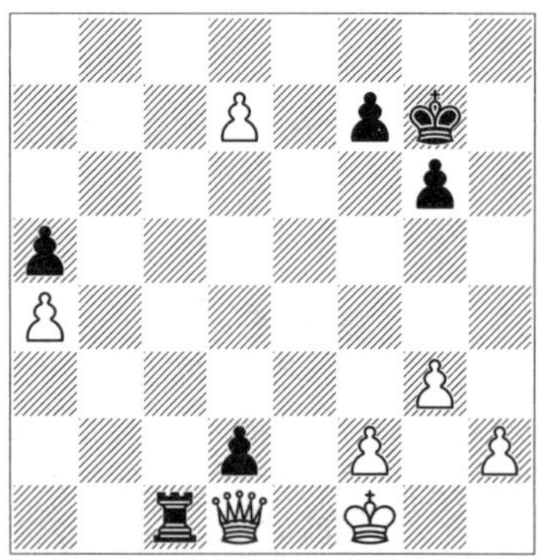

Danach gab Schwarz sofort auf angesichts von 47...♖xd1+ 48 ♔e2 ♖b1 (oder 48...♖e1+ 49 ♔xd2, und der Bauer ist nicht aufzuhalten) 49 d8♕ d1♕+ 50 ♕xd1 ♖xd1 51 ♔xd1, wonach Weiß mit seinem Mehrbauern leicht gewinnt.

Den Abschluss bilden zwei Beispiele für Unterverwandlung, üblicherweise in einen Springer mit Schachgebot, aber mitunter auch in einen Turm oder Läufer zur Vermeidung eines Patts.

BU14

Labone – N.N.

1889

Diese Muster kommt in einer Reihe von Studien und (möglicherweise frei erfundenen) Partien wie dieser vor. Der Anziehende gewinnt mit 1 ♖f8+ ♖xf8 2 ♕xh7+! ♔xh7 3 gxf8♘+!.

BU15

T. Gorgiew

Tidskrift för Schack, 1959

In dieser Studie steht Weiß vor der Aufgabe, das gleiche Muster wie im vorhergehenden Beispiel herbeizuführen. Dies erreicht er durch die Zugfolge 1 e7 ♕xe7 2 b7+ ♔d7 3 c8♕+ ♖xc8 4 ♕d4+ ♔c7 5 ♕b6+ ♔b8 (nach 5...♔xb6 6 bxc8♘+ ♔c5 7 ♘xe7 a5 8 ♔e4 a4 9 ♘d5 a3 10 ♘c3 ♔c4 11 ♘a2 ♔b3 12 e6 ♔xa2 13 e7 ♔b1 14 e8♕ a2 gewinnt Weiß haarscharf: 15 ♕b5+ ♔c2 16 ♕c4+ ♔b2 17 ♕b4+ ♔c2 18 ♕a3 ♔b1 19 ♕b3+ ♔a1 20 ♕c3+ ♔b1 21 ♔d3 a1♕ 22 ♕c2#) 6 ♕a7+! ♔xa7 7 bxc8♘+!, und Weiß hat einen Springer mehr.

Fingerübungen

FÜ01

Gelfand – Lutz

Dortmund 2002

34 ♖d1 liegt vollkommen auf der Hand, aber Schwarz scheint sich mittels 34...c5 35 bxc5 ♘xc5 36 ♖xd4 ♘b3 *(D)* mit Aufgabelung von Turm und Läufer verteidigen zu können.

W

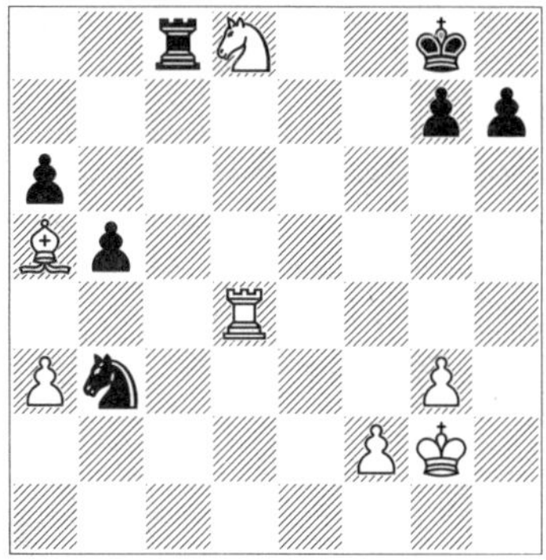

Nun kommt aber der Witz an der Sache: 37 ♖e4!, und Schwarz warf angesichts von 37...♘xa5 38 ♖e8# das Handtuch.

FÜ02

Donaldson-Akhmylovskaya – Wang Pin

China – USA, Schanghai 2002

Schwarz spielte 41...♖d1+ 42 ♔h2, und nun natürlich nicht 42...♘g4+?? 43 ♗xg4 ♕xg4 44 ♖xh6+, sondern 42...♕xg2+!, und Weiß gab in Anbetracht von 43 ♗xg2 ♘g4# auf.

FÜ03

Spasski – Kortschnoj

Kandidatenwettkampf (7), Kiew 1968

Nach 35 ♕h6+! strich Schwarz wegen 35...♔xh6 36 ♖h1# oder 35...♔g8 36 ♖c8+ ♖f8 37 ♖xf8# die Segel.

FÜ04

Eingorn – Van Wely

Europapokal für Vereinsmannschaften, Kallithea 2002

Nach 24...♗c5? gewann 25 ♕f3! sofort, da 25...♕xf3 mit dem Zwischenzug 26 ♗xc5+ beantwortet wird.

FÜ05

Hort – Radulski

Hoogeveen 2002

Angesichts der äußerst angespannten Lage kommt hier eigentlich nur ein Zug in Betracht, nämlich 39 ♕xf7+! *(D)*.

S

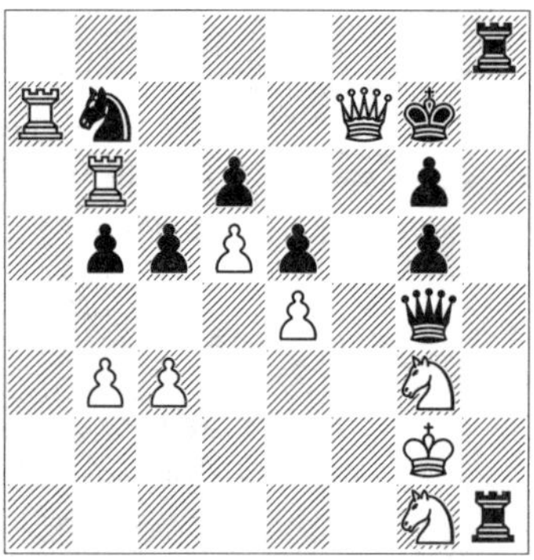

Je nach den Besonderheiten der Stellung könnte diese Art von Kombination zum Gewinn, zum Remis durch Dauerschach oder zum Verlust führen. In diesem Fall gewinnt Weiß: 39...♔xf7 (auf 39...♔h6 folgt 40 ♔xh1 ♕xg3 41 ♖a2 usw.) 40 ♖bxb7+ ♔f6 41 ♖f7#.

FÜ06

Salman – Molander

Curaçao 2002

Der einzige Zug, den der Anziehende nicht spielen darf, ist 37 ♖xc7??. In der Partie setzte er jedoch mit genau diesem Zug fort, und nach dem Abzugsangriff 37...♘xd5! 38 ♖xf7 und den Zwischenschachs 38...♘xe3+ 39 ♔f2 ♘xg4+ 40 ♔g3 nahm Schwarz in aller Ruhe mit 40...♖xf7 den weißen Turm und hatte überwältigenden Vorteil.

FÜ07

Hebden – Laubsch

Hastings Challengers 2002/03

Nach 27...♗c2? gewann der taktische Schlag 28 ♗xf7+! *(D)* einen entscheidenden Bauern:

S

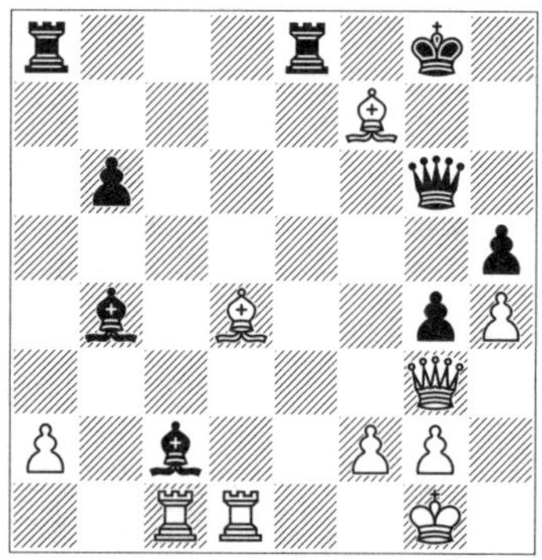

28...♔xf7 (28...♕xf7 29 ♖xc2 ♖ad8 sieht etwas besser aus – aber nicht 29...♖xa2? 30 ♖c7 mit gewinnbringendem Angriff) 29 ♕c7+ ♗e7 30 ♖xc2 mit großem Vorteil für Weiß. Er gewann dann auch in nur vier weiteren Zügen: 30...♖ac8 31 ♕f4+ ♔g8 32 ♖xc8 ♖xc8 33 ♕e5 ♖d8? 34 ♕xe7 1-0.

FÜ08

Timman – Topalow

Wijk aan Zee 2003

53...♕c4!! *(D)* brachte die Entscheidung (aber nicht 53...g2? 54 ♖c8+ ♕xc8 55 ♕xc8+ ♔e7 {55...♔f7 56 ♕f5+; 55...♔g7 56 ♕g4+} 56 ♕c5+, und Weiß gewinnt).

W

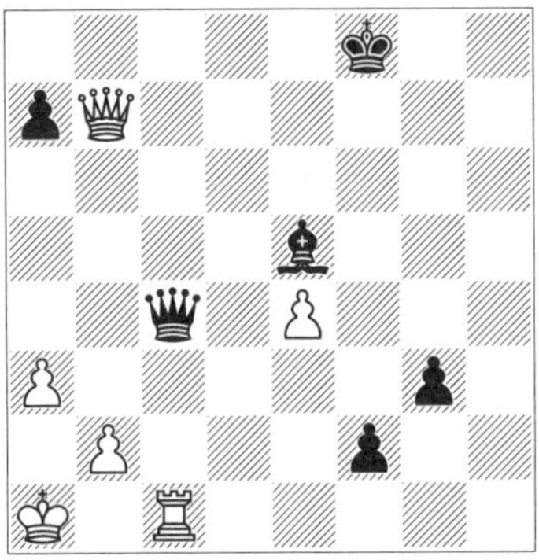

Nach 54 ♕a8+ (oder 54 ♖xc4 f1♕+ 55 ♔a2, und Schwarz gewinnt den Turm auf c4) 54...♔e7 55 ♕xa7+ ♗c7 gab Weiß auf.

FÜ09

Lugowoj – Lastin

38 ♗h6! veranlasste Schwarz zur sofortigen Resignation. Offensichtlich wird 38...♔xh6 mit 39 ♕h8# beantwortet, aber es ist auch wichtig, dass Weiß nach 38...♗xf2+ 39 ♖xf2 ♖c1+ den Turm mit dem Rückwärtszug 40 ♗xc1! nehmen kann. Da der Läufer zur Unterstützung der Dame auf g7 dient, könnte man diese sehr einfache Riposte in der Vorausberechnung leicht übersehen.

FÜ10

Tiwjakow – Ahmed

Dhaka 2003

Weiß brach mit dem Zug 30 ♘xg6!! ausgerechnet an einem scheinbar starken Punkt der gegnerischen Verteidigungsbastionen durch. Schwarz stellte in Anbetracht von 30...♘xg6 (oder 30...fxg6 31 f7+ ♔g7 32 ♕h6#) 31 ♕xh7+ ♔f8 32 ♕xh8+! ♘xh8 33 ♖xh8# die Uhr ab.

FÜ11

Ibragimow – Roiz

Dos Hermanas

(Internet-K.o.-Turnier) 2003

Nach der Ablenkung 37 ♗a5! stellte Schwarz angesichts von 37...♕xa5 (oder 37...♕xb7 38 cxb7, und der Bauer geht zur Dame) 38 ♕f7+ ♔h8 39 ♕f8# den Widerstand ein.

FÜ12

Schamkowitsch – Kremenetski

Moskau 1963

22 ♖xh7+! *(D)* veranlasste Schwarz zur sofortigen Aufgabe.

S

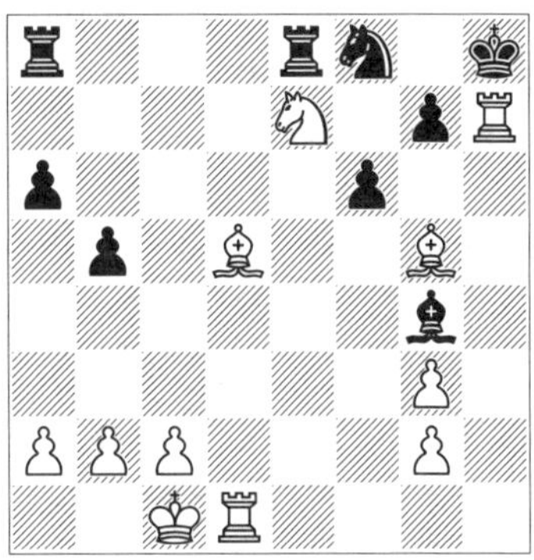

Das Matt ist nach 22...♔xh7 23 ♖h1+ oder gleich nach 22...♘xh7 23 ♘g6# forciert. Sehr einfach, aber man muss es trotzdem erst einmal sehen.

FÜ13

Ernst – Geo. Timoschenko

Tallinn 1989

Nach 29...♕xf2+! 30 ♖xf2 ♖d1+ gab Weiß auf.

FÜ14

Mariani – Zichichi

Italienische Meisterschaft, Sottomarina 1970

Hier spielte Schwarz das naheliegende 19...♘g3+! *(D).*

W

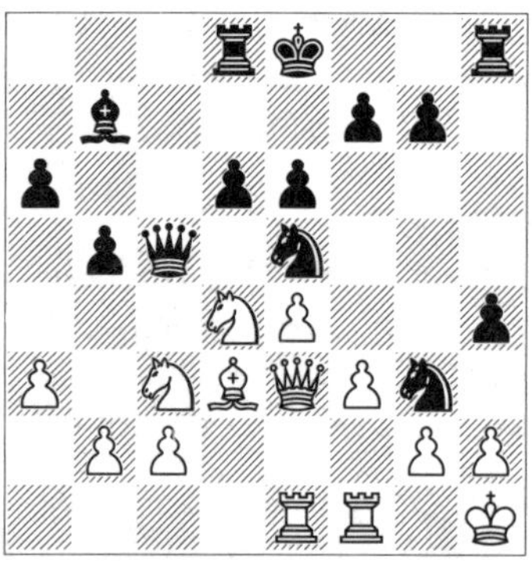

Nun lautet die beste Erwiderung 20 ♔g1, wenngleich Weiß dann eine ganze Qualität einbüßt. Stattdessen spielte er 20 hxg3 hxg3+ 21 ♔g1 ♘c4 (21...♘xd3 reicht auch vollkommen aus), und der Anziehende gab wegen des uns bereits vertrauten Musters 22 ♗xc4 ♖h1+! 23 ♔xh1 ♕h5+ 24 ♔g1 ♕h2# auf.

FÜ15

Elbilia – Schirow

Frankreich 1993

Die Fesselung scheint Weiß etwas Hoffnung zu geben, aber Schirow entfesselte sich mit dem giftigen Zug 22...♘e4!! *(D).*

W

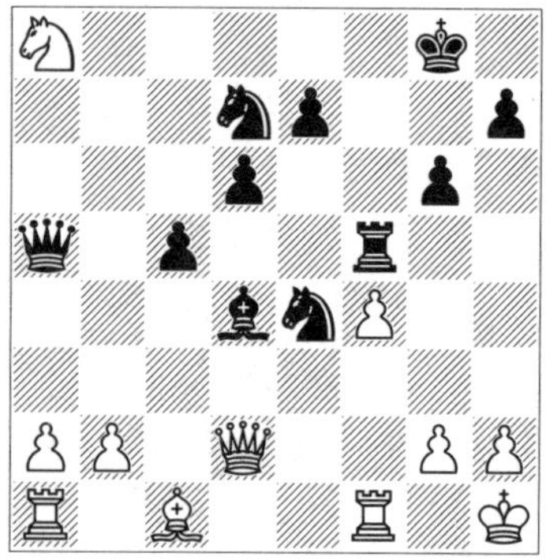

Nun scheitert 23 ♕xa5 an 23...♘g3+ 24 hxg3 ♖h5# und 23 ♕e2 an der Replik 23...♕a6!. Relativ am besten ist noch 23 ♕d1, aber dann steht Schwarz nach 23...♕xa8 total auf Gewinn. Daher gab Weiß sofort auf.

FÜ16

M. Gurewitsch – Gelfand

Cap d'Agde 2002

29...♕xe6! (entzieht dem Feld d1 die Bewachung; ebenso effektiv ist 29...h5 30 ♕e2 ♕xe6) 30 ♕xe6 ♖d1+ 31 ♔h2 ♗g1+, und Weiß gab wegen 32 ♔h1 ♗f2+ 33 ♔h2 ♗g3# auf.

FÜ17

Hartvig – Edvardsen

Politiken-Cup, Kopenhagen 2003

Nach 37 ♕h5+! warf Schwarz wegen 37...♔xh5 38 ♖xh7# das Handtuch.

FÜ18

Hvenekilde – Skytte

Politiken-Cup, Kopenhagen 1999

Nach 61 ♔g6?? spielte Schwarz den überraschenden Zug 61...♖f6+! *(D).*

W

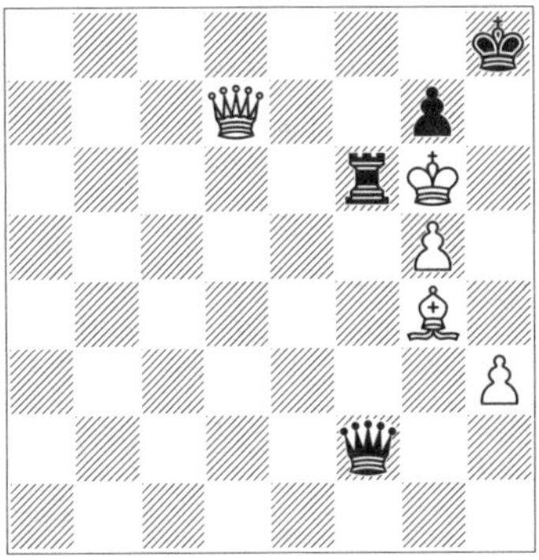

Der Anziehende gab auf angesichts von 62 gxf6 ♕xf6+ 63 ♔h5 ♕h6# oder 62 ♔h5 g6+ 63 ♔h6 ♕h4+ 64 ♗h5 ♕xh5# .

FÜ19

Hector – Gunnarsson

Mannschaftseuropameisterschaft, Plowdiw 2003

Nach 40...♕xf4 41 ♖h8+! ♔xh8 42 ♖h5++ strich Schwarz angesichts von 42...♔g8 43 ♕h8+ ♔f7 44 ♖h7# die Segel.

FÜ20

Bologan – Palo

Skanderborg 2003

Erstaunlicherweise hat der Nachziehende keine Verteidigung gegen das Matt in nur drei weiteren Zügen nach 32 c3! ♗xa5 33 ♖b7! mit der unaufhaltsamen Drohung 34 ♗a4#.

FÜ21

Tiwjakow – Smirin

Mannschaftseuropameisterschaft, Plowdiw 2003

a) Auf 23 ♖a7 antwortet Schwarz mit 23...♗d2+ (nicht 23...♕xb2 24 ♕xf8+) 24 ♕xd2 (24 ♔d1?? ♕b3+) 24...♕xc6. Schwarz ist sicherlich verloren, kann aber wenigstens noch etwas weiterspielen.

b) Mit 23 ♖b6! *(D)* fand Weiß eine viel bessere Fortsetzung.

S

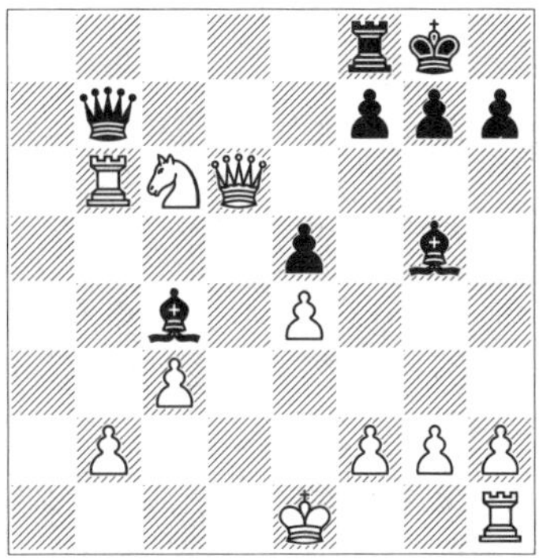

23...♕a8 24 ♕xf8+, und Schwarz gab auf, da er nach 24...♕xf8 25 ♖b8 absolut keine Chance mehr hat.

FÜ22

Arlandi – Kurajica

Mannschaftseuropameisterschaft, Plowdiw 2003

a) Die ungedeckte Dame auf c3, die ihrem Pendant gegenübersteht, ist eine schwere taktische Schwäche, die nach einem Abzug des Springers ruft.

b) Weiß hatte gerade 26 ♔g1-g2?? gespielt, wonach ...♘f3 in der Tat nicht mehr mit Schach erfolgt. Trotzdem erzwang 26...♘f3! immer noch die Kapitulation, da nach 27 ♕xf6 der Zwischenzug 27...♘xe1+ die Qualität gewinnt und die weiße Stellung zerstört.

FÜ23

Schumjakina – Sebag

Europapokal für Vereinsmannschaften (Damen), Rethymnon 2003

57...h5+! 58 ♔xh5 ♕f5+ 59 ♔h6 ♕h7#!

FÜ24

Löwenfisch – Rjumin

Moskau 1936

In der Partie trat Weiß mit 27 ♘g3? den Rückzug an und machte später nur Remis.

Stattdessen schreit die Stellung geradezu nach 27 ♘f6+! gxf6 28 exf6 *(D)*.

S

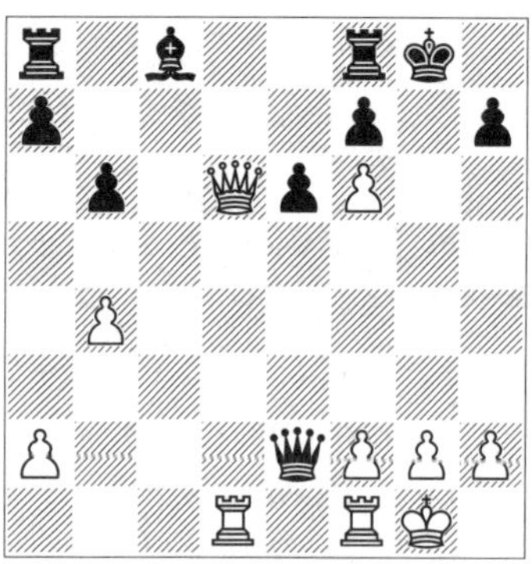

Vielleicht hatte Weiß gedacht, dass Schwarz sich mit 28...e5 verteidigen konnte, was 29 ♕g3+ verhindert, aber dann folgt 29 ♕xf8+! ♔xf8 30 ♖d8# mit Matt.

FÜ25

Kudrin – Basque

Philadelphia 2003

Der Anziehende vertrieb den Turm mit 20 ♘e3! und hatte nach 20...♖xb2 21 ♖c1 ♕b4 22 ♖c8+ ♔d7 23 ♖xg8 einen ganzen Turm gewonnen.

FÜ26

Souleidis – Espig

Bundesliga 2003/04

Nach 26...♗xd4 27 ♕xd4 ♖e1+ 28 ♗g1 ♖xg1+! 29 ♔xg1 ♘xf3+ gab Weiß auf.

FÜ27

Andersson – Drejew

Dordrecht (Blitz) 2004

Durch 20 ♗xa6! *(D)* hätte der Anziehende einen wichtigen Bauern gewinnen können.

S

Nach 20...♖xa6 spielt der Anziehende 21 ♖xc6! bxc6 22 ♕b7+. Vermutlich hätte Schwarz mit 20...♖b8 fortgesetzt und für eine Blitzpartie noch ganz gute Chancen behalten – aber viel schlechtere als mit dem a-Bauern auf dem Brett.

FÜ28

Gild. Garcia – Zapata

Medellin 1992

Diese Stellung schreit förmlich nach dem Zug 19 ♘f6+! *(D)*.

S

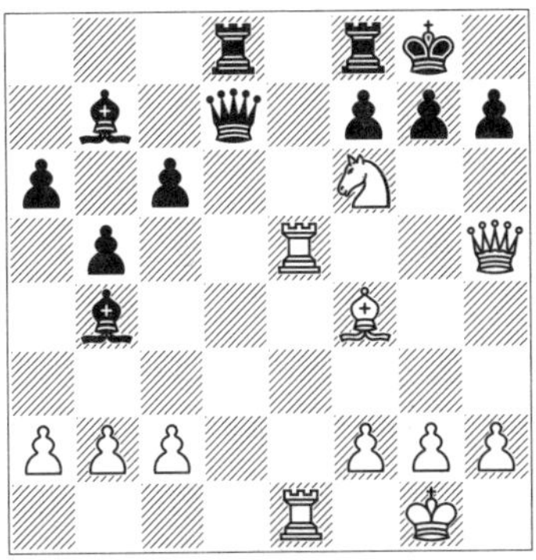

Die Frage ist, ob er funktioniert. Hier stellte Schwarz in der Tat nach 19...gxf6 20 ♖g5+ wegen 20...♔h8 21 ♕h6 fxg5 22 ♕f6+ ♔g8 23 ♗e5 den Widerstand ein.

FÜ29

Belawenets – Smyslow

Leningrad/Moskau 1939

Der schwarze Läufer hängt, was aber bei der prekären Lage des weißen Königs keine Rolle spielte. Nach 35...♖dd2!! bestand die Hauptpointe darin, dass Schwarz nach 36 ♖xe3 mit 36...g5! das Mattnetz schließt. Daher versuchte Weiß 36 ♖g1 (auch nach 36 f4 ♗xf4+ 37 ♔h4 ♖h2 ist die Sache gelaufen) und gab nach 36...g5 auf.

FÜ30

Mason – S. Clarke

Britische Liga (4NCL) 2002/03

Weiß brach mit 25 ♖xe4! dxe4 26 ♕f8+ ♖g8 27 ♘g6+ durch, wonach Schwarz angesichts von 27...hxg6 28 ♕h6# aufgab.

FÜ31

Wasjukow – Kholmow

UdSSR-Spartakiade, Moskau 1964

Nach 25 ♘xc5 ♕xc5 spielte Weiß 26 ♗xg7! *(D)*.

S

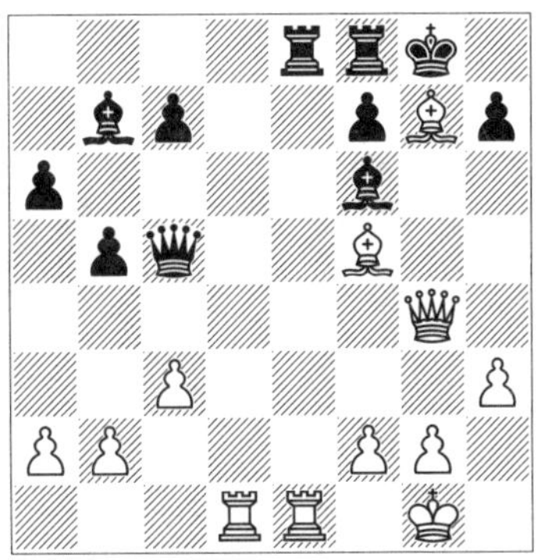

Schwarz kapitulierte auf der Stelle angesichts von 26...♗xg7 27 ♕h5 h6 28 ♗h7+ ♔xh7 29 ♕xc5.

FÜ32

Atalik – Kožul

Sarajewo 2004

Sofort gewonnen hätte 35...♘xe4+ 36 fxe4 ♕h2+ 37 ♔e1 (oder 37 ♔e3 ♗g5+) 37...♗h4+.

FÜ33

Kassimdshanow – Almasi

FIDE-K.o.-Turnier, Tripolis 2004

Schwarz scheint hier nicht schlecht zu stehen, da sich nach 33 ♕d7+ ♔h6 die Schachgebote erschöpft haben. Der Anziehende hatte jedoch eine wunderschöne Kombination vorausgesehen, die ihm entscheidenden Vorteil eintrug: 33 ♕xf6+! ♕xf6 34 ♖d7+ ♔h6 35 ♖xf6, und Schwarz gab auf.

FÜ34

T.L. Petrosjan – Drosdowski

Juniorenweltmeisterschaft, Kochin 2004

Weiß verstärkte den Druck entscheidend mit 33 ♗b6! *(D)*.

S

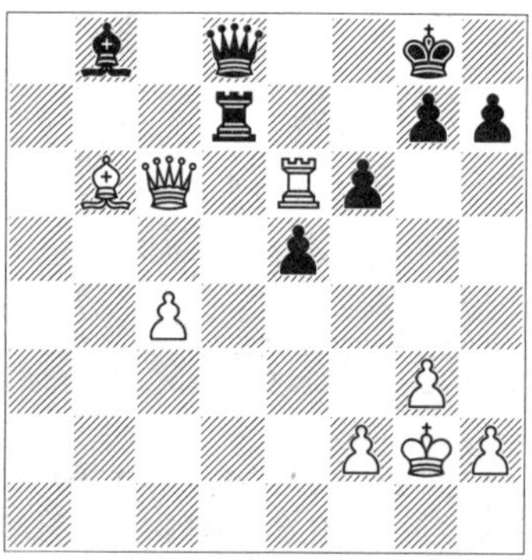

Es folgte 33...♗c7 (33...♖d6? 34 ♗xd8) 34 ♗xc7 ♕xc7 35 ♕a8+!, und Schwarz gab angesichts von 35...♖d8 36 ♖e8+! ♖xe8 37 ♕xe8# auf.

FÜ35

Terzić – Nurkić

Bosnien 1994

Die Lösung besteht aus nur einem einzigen Zug, aber einem sehr schönen – und einem, den man an einem schlechten Tag leicht übersehen könnte – nämlich 17 ♕xe5+!! *(D)*.

S

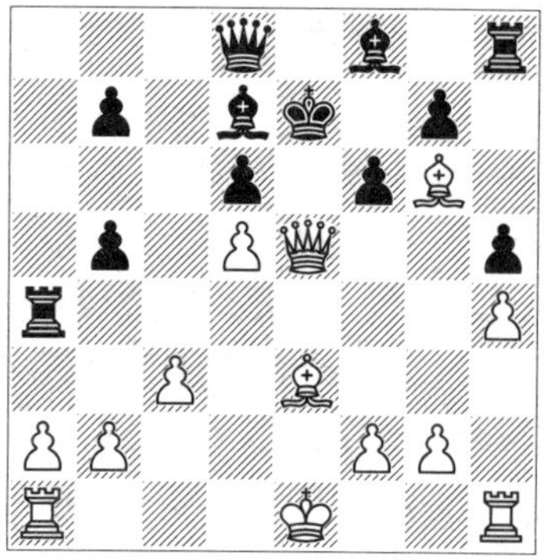

Schwarz gab wegen Matt im nächsten Zug auf – 17...dxe5 18 ♗c5# oder 17...fxe5 18 ♗g5#.

FÜ36

Haba – Lechtynsky

Tschechische Meisterschaft, Karlsbad 2005

Nach 29 ♖xf6! gab Schwarz angesichts von 29...♕xf6 30 ♖xb6! ♖xb6 (oder 30...♕xb6 31 ♕xg7#) 31 ♕c8+ sofort auf.

FÜ37

Eljanow – Wang Yue

Aeroflot-Open, Moskau 2005

Der Nachziehende steht mit mehreren Verteidigungsfiguren um seinen

König einen Zug vor der Rettung, wurde aber durch eine einfache forcierte Zugfolge zur Strecke gebracht: Nach 28 ♖xf5! exf5 29 ♖h8+! gab er auf, ohne auf 29...♔xh8 30 ♕h5+ ♔g8 31 ♕h7# zu warten.

FÜ38

Tomaschewski – I. Popow

Russische Jugendmeisterschaft, Nojabrsk 2005

Natürlich ist 31 ♖xg6 *(D)* der Zug, den man sich ansehen sollte.

S

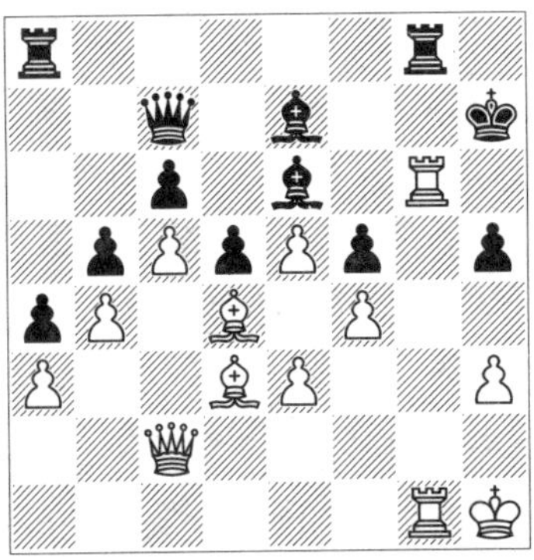

Angesichts von 31...♖xg6 32 ♗xf5 ♗xf5 33 ♕xf5 ♖ag8 34 ♕xh5+ ♖h6 35 ♕f7+ ♔h8 36 ♕xg8# gab Schwarz sofort auf.

FÜ39

Kotrotsos – Stiri

Heraklion 2005

Nach 12 ♕f8+!! gab Schwarz angesichts von 12...♖xf8 13 ♘d6+ ♔e7 14 ♘f5++ ♔e8 15 ♘xg7# auf. Die Eröffnungszüge dieser Miniatur waren 1 e4 c5 2 ♘f3 e6 3 b3 b6 4 d4 cxd4 5 ♘xd4 ♗b7 6 ♘b5 a6 7 ♘d6+ ♗xd6 8 ♕xd6 ♗xe4 9 ♗a3 ♘f6 10 ♘d2 ♘c6 11 ♘c4 b5?.

FÜ40

E. Atalik – Skripchenko

Biel (Damen) 2006

Die Verstellung 28 ♖c6! *(D)* schneidet den Bauern d6 von seiner Verteidigung ab.

S

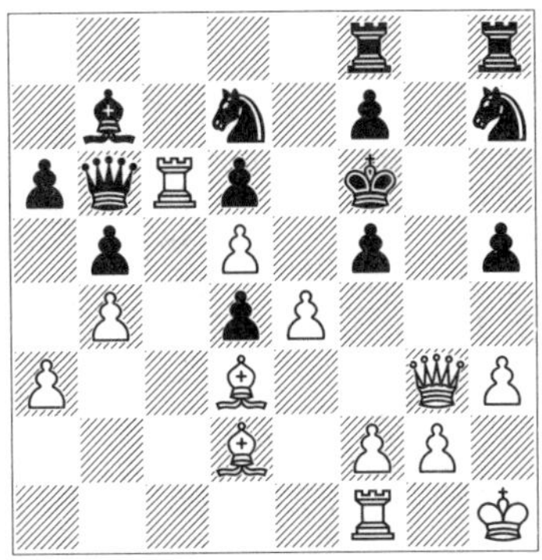

Nach 28...♗xc6 29 ♕xd6+ ♔g7 30 ♗h6+ ♔g8 31 ♕g3+ gab Schwarz auf.

FÜ41

Dobrew – Boitschew

Sunny Beach 2005

35 ♕g8+! ♔e7 (oder 35...♔xg8 36 ♘g6+ ♔f7 37 ♖f8#) 36 ♘g6+ ♖xg6 37 ♕e8+, und der Nachziehende gab wegen Matt im nächsten Zug auf.

FÜ42

N. Popow – Nowopaschin

Beltsy 1979

Hier gilt es nur, den ersten Zug zu finden – aber was für einen! Nach 32

♕h6+!! warf Schwarz das Handtuch angesichts von 32...gxh6 (32...♔xh6 33 ♖h8#) 33 ♖xb7+, und der Turm räumt nun auf der siebten Reihe ab: 33...♗d7 34 ♖xd7+ ♘e7 35 ♖xe7+ ♕f7 36 ♖exf7#.

FÜ43

Moreno Carnero – Van Wely

Villarrobledo (Schnellpartie) 2006

Hier gewann Weiß mit 27 ♕xh7+ *(D)*.

S

Schwarz strich wegen 27...♘xh7 28 ♘g6# oder 27...♔xh7 28 ♖h3+ ♗h4 29 ♖xh4# die Segel. Man beachte jedoch, dass 27 ♘g6+? ♘xg6 28 ♕xh7+ nicht funktioniert, da Schwarz sich nach 28...♔xh7 29 ♖h3+ mit 29...♗h4 oder 29...♘h4 verteidigen kann.

FÜ44

Kr. Georgiew – A. Spassow

Sunny Beach 2005

Hier erwies sich eine einfache, aber effektive Kombination auf der Basis einer Springergabel als tödlich. Nach 21 ♗xe6 fxe6 22 ♖c7! gab Schwarz auf.

FÜ45

In diesem Übungsbeispiel gewinnt Weiß nach dem hübschen 1 ♖c7! ♗xc7 2 ♕e4! *(D)* durch die Kreuzfesselung Haus und Hof.

S

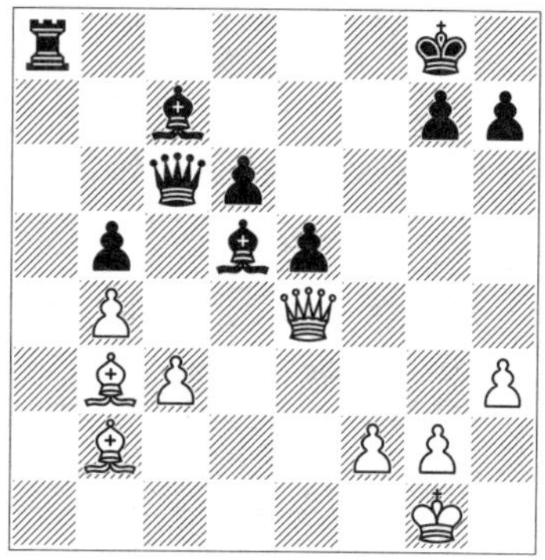

FÜ46

Smyslow – Oll

Rostow 1993

Der Exweltmeister ignorierte den Angriff auf seinen Turm mit 29 g4+! ♔xe4 (sonst folgt im nächsten Zug 30 fxg5) 30 ♘f2+ ♔xf4 31 ♖g1!, wonach es keine ausreichende Verteidigung gegen 32 ♗d2# gab.

FÜ47

Khalifman – Serper

St. Petersburg 1994

Nach dem offensichtlichen Durchbruch 28 ♖xb7+! ♔xb7 29 ♖xc7+! ♔xc7 30 ♕xa7+ ♔c8 machte Weiß mit dem relativ ruhigen, aber tödlichen Zug 31 d6 alles klar.

FÜ48

Speelman – Peng Xiaomin

Olympiade, Jerewan 1996

Ich dachte, dass ich noch kämpfen konnte, aber mein Gegner fand die wunderschöne Folge 44...♖xg3+!! 45 ♔xg3 ♗h4+! 46 ♔xh4 (oder 46 ♔h2 ♕xf2+ 47 ♔h1 ♕f3+ 48 ♔g1 ♗f2+ 49 ♔f1 ♗g3+ 50 ♔g1 ♕f2+ 51 ♔h1 ♕h2#) 46...♕xf2+ 47 ♔g5 ♕f5+ 48 ♔h4 ♕f4# (0-1).

Bunter Strauß

BS01

Iwantschuk – Topalow

Amber-Turnier (Blindpartie), Monaco 2004

48 ♖f8! erzwang die sofortige Aufgabe, da sich 48...♖xg7 wegen 49 ♖f2# verbietet.

BS02

P.H. Nielsen – Golubew

Internet-Blitzpartie, ACP 2004

Weiß brach die schwarze Königsfestung mit 26 ♘g6+! auf, und nach 26...hxg6 (oder 26...♔g8 27 ♗d5+) 27 ♕h4+ streckte Schwarz in Anbetracht von 27...♔g8 28 ♗d5+ ♖f7 29 ♕xd8+ die Waffen.

BS03

I. Sokolov – P.H. Nielsen

Schwedische Mannschaftsmeisterschaft 2003/04

Mit 22...♖8a7?? hatte Schwarz die Grundreihe tödlich geschwächt und gab nach 23 ♖c8+! sofort auf.

BS04

J. Åkesson – K. Ong

Schwedische Meisterschaft, Göteborg 2004

Schwarz beutete mit dem thematischen 23...♕h4! *(D)* die eklatanten weißfeldrigen Schwächen aus (aber natürlich nicht 23...♖xh2? 24 ♖xe4).

W

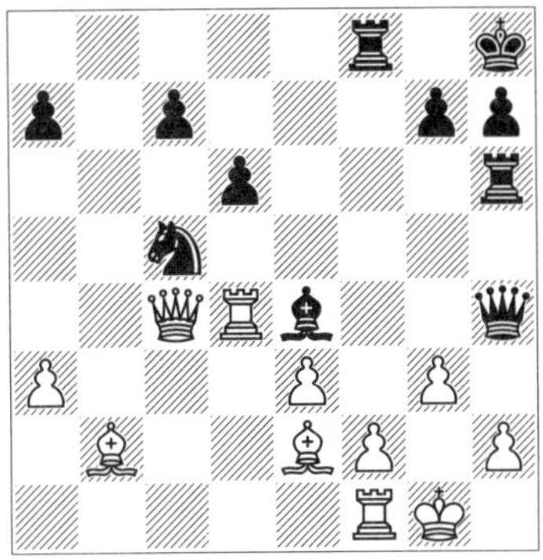

Nach der Folge 24 ♗h5 (24 gxh4 ♖g6+) 24...♕xh2+! 25 ♔xh2 ♖xh5+ gab Weiß sich geschlagen.

BS05

Akimow – Pridoroshni

St. Petersburg 2000

Man sollte sich immer der Möglichkeit der gegnerischen Rochade bewusst sein; hier gab Schwarz nach 12 ♕xd8+! auf der Stelle auf, da Weiß nach 12...♔xd8 13 0-0-0+! ♕d5 14 ♘xd5 einen ganzen Turm mehr hat.

Die vorhergehenden Züge dieser Miniatur waren 1 e4 c5 2 c3 d5 3 exd5 ♕xd5 4 d4 ♘c6 5 ♘f3 e5 6 ♗b5 cxd4 7 ♗xc6+ bxc6 8 cxd4 ♗a6 9 ♘c3 ♗b4 10 dxe5 ♕e4+ 11 ♗e3 ♖d8??.

BS06

Rossolimo – Romanenko

Salzburg 1948

Mit 13 ♖e8+! *(D)* wurde die Dame mit Tempo in den Angriff eingeschaltet.

S

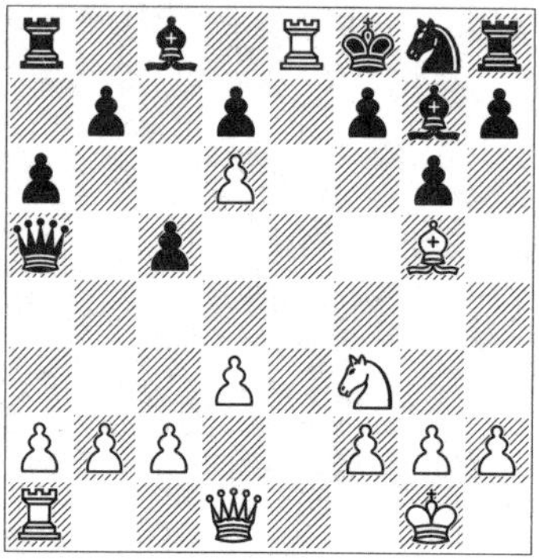

Nach 13...♔xe8 14 ♕e2+ ♔f8 15 ♗e7+ ♔e8 (oder 15...♘xe7 16 ♕xe7+ ♔g8 17 ♘g5) 16 ♗d8+! ♔xd8 17 ♘g5 gab Schwarz auf, da 17...♘h6 18 ♕e7# Matt ist.

BS07

Aljechin – Reshevsky

Kemeri 1937

Nach 35 ♖xb8+! ♔xb8 36 ♕xe5+! gab Schwarz angesichts von 36...fxe5 37 ♖f8+ auf.

BS08

Coggan – Foster

Boston 1937

Nach 1 ♗xf6 ♗xf6 (oder 1...gxf6 2 ♕h6 mit baldigem Matt) 2 ♕xh7+! ♔xh7 3 ♖h5+ ♔g8 4 ♘g6 ist gegen 5 ♖h8# kein Kraut gewachsen.

BS09

Kupreitschik – Zeschkowski

Meisterschaft der UdSSR, Moskau 1976

27 ♘c8+! unterbricht die Grundreihe und gewinnt auf der Stelle angesichts von 27...♘c5 (auf 27...♔e8 folgt natürlich 28 ♕e7#) 28 ♕xc5+! ♕xc5 29 ♖d8#.

BS10

Kirton – Gentes

Winnipeg 2000

Nach 30 ♕xf8+! ♗xf8 31 ♘f7+! warf Schwarz wegen 31...♖xf7 32 ♖g8# das Handtuch.

BS11

Doggers – Henrichs

Hoogeveen 2005

Statt 33...♕xd4?? *(D)* gewinnen die meisten Züge; so ist etwa 33...♗xg5 34 ♖g4 f6 völlig ausreichend.

W

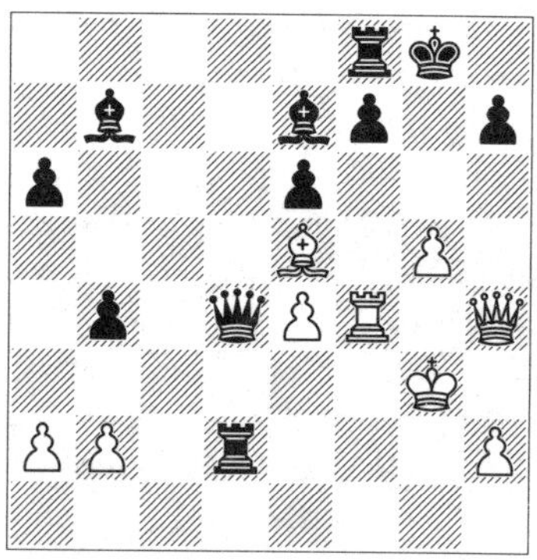

Nach dem Textzug spielte Weiß jedoch 34 ♕xh7+! ♔xh7 35 ♖h4+ ♔g6 (oder 35...♔g8 36 ♖h8#) 36 ♖h6+, und Schwarz gab auf, ohne auf das sehr hübsche 36...♔xg5 37 ♗f4# zu warten.

BS12

Speelman – Van Blitterswijk

Niederländische Liga 2006/07

Nach 30 ♕xg6 ♕xf4 31 ♕xg7+! *(D)* gab Schwarz auf.

S

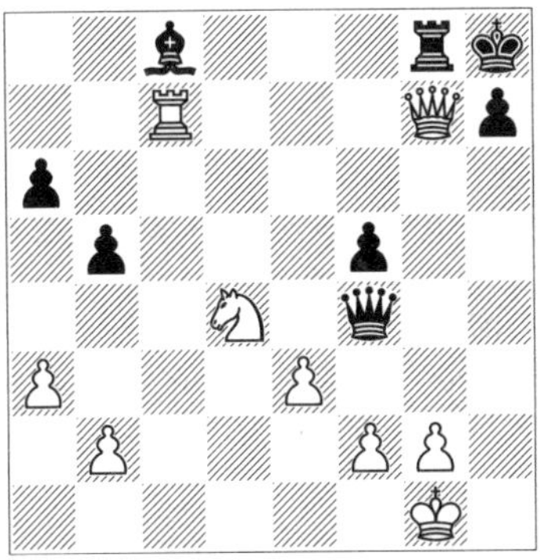

BS13

J. Wowk – Schischkin

Odessa 2006

Nach 22 ♕e3? ♕f1+! entfesselte sich Schwarz forciert und erzwang die sofortige Aufgabe, da er mit einer ganzen Figur mehr verbleibt.

BS14

Vigo Allepuz – F. Cruz

Sitges 2006

Da der weiße Turm an die Dame gefesselt ist, gewann 35...♖e2+! sofort.

BS15

Turner – A. Martin

London 1997

Nach 20 ♗f5 ♗xf5 21 ♕xf5 folgte 21...♕h1+! *(D)*.

W

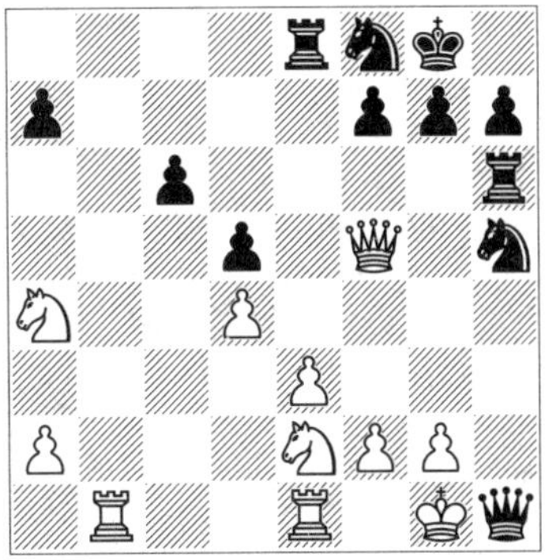

Weiß gab angesichts von 22 ♔xh1 ♘g3++ 23 ♔g1 ♖h1# auf.

BS16

Beschukow – Dwojris

Hoogeveen 2003

Schwarz brach mit 27...♘xh2! *(D)* (auch 27...♘e3 scheint gut genug zu sein) durch:

W

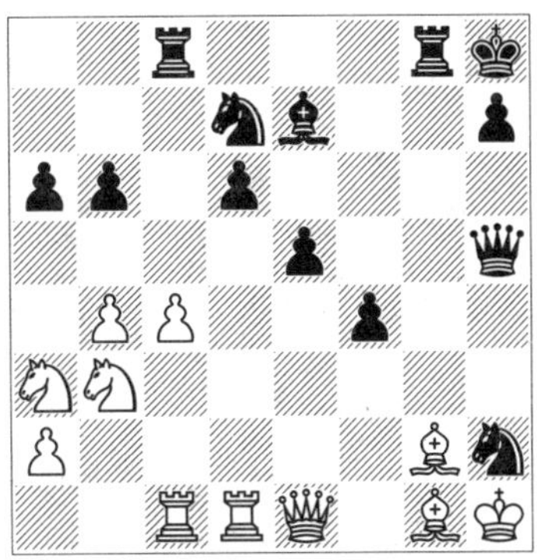

28 ♗xh2 ♖xg2! 29 ♔xg2 ♖g8+ 30 ♗g3 (oder: 30 ♔h1 ♕f3#; 30 ♔f1

♕h3+) 30...♖xg3+ 31 ♕xg3 fxg3 mit leichtem Gewinn für Schwarz. Das Ende ließ dann auch nicht mehr lange auf sich warten: 32 ♖d2 e4 33 ♖g1 ♘e5 0-1.

BS17

Sambujew – Smirnow

Russische Meisterschaft, Krasnojarsk 2003

Mit 59 ♘g5! kann der Anziehende in die gegnerische Stellung einfallen. Nach 59...hxg5 (oder 59...♗xg3 60 ♘xe6 ♗xh4 61 ♘d4 ♔a8 62 e6 ♗f6 63 ♘xf5 h4 64 e7 ♗xe7 65 ♘xe7 h3 66 ♘f5) 60 hxg5 ♗c5 61 ♔d3 ♗e7 62 ♔e2 dringt der König einfach mittels ♔f3-g2-h3-h4xh5 usw. ein.

BS18

Swjaginzew – Kassimdshanow

Essen 2002

Leider schwächte 23...f6 die weißen Felder auf fatale Weise, und nach 24 ♕g6! *(D)* gab der Nachziehende schon auf, was aber vollauf gerechtfertigt war:

S

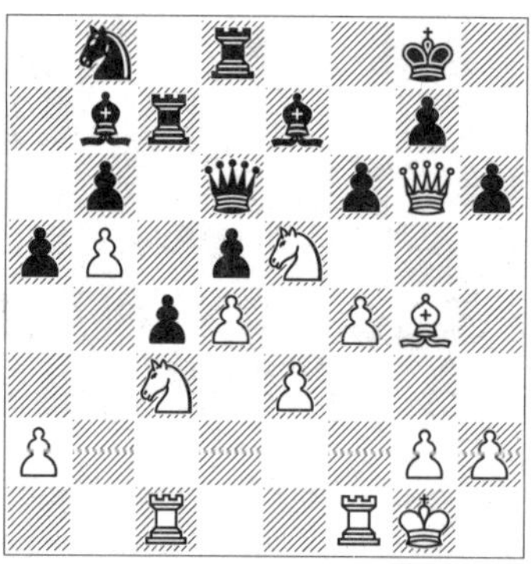

a) 24...fxe5 25 ♗e6+ ♔h8 26 fxe5 ♕a3 27 ♗f5 ♔g8 28 ♕h7+ ♔f8 (oder 28...♔f7 29 ♗e6+ ♔xe6 30 ♕f5#) 29 ♗e6+ ♗f6 30 ♕g8+ ♔e7 31 ♕f7#.

b) 24...♗f8 25 ♗f5 ist ebenso verhängnisvoll nach 25...fxe5 26 ♕h7+ ♔f7 27 fxe5 ♕a3, wonach der sauberste Gewinnweg 28 ♗e6++ ♔xe6 (auf 28...♔e8 folgt 29 ♕g6+ ♔e7 30 ♕f7#; oder 28...♔e7 29 ♖f7+ ♔e8 30 ♕g6) 29 ♕f5+ ♔e7 30 ♕f7# lautet.

BS19

Speelman – Flear

Britische Meisterschaft, Torquay 2002

Er (oder besser gesagt ich) hatte übersehen, dass Schwarz nach 17 ♗f4 dxe3 18 ♗xh6?? einfach mit 18...♘e8! *(D)* eine Figur gewinnen konnte.

W

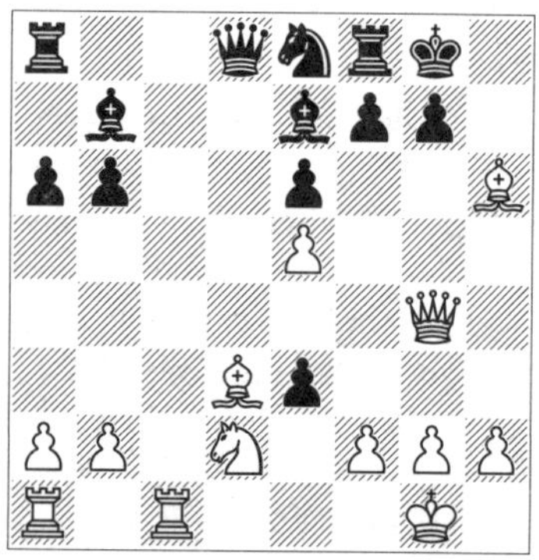

Der Springer war nur ein paar Züge vorher von e8 nach c7 gegangen, und da er sich eindeutig auf dem Weg zu einem aktiven Feld wie d5 befand, kam es mir nicht in den Sinn, dass er auch zurückgehen könnte. Daraus ist die Lehre zu ziehen, dass man sich alle möglichen Züge des Gegners ansehen sollte, insbesondere wenn man denkt, dass er keine Verteidigung hat.

BS20

Motyljow – Timofejew

Russische Meisterschaft, Krasnojarsk 2003

Nach 36 ♖f8+ *(D)* (aber nicht 36 ♕e8+? ♔h7, und Schwarz gewinnt) ist Schwarz verloren.

S

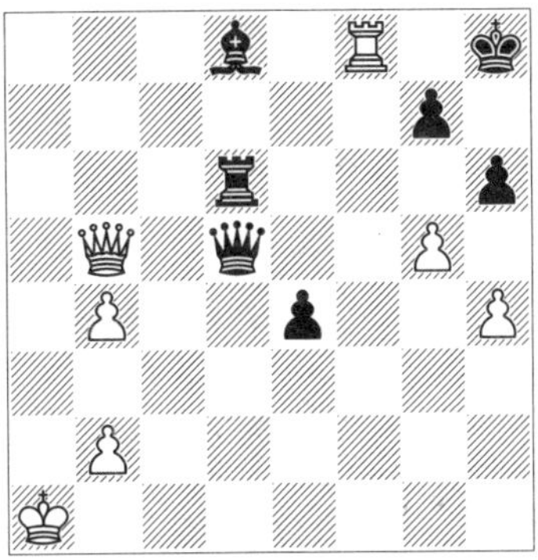

36...♔h7 wird mit 37 g6+! ♔xg6 (37...♖xg6 38 ♕xd5) 38 ♕e8+ ♔h7 39 ♖h8# beantwortet.

Er versuchte stattdessen 36...♕g8, aber nach 37 ♖xg8+ ♔xg8 38 ♕e8+ ♔h7 39 ♕xe4+ g6 40 ♕e5 beherrscht die zentralisierte Dame das Brett. Nach 40...♖a6+ 41 ♔b1 hxg5 42 hxg5 ♖a7 43 ♕d4 ♖a8 44 ♕d7+ ♔h8 45 ♕b7 strich Schwarz dann auch die Segel.

BS21

Reiner – Steinitz

Wien 1860

16...♕h4! 17 ♖g2 (auf 17 ♖xh4 folgt natürlich 17...♖g1#) 17...♕xh2+ 18 ♖xh2 ♖g1#.

BS22

Keres – Szabo

Ungarn – UdSSR, Budapest 1955

21 ♖xg7! ♔xg7 22 ♕f6+ ♔f8 (oder 22...♔g8 23 ♕xh6 f5 24 exf6 ♖e7 25 fxe7) 23 ♗g6, und Schwarz strich angesichts von 23...♖e7 24 ♕h8# die Segel.

BS23

Ehlvest – Newerow

Aeroflot-Open, Moskau 2005

27 ♕g6! *(D)* erzwang den Übergang in ein total gewonnenes Endspiel.

S

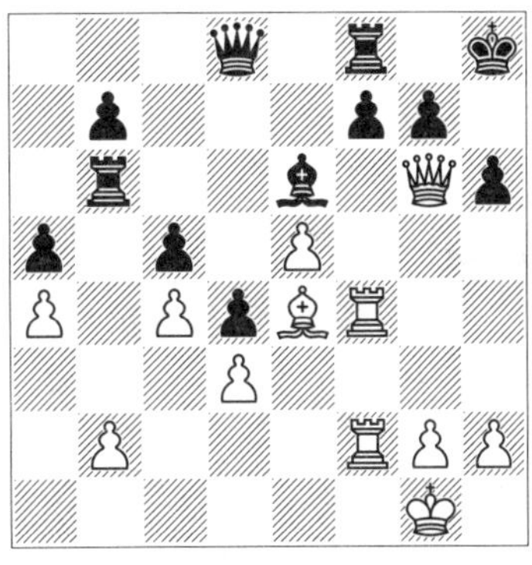

Nach 27...fxg6 28 ♖xf8+ ♕xf8 29 ♖xf8+ ♔h7 30 ♗d5! konnte sich der Nachziehende kaum noch rühren. Es folgte noch 30...h5 (oder 30...g5 31 ♗e4+ g6 32 ♖f6) 31 h4 g5 32 ♗e4+ g6 33 ♖f6 gxh4 34 ♗xg6+ ♔g7, und Schwarz gab auf, ohne auf 35 ♗f7 zu warten.

BS24

Grischuk – Smirnow

Izmir 2004

45 ♗b3! ♘c4 (die beste Chance; auf 45...♕xb3 folgt einfach 46 ♗f6; oder 45...♘d7 46 ♕h6+) 46 ♗xc4 ♕xc4 47 ♕h6+! *(D)* (aber natürlich nicht 47 ♗f6?? ♕c1+ 48 ♔h2 ♕f4+).

S

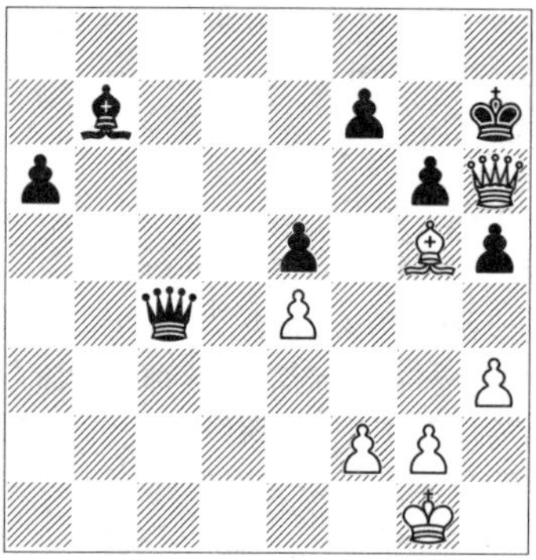

47...♔g8 48 ♗f6, und Schwarz gab auf.

BS25

Eriksson – Hellsten

Schwedische Meisterschaft, Göteborg 2006

a) Die Partie endete mit 23 ♔b1? ♗e4+ 24 ♔a2 ♕xa3+! 25 bxa3 ♖c2+ 26 ♔b1 ♖d2+ 27 ♔a1 ♘b3# (0-1).

b) Nach 23 bxc3 (23 ♔d2 ♖g3 24 hxg3 ♗xh1 mit Mehrfigur für Schwarz) 28...♕xa3+ 24 ♔d2 ♘xc4+ 25 ♔e2 ♕b2+ 26 ♔f1 ♘d2+! 27 ♕xd2 ♕b5+ 28 ♕e2 (viel schlechter ist 28 ♔g1 ♕xe5) 28...♕xe2+ 29 ♔xe2 ♗xh1 30 ♖xh1 ♖xc3 steht Schwarz im Turmendspiel etwas besser.

BS26

Tukmakow – Shukowa

Odessa/Istanbul (Blitz) 2006

Schwarz hätte sofort das Matt erzwingen können: 37...♘g3+ 38 ♔h2 ♘f1+! 39 ♔h1 ♕xh3+! 40 gxh3 ♖h2+ 41 ♘xh2 ♖xh2#.

BS27

Nunn – Smeets

Amsterdam 2006

Nach 32 ♖h4 warf Schwarz auf der Stelle das Handtuch (32 ♖xg6+ gewinnt auch), da Weiß 33 ♕h7+ ♔f8 34 ♕h8+! ♘xh8 35 ♖xh8# droht und 32...♘xh4 mit 33 ♘e7+! ♕xe7 34 ♕h7+ ♔f8 35 ♕h8# beantwortet wird.

BS28

Potapow – Henrichs

Pardubice 2006

Nach dem einfachen, aber nicht unbedingt auf der Hand liegenden 27 ♘c5! gab Schwarz auf, da 27...dxc5 mit 28 ♕xg6# beantwortet wird und sonst der Läufer b7 verloren geht.

BS29

Westerinen – Sigurjonsson

New York 1977

Hier kommt offenbar alles darauf an, wer mit seinem Königsangriff am schnellsten ist. Weiß konnte mit einem Damenopfer als Erster zuschlagen: 25 ♕xg7+! ♔xg7 26 ♗d8+! ♔h8 (oder 26...♔f7 27 ♗h5#) 27 ♖g8+! ♖xg8 28 ♗f6+ ♖g7 29 ♗xg7+ ♔g8 30 ♗xd4+ ♔f7 31 ♖f1+ ♔e7 32 ♗xb2, und der Nachziehende gab auf.

BS30

Barejew – Zsinka

Næstved 1988

Nach 13...♗f3! *(D)* gab Weiß sofort auf.

W

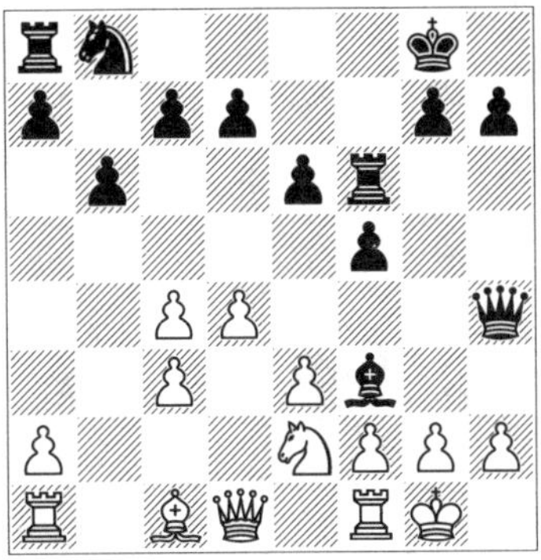

Es droht 14...♖h6 15 h3 ♗xg2, und auf 14 gxf3 folgt 14...♖h6 15 ♖e1 ♕xh2+ 16 ♔f1 ♕h3+ 17 ♔g1 ♕h1#, während 14 ♖e1 mit 14...♖g6 15 g3 ♕xh2+! beantwortet wird.

Nach 13...♖h6 14 f3 ♕xh2+ 15 ♔f2 hat der Nachziehende einen Bauern gewonnen, aber der Kampf geht weiter, während 13...♗xg2 14 ♔xg2 ♖h6 15 ♘g3 ♕h3+ 16 ♔f3 ♕g4+ 17 ♔g2 Schwarz nur Dauerschach einbringt.

BS31

In diesem Übungsbeispiel erzwingt Schwarz ein hübsches Matt: 1...♖g8+ 2 ♔h6 ♕xh2+ 3 ♖h5 ♕d2+! 4 ♕xd2 ♖g6#.

BS32

Andrejew – Doluchanow

Leningrad 1935

a) Nach 1...♖xh2?! 2 ♖xh2 ♕xa3! 3 bxa3 (nach 3 ♔b1? gewinnt Schwarz mit 3...♘c3+ 4 bxc3 ♔a8) 3...♗xa3+ 4 ♔b1 ♘c3+ 5 ♔a1 ♗b2+ 6 ♔xb2 ♘xd1+ 7 ♔a2! (nicht 7 ♔c1? ♘xe3 8 fxg5) kann Weiß noch kämpfen.

b) Das prosaische 1...♕c5! 2 ♕xc5 ♗xc5 3 ♗xe4 ♗e3+ 4 ♔b1 ♖xd1+ 5 ♖xd1 fxe4 6 ♗g1 ♗xg1 (aber nicht 6...♖h1? 7 fxg5) 7 ♖xg1 gxf4 gewinnt.

BS33

Petrosjan – Pachmann

Bled 1961

Der große Tigran Petrosjan enthüllte seine oftmals verborgene taktische Beschlagenheit mit einem hübschen Damenopfer – nämlich 19 ♕xf6+! *(D)*.

S

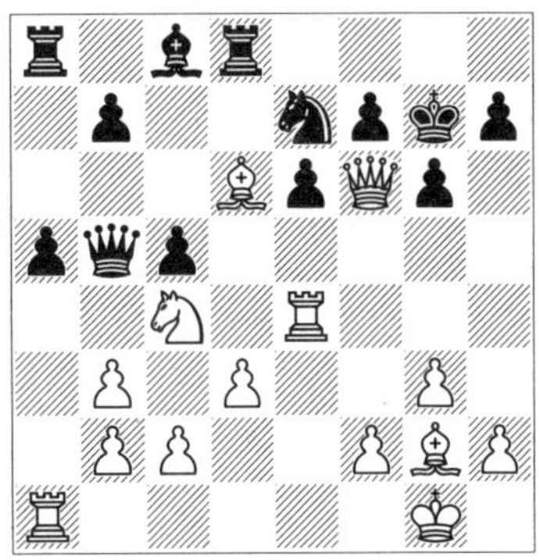

Nach 19...♔xf6 20 ♗e5+ ♔g5 21 ♗g7! gab Pachmann auf, da sein König in der Falle sitzt und in wenigen Zügen zur Strecke gebracht wird.

BS34

Gargulak – Kogan

1909

Nach 1 ♖xe5! ♕xe5 2 ♘g6! lautet die Hauptvariante 2...♕xd5? 3 ♘e7+ ♔h8 4 ♕xh7+! ♔xh7 5 ♖h1+ gefolgt von Matt. Natürlich stellt 2...♕xh2? 3 ♘de7# keine Verbesserung dar, aber Schwarz hätte versuchen können, sich mit 2...hxg6 3 ♕xe5 (nicht 3 ♖h1? f6) 3...cxd5 mit ordentlichem Spiel aus der Affäre zu ziehen.

BS35

Dimakiling – Godena

Calvia 2006

Mit 35...♘c4+! wurde die weiße Dame von ihrem Posten abgelenkt, so dass Weiß nach 36 ♕xc4 ♖f2! kein gutes Schach hat. Nun drohte sowohl 37...♗c1+ 38 ♔e1 ♗xe3+ als auch 37...♕c1+ 38 ♔c3 ♕xe3+, und nach 37 ♕a4 ♕c1+! 38 ♔c3 ♕xe3+ gab Weiß angesichts von 39 ♔c4 b5+ auf.

BS36

Wells – Berry

Britische Meisterschaft, Torquay 2002

Ja. Schwarz hätte in einem geeigneten Moment mit ...♖a8 auf Patt spielen können.

Nach 43 ♖xg6 ♗xg6 44 ♖xg6 ♖h2 45 ♖xf6 ♖xe2 46 ♖f8 ♖a2+ (hier funktioniert 46...♖a8, da 47 ♘xa8+ mit 47...♔d7 48 ♗xe2 ♕f2 beantwortet wird) 47 ♔b3 war es immer noch nicht zu spät für 47...♖a8 48 ♖xa8 (nach 48 ♘xa8+ reicht 48...♔d7 49 ♔xa2 ♕f2+ aus) 48...♖b2+ 49 ♔a3 ♖a2+ 50 ♔xa2 ♕f2+ 51 ♔b3 ♕b2+ 52 ♔xb2 Patt.

BS37

Djukić – Cetković

Montenegrinische Mannschaftsmeisterschaft, Herceg Novi 2006

Weiß ließ seinem Freibauern auf taktischem Wege Unterstützung angedeihen: 39 ♗xc4! *(D)*

S

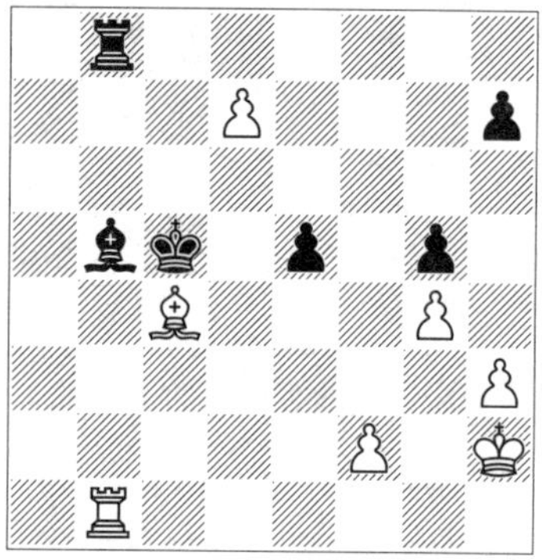

Nach 39...♔xc4 40 ♖c1+ ♔d5 41 ♖c8 hatte Schwarz nichts Besseres als 41...♗xd7 und gab nach 42 ♖xb8 ♗a4 43 ♖g8 ♗c2 44 ♖xg5 ♔e6 45 ♖g7 auf.

BS38

Krasenkow – Hebden

Port Erin 2006

41 ♖xg6+! beendete die Partie sofort, da nach 41...♔xg6 42 ♕c6+ ♕xc6 43 dxc6 der c-Bauer nicht aufzuhalten ist.

BS39

Degraeve – Guidarelli

Französische Meisterschaft, Aix-les-Bains 2003

a) Das Feuer der Dame, des Fianchettoläufers und beider Türme ist auf das Feld g2 gerichtet.

b) Schwarz spielte 23...♗h4! 24 ♕xh4? (nach 24 ♖d2 ♕xf3 25 ♕xf3 ♗xf3 26 g3 f5 27 ♖d7 {27 ♖f1 ♗c6} 27...f4 steht Schwarz besser, aber es wird noch gekämpft) 24...♖xg2+ 25 ♖xg2 ♖xg2+ 26 ♔f1 ♕xf3+, und der Anziehende gab sich wegen 27 ♗f2 ♖g1+ 28 ♔xg1 ♕g2# geschlagen.

BS40

Asmaiparaschwili – Filippow

Europapokal für Vereinsmannschaften, Kallithea 2002

32 ♖xc6! bxc6 33 a5! *(D)* war entscheidend, da der Bauer a6 nicht gut zu decken ist.

S

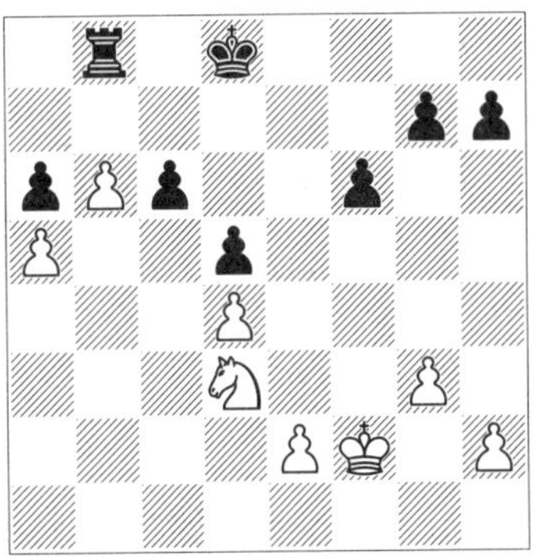

Nach 33...♖a8 nagelt 34 ♘c5 den schwarzen König und den schwarzen Turm fest, da ...♔e8 oder ...♔e7 mit ♘xa6 beantwortet werden kann. Daher wird Schwarz in Zugzwang geraten, sobald er auf dem Königsflügel keine Bauernzüge mehr hat. Die Partie nahm folgendes Ende: 33...♖b7 34 ♘c5 ♖e7 35 ♘xa6 ♔c8 36 ♘c5 ♔b8 37 a6 ♔a8 38 ♔e1, und Schwarz gab etwas früh auf, war aber sicherlich total verloren, da ihm bald die Bauernzüge am Königsflügel ausgehen werden. Nach beispielsweise 38...f5 39 ♔d2 g5 40 e3 h6 41 h4 g4 42 h5 muss Schwarz eine Figur ziehen: 42...♖e8 (oder: 42...♔b8 43 a7+ ♔a8 44 ♘a6; 42...♖h7 43 ♘e6 ♖h8 44 ♔c3 usw.) 43 ♘d7 ♖d8 44 ♘e5 ♖d6 45 ♔c3, und es gibt keine Verteidigung.

BS41

Kassimdshanow – Slobodjan

Bundesliga 2002/03

Weiß brach mit 45 ♗xf6! gxf6 46 ♕g6! *(D)* durch.

S

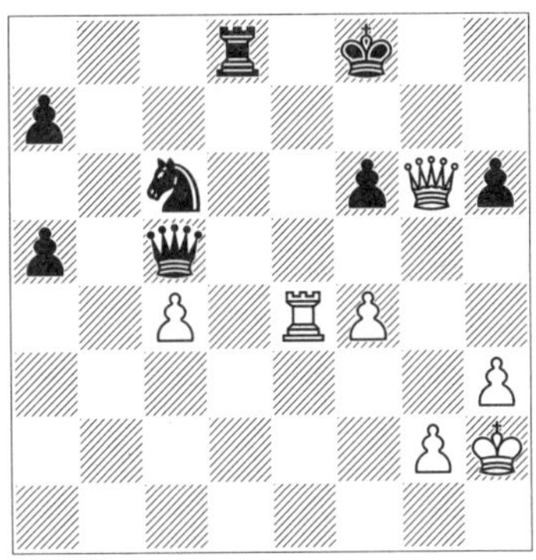

Nun war 46...♕d6 forciert (da auf 46...♖d6 47 ♖e8# folgt und 46...♘e7 mit 47 ♕xf6+ ♔e8 48 ♕h8+ ♔d7 49 ♖d4+ beantwortet wird), und nach 47 c5! ♕c7 48 ♕xf6+ ♔g8 49 ♕g6+ ♔f8 50 ♕xh6+ ♔g8 51 ♖e3 gab Schwarz auf.

BS42

Kowtschan – Sadwakassow

Kharkow 2003

Ja, Weiß kann die Partie retten. Nach 28 ♘d7+! ♗xd7 29 ♖xf7+ ♔e8 (29...♔xf7 30 ♕f6+ ist ebenfalls Dauerschach) rettete 30 ♖f8+!! den Tag: 30...♖xf8 31 ♗h5+ ♖f7 32 ♗xf7+ ♔xf7 mit Remis wegen des kommenden Dauerschachs.

BS43

Van Wely – Sutovsky

Europapokal für Vereinsmannschaften, Rethymnon 2003

Ja. Nach der Folge 26...♘xe4! 27 ♕xe4 ♖e8 wird 28 ♕xe8+ natürlich mit 28...♕xe8+ mit Schach beantwortet, so dass Weiß keine Zeit für 29 ♖d8 hat. Stattdessen versuchte er, das Blatt mit sofort 28 ♖d8 zu wenden, musste sich aber nach 28...♕c4+! geschlagen geben.

BS44

Moldojanow – Samotschanow

1974

1 ♖xa5? ♔g3 gibt Schwarz ausgezeichnete Remischancen, aber Weiß konnte ein wunderschönes Mattnetz knüpfen: 1 ♖g6! a4 2 ♔e3 a3 3 ♔f4 a2 4 ♖g3 ♗e6 5 ♖h3+! ♗xh3 6 g3#.

BS45

Wittmann – Am. Rodriguez

Prag 1980

Der Anziehende hätte sich mit einer hübschen Pattkombination retten können: 1 ♖xb3+! ♔xa2 2 ♖a3+! ♔b2 (nicht 2...♔b1?? 3 ♕d1+, wohingegen Weiß nach 2...♔xa3 mit 3 ♕d3+! sofort das Patt erzwingt) 3 ♕b5+! ♔xa3 (3...♔c1? 4 ♖a1+ ♔d2 5 ♕xa5+) 4 ♕d3+! ♕xd3 Patt.

BS46

Devereaux – Snape

Britische Meisterschaft, Swansea 2006

Weiß brach mit 16 ♖d8+ ♘xd8 17 ♘d6+ *(D)* durch.

S

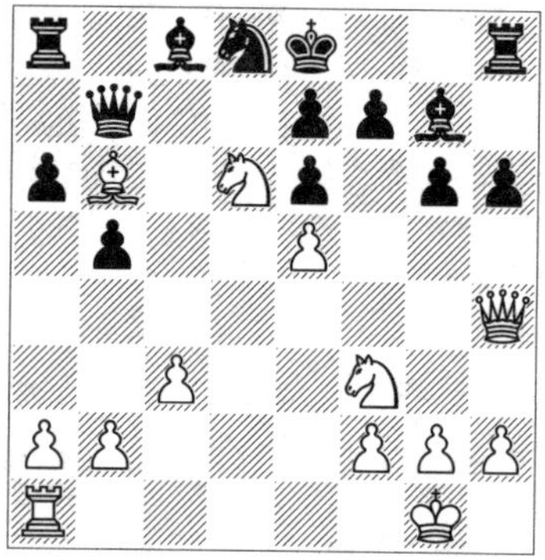

Nach 17...♔d7 18 ♘xb7 ♗xb7 19 ♖d1+ ♗d5 20 c4 g5 21 ♕e4 ♔c6 22 ♕d4 gab Schwarz auf.

BS47

Miles – Browne

Olympiade, Luzern 1982

Weiß beendete die Partie mit einem klassischen doppelten Läuferopfer: 18 ♗xh7+ ♔xh7 19 ♕h5+ ♔g8 20 ♗xg7 ♔xg7 (nach 20...f6 oder 20...f5 gewinnt jeweils 21 ♕h8+ ♔f7 22 ♗xf8, da Weiß im Fall von 22...♖xf8 mit 23 ♕h7+ König und Dame aufspießt) 21

♕g5+ ♔h8 22 ♕f6+ ♔g8 23 ♖c4, und Schwarz gab auf.

BS48

Jakowenko – E. Berg

Europapokal für Vereinsmannschaften, Fügen 2006

Weiß würde liebend gerne 30 ♖xe5 spielen, was hier in der Tat ausgezeichnet funktioniert. Nach 30...♖xe5 31 ♕xf4+ *(D)* kann folgen:

S

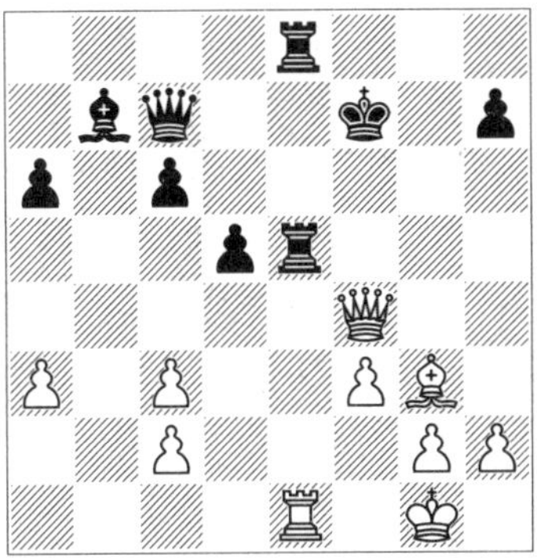

a) 31...♔g8 32 ♕g4+ ♕g7 (auf 32...♔f7 kommt 33 ♗xe5 ♖xe5 34 ♕f4+ ♔e6 35 ♕h6+; oder 32...♔h8 33 ♕d4) 33 ♕xg7+ ♔xg7 34 ♗xe5+ mit Gewinn für Weiß.

b) In der Partie versuchte Schwarz 31...♔g6, aber nach 32 ♕g4+ ♖g5 (auf 32...♔f6/f7 folgt wie in Abspiel ‚a' 33 ♗xe5(+) ♖xe5 34 ♕f4+) 33 ♖xe8 ♖xg4 (mit 33...♕b6+ 34 ♕d4 ♕xd4+ 35 cxd4 a5 hätte er wenigstens die Figur gerettet) 34 ♗xc7 ♖c4 35 ♖b8 saß der Läufer in der Falle. Nach 35...♖xc3 36 ♖xb7 ♖xc2 37 ♗e5 c5 38 g4 d4 39 ♖g7+ ♔h6 40 ♖g8 gab Schwarz auf.

Schwierigere Beispiele

SB01

Gofshtein – V. Mikhalevski

Israelische Meisterschaft, Tel-Aviv 2002

Nach 31 ♘h6+ ♔g7 32 ♕d4+! ♔xh6 33 ♕h4+ ♔g7 34 ♖e7+ ♖f7 35 ♖xd7 ♖xd7 trug Weiß am Ende den Sieg davon.

SB02

Kortschnoj – Van der Stricht

Mannschaftseuropameisterschaft, Plowdiw 2003

Ja. Natürlich wäre 36...fxg6?? ein Fehler wegen 37 ♕xh6#, aber Schwarz hätte mit 36...♘xe5! 37 ♖xe6 ♘xd3! *(D)* fortsetzen können.

W

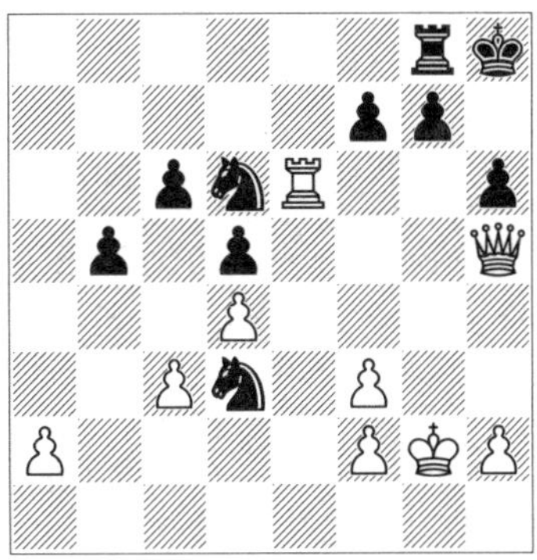

Das Entscheidende ist jetzt, dass 38 ♖xh6+ gxh6+ mit Schach erfolgt. Wegen der Drohung 38...♘f4+ verliert Weiß den Turm und muss dem Nachziehenden entscheidenden Materialvorteil überlassen. Es wurde noch keine Partie durch Aufgeben gewonnen.

SB03

Maksimenko – Miladinović

Bratto 2004

Nach 23...♘xe3! 24 fxe3 ♕xg3+ 25 ♔f1 (25 ♔e2 ♖xe3+ 26 ♔f1 ♖d1#) 25...♖d1+ 26 ♔e2 sah es so aus, als ob der Anziehende entkommen wäre, aber das sehr hübsche 26...♖e1+! *(D)* veranlasste Weiß zur sofortigen Aufgabe.

W

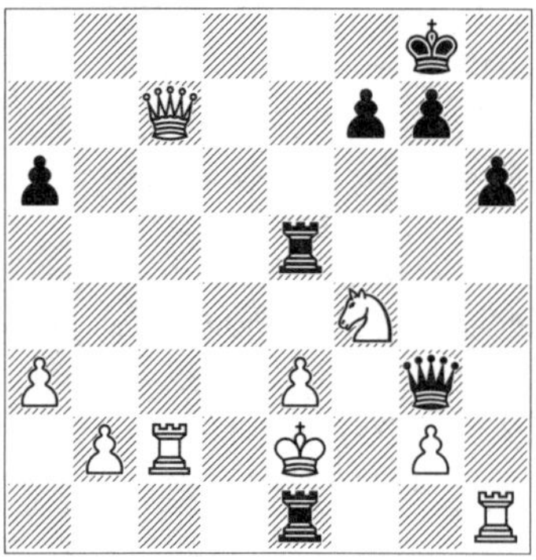

SB04

Ruijgrok – Li Shilong

Hoogeveen 2004

Weiß verfügt über einen bedrohlich auf den schwarzen König gerichteten Fianchettoläufer und eine gut zentralisierte Dame auf d5, muss aber mehr Kräfte in den Angriff einbeziehen, wenn er einen ernsthaften Angriff aufbauen will. Das tat er mittels 22 ♘g5+! hxg5 (nach 22...♔h8 23 ♘e6 fxg3 24 fxg3 ♕b6+ 25 ♔h1 ist der Angriff überwältigend) 23 ♗e4+! g6 (oder 23...♔h8 24 ♕xg5!) 24 ♗xg6+!, und Schwarz gab in Anbetracht von 24...♔xg6 25 ♕xg5+ ♔h7 26 ♕h5+ ♔g8 27 ♕h8+ ♔f7 28 ♕g7# auf.

SB05

In diesem Übungsbeispiel mit so vielen Angriffsfiguren ist es eindeutig an der Zeit, zuzuschlagen. 1 ♘xf7! ♔xf7 2 ♗xf6! *(D)* bricht durch:

S

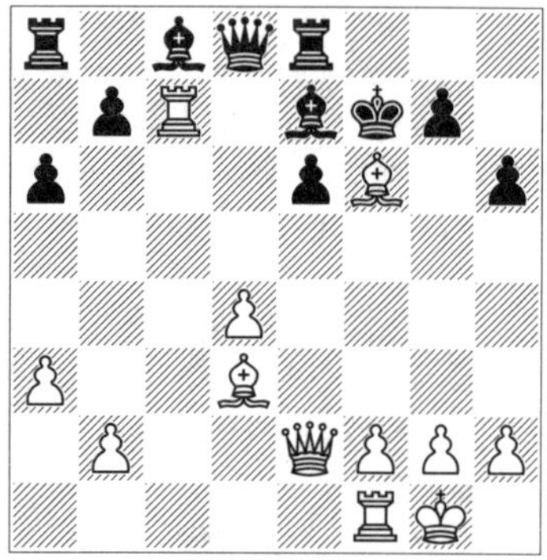

2...♕xc7 3 ♕h5+ ♔f8 (3...♔xf6 4 ♕g6#) 4 ♗xg7+ ♔xg7 5 ♕g6+ ♔f8 6 ♕xh6+ ♔f7 (6...♔g8 7 ♗h7+ ♔f7 {oder 7...♔h8 8 ♗g6+ ♔g8 9 ♕h7+ ♔f8 10 ♕f7#} 8 ♕g6+ ♔f8 9 ♕g8#) 7 ♗g6+ ♔f6 8 ♗h7+ ♔f7 9 ♕g6+ ♔f8 10 ♕g8#.

SB06

Kasparjan – Manweljan

Jerewan 1939

Der Anziehende schickte den gegnerischen König mit 1 ♖xc6 ♗xc6 2 ♕c4+ ♔b7 3 ♕xc6+! ♔xc6 4 ♘e5++ ♔c5 5 ♘d3+ ♔d4 auf Wanderschaft und machte ihm dann mit dem ruhigen, aber tödlichen 6 ♔d2! den Garaus.

SB07

Bannik – Tscherepkow

UdSSR 1961

Nach 1...♖g5+ 2 ♖g2 ♕c5+ 3 ♕f2 ♖e2! warf Weiß in Anbetracht von 4 ♕xc5 ♖gxg2+ 5 ♔h1 ♖h2+ 6 ♔g1 ♖eg2# das Handtuch.

SB08

Najer – Kornew

Tomsk 2006

Die Lösung ist nur drei Züge lang, war aber für mich nicht sofort offensichtlich, als ich sie zum ersten Mal sah.

Nach 21 ♖xc6+! gab Schwarz sofort auf, ohne auf 21...bxc6 22 ♕xc2! ♕xc2 23 ♖b8# zu warten.

SB09

Gozzoli – Phoobalan

Juniorenweltmeisterschaft, Goa 2002

21 ♖e6! (nicht 21 ♘xf7?, was sowohl durch 21...♔xf7 als auch durch 21...♕xf3 widerlegt wird) 21...fxe6 22 ♗xe6+ ♔h8 (auf 22...♔f8 folgt natürlich 23 ♘xh7+) 23 ♘f7+ ♔g8 (er könnte auch 23...♕xf7 24 ♗xf7 ♖d7 probieren) 24 ♘xd8+ ♔f8 25 ♘xb7 ♖xb7 (oder 25...♕xe6 26 ♕xa6 ♕d5 27 ♕xa7) 26 ♘xd4, und Weiß stand auf Gewinn, da 26...♕xd4 auf die Erwiderung 27 ♕f3+! trifft. Es folgte noch 26...♘c7 27 ♗b3 ♖b8 28 ♘e6+ ♘xe6 29 ♕d6+ 1-0.

SB10

Gogolew – Warschawski

1967

Da es sich um ein Taktikbuch handelt, sollte man hier sofort an Patt denken. In der Tat entkam Schwarz mit 1...♖d1+ 2 ♔h2 ♕g1+ 3 ♔g3 ♖d3+! 4 ♕xd3 ♕e3+! 5 ♕xe3 Patt.

SB11

Golubew – Knoppert

Belgische Liga 2002/03

24 ♖xf7! (aber nicht 24 ♖xd8? ♖xd8 25 ♗g5 bxc3 26 ♗f6 ♕d4+ mit Gewinn für Schwarz) 24...♔xf7 25 ♕h7+ ♔f6 (oder 25...♔e8 26 ♖xd8+! ♔xd8 27 ♗g5+ ♔e8 28 ♕e7#) 26 ♖d2! *(D)* (nicht 26 h4? ♗b6).

S

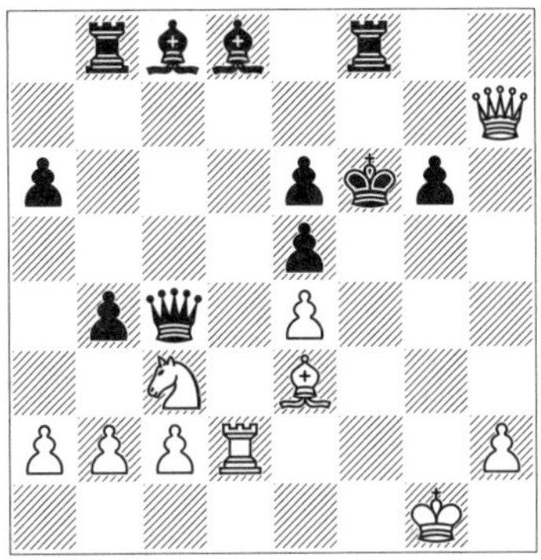

Dies ist der schwierigste Zug der Kombination, da Weiß sorgfältig prüfen musste, dass es nach diesem ruhigen Zug keinen Ausweg für Schwarz gibt. Dies trifft in der Tat zu, und Schwarz gab angesichts von 26...♖f7 27 ♕h8+ ♖g7 (27...♔e7 28 ♕xd8#) 28 ♕f8+ ♖f7 29 ♖f2# auf.

SB12

Karjakin – Kostenjuk

Wettkampf (4), Brissago 2003

a) Nach 30 ♕xa6 ♖xc1+ 31 ♖xc1 ♖xa6 32 ♖c8+ ♕e8! 33 ♖xe8+ ♔f7 beendete Karjakin mit einem weiteren herrlichen Zug die Partie: 34 ♖a8!!.

b) Besser ist 30...♖cb8 31 ♕d3 ♗xb3 32 ♖xb3 e4!? 33 fxe4 fxe4 34 ♕e3 ♕d5 mit Gegenspiel. Und selbst nach dem Tausch auf c1 war 31...♖f8 eine bessere Chance.

Es sieht daher leider so aus, als ob in der Diagrammstellung das prosaische 30 ♖xc8+ ♖xc8 31 ♕xa6 objektiv stärker war.

SB13

Vasquez – Jaime Montalvan

Malaga 2003

24 ♕xg7+! ♔xg7 25 ♖hg1+ *(D)*, und nun:

S

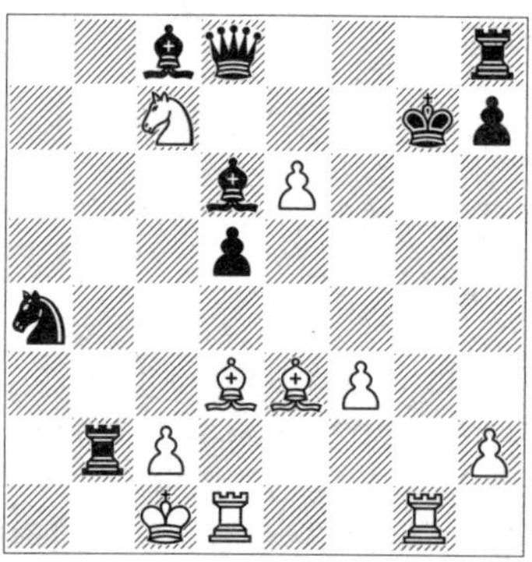

a) In der Partie spielte der Nachziehende 25...♔f6, musste aber nach 26 ♗g5+ ♔e5 27 ♖de1+ ♔d4 28 ♗e3+ ♔e5 29 f4+ ♔f6 30 ♗d4+ ♔e7 31 ♖g7+ wegen des unmittelbar folgenden Matts aufgeben.

b) 25...♗g3!? hätte das sofortige Matt vermieden, aber nach 26 ♖xg3+ ♔f8 27 ♗h6+ ♔e7 28 ♗g5+ ♔d6 29 ♗xd8 ♖xd8 30 ♘xd5 ist das Endspiel leicht gewonnen.

SB14

Apicella – C. Bauer

Französische Meisterschaft, Aix-les-Bains 2003

Die offene h-Linie sieht zwar bedenklich aus, aber Schwarz scheint sich verteidigen zu können. Weiß zerstörte diese Illusion jedoch mit zwei wuchtigen Schlägen: 29 ♗xg5! ♗xg5 30 ♕f6+!!, und Schwarz strich in Anbetracht von 30...♗xf6 31 ♖g3+ und Matt in zwei weiteren Zügen die Segel.

SB15

Cu. Hansen – Lehtinen

Nordische Meisterschaft, Århus 2003

29 ♗a6 ist naheliegend, aber nach 29...bxa6 darf Weiß nicht 30 ♕xa6+? ♔d7 spielen, wonach der König entkommt. Stattdessen schloss 30 ♗a5! das Netz. Schwarz versuchte 30...♖d8, warf aber nach 31 ♕xa6+ ♔d7 32 ♕b7+ ♔e8 33 ♗xd8 ♕g5 34 ♖e1 das Handtuch.

SB16

Kornejew – Prasad

Port Erin 2003

44 ♖h8!! droht 45 ♘f5+ (aber nicht 44 ♖xa8 ♖xa8 45 ♘d5 ♕h4; nach 44 ♖b8 folgt 44...♗b7 45 ♕c1 ♖a8 46 ♖c7 ♖c6!, und Schwarz kann sich halten). Nun kann folgen:

a) Auf 44...♔xh8 kommt 45 ♘f5 gxf5 (oder 45...♕f8 46 ♖c8! ♕xc8 47

♕h6+ ♔g8 48 ♕g7#) 46 ♕h6+ ♔g8 47 ♖c8+.

b) Daher versuchte Schwarz stattdessen 44...♕g5, streckte aber nach 45 ♖cc8 die Waffen. Es gab keine gute Verteidigung gegen die Drohung 46 ♘d5 ♕xd2 47 ♖cg8#; zum Beispiel 45...♕f4 46 ♖cg8+ ♔f6 47 ♖xa8 ♖xa8 48 ♘d5+, 45...♖xa3 46 ♖cg8+ ♔f6 47 ♕xd6# oder 45...f6 46 ♘f5+ gxf5 47 ♖cg8+.

SB17

McShane – Nakamura

Pamplona 2003

Weiß spielte 37 g3 und remisierte später. Stattdessen hätte das hübsche 37 ♗h6! *(D)* auf der Stelle gewonnen.

S

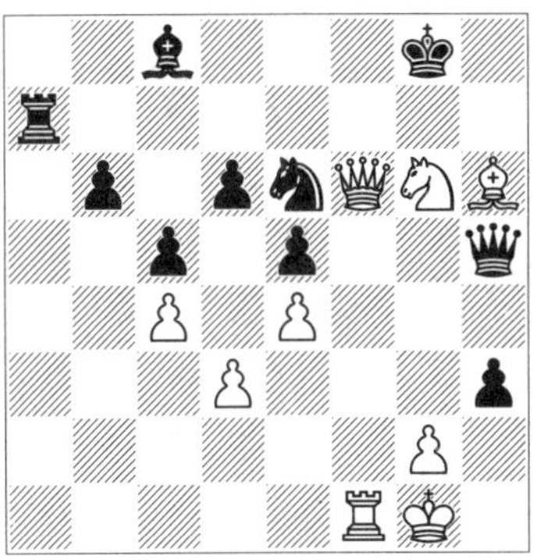

Es droht nun 38 ♕h8#, und nach 37...♕xh6 macht 38 ♘e7+ ♔h7 39 ♕f7+ ♕g7 40 ♕f5+ ♔h8 41 ♕h5+ ♕h7 42 ♕e8+ Schluss.

SB18

Tomba – Shukowa

Saint Vincent 2004

23...♗f5! veranlasste Weiß zur sofortigen Aufgabe angesichts von 24 ♗xf5 ♕e1+ oder 24 ♕d2 ♕xf2+ usw.

SB19

Arbakow – Levin

Berlin 1994

Nach 24 ♖xg7! versuchte Schwarz, sich mit 24...♕xe4 aus der Affäre zu ziehen, konnte sich aber nur noch ein halbes Dutzend Züge lang halten: 25 ♖xf7 ♕g6 26 ♗e5+ ♘xe5 27 ♕xe5+ ♔g8 28 ♖f6 ♕g7 29 ♖d3 ♔h8 30 ♖g3 ♖d5 31 ♖f8+ 1-0. Kritisch ist stattdessen 24...♔xg7, aber nach 25 ♗h6+ ♔h8 26 ♕g5 f5 27 ♕f6+ ♔g8 28 ♖d3 f4 29 ♗xf4 ♖d7 (oder 29...♕f7 30 ♖g3+ ♔f8 31 ♕h6+ ♔e8 32 ♖g7) 30 ♕xe6+ ♔h8 31 ♕xc4 ist die Stellung für Weiß leicht gewonnen.

SB20

Tschiburdanidse – Polownikowa

Krasnoturinsk 2004

Die ersten beiden Züge des weißen Angriffs waren ziemlich offensichtlich: 23 ♘b6+ ♘xb6 24 axb6 a6, aber hier galt es zu erkennen, dass Schwarz nach 25 ♖xa6+ bxa6 26 ♗xa6 völlig hilflos ist. Es folgte noch 26...fxe4 27 ♖a1 e3+ 28 ♔e1 1-0.

SB21

Sandipan – Tiwjakow

Ottawa 2007

Nach 22 ♗f6!! gxf6 (die Ablehnung des Opfers hilft nicht: 22...♘ac7 23 ♘xg7 ♘xg7 24 ♕h6 oder 22...g6 23 ♕h6 ♘ac5 24 ♖bd1 ♕c7 25 ♖d4)

23 ♕h6! ist Schwarz hilflos gegen die Drohungen, entweder ♕xf6 zu spielen oder einen Turm auf den Königsflügel zu überführen. Es folgte 23...♘ac5 (auf 23...♗b7 geschieht 24 ♕xf6 ♘ac5 25 ♘h6+ ♔f8 26 ♗xe6 ♘xe6 27 ♘f5 ♔g8 28 ♖xe6 fxe6 29 ♘h6#) 24 ♖bd1! ♕b7 (oder 24...♕c7 25 ♖d4 ♘e4 26 ♖exe4 dxe4 27 ♖xe4 nebst Matt) 25 ♖d4 ♘e4 26 ♖exe4! dxe4 27 ♕xf6 ♕c7 28 ♘h6+ ♔f8 29 ♕h8+ ♔e7 30 ♘f5# (1-0).

SB22

Rehurek – J. Johansson

Olmütz 2002

Nach 38...♖xg3! 39 ♗xh5 ♖h3!! gab es kein Entrinnen.

SB23

Rotlewi – Rubinstein

Lodz 1907/08

Es ist anzunehmen, dass der Sieger von SB22 dieses klassische Beispiel schon einmal gesehen hatte.

Rubinstein gewann in nur vier fantastischen Zügen. Nach dem Schlag 22...♖xc3! *(D)* ergeben sich folgende Abspiele:

a) 23 ♗xc3 erlaubt 23...♗xe4+ 24 ♕xe4 ♕xh2#.

b) 23 ♗xb7 ♖xg3, und der schwarze Angriff geht mit Materialvorteil weiter – nach 24 ♖f3 (oder 24 ♗f3 ♘xh2 mit Gewinn) 24...♖xf3 25 ♗xf3 ♘f2+ 26 ♔g1 (oder 26 ♔g2 ♕h3+ 27 ♔g1 ♘e4+ 28 ♔h1 ♘g3#) 26...♘e4+ 27 ♔f1 ♘d2+ 28 ♔g2 ♘xf3 29 ♕xf3 ♖d2+ ist die Sache gelaufen.

W

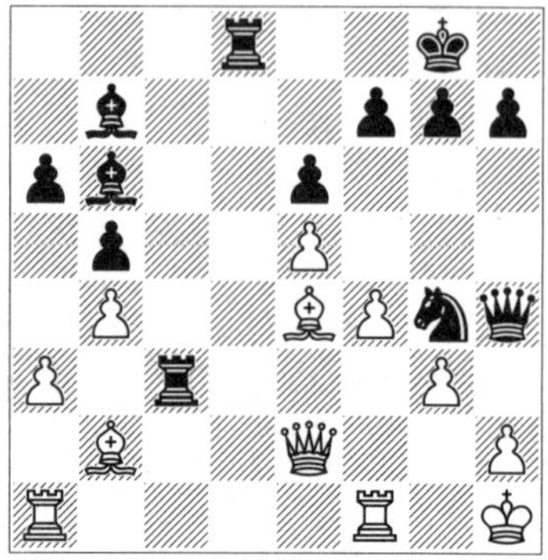

c) Die Partie nahm folgendes Ende: 23 gxh4 ♖d2!! 24 ♕xd2 (auf 24 ♗xb7 folgt 24...♖xe2 25 ♗g2 ♖h3; andere Verteidigungen sind auch nicht besser) 24...♗xe4+ 25 ♕g2 ♖h3!!, und Weiß gab auf.

SB24

Sawtschenko – Sawgorodni

Illitschewsk 2006

Weiß hat zahlreiche Kräfte auf den feindlichen Monarchen gerichtet, muss aber noch ein genaues Angriffsziel fixieren. 19 ♕xh7+? ♔xh7 20 ♖h3+ ♔g6 21 ♖g3+ ergibt nur Remis, und 19 ♖h3 h6 ist nicht unmittelbar überzeugend.

Er landete aber mit 19 ♕g6! einen Volltreffer, einem spektakulären Zug, der ein schnelles Matt forciert. Natürlich verbietet sich nun 19...hxg6 wegen 20 ♖h3#, während 19...♘c6 auf 20 ♖h3 h6 21 ♗f5 ♔g8 22 ♖xh6 ♘e5 23 ♖h8+ ♔xh8 24 ♕h7# trifft. Daher versuchte Schwarz 19...♗c8, gab aber nach 20 ♖h3 sogleich auf, ohne auf 20...h6 21 ♖xh6+ zu warten.

SB25

Berkes – Zhang Pengxiang

Taiyuan 2006

Nach 28...♖h8! 29 ♗xa7+ (oder 29 ♕xc4 ♖g7) 29...♔a8! 30 ♕xc4 ♖g7 gab es absolut kein Entkommen. Es folgte noch 31 ♖d4 ♗f4# (0-1).

SB26

Visser – Speelman

London/Crowthorne 2006

Mit 24...♘xf2! koordinierte der Nachziehende seine Kräfte. Nun sind 25 ♖xf2 fxe4 und 25 ♖xe7 ♘xe4+ 26 ♔g2 ♖g7 unbekömmlich. Daher versuchte mein Gegner 25 ♗f3, aber es folgte 25...♘e4+ 26 ♔h1 ♖xg3! 27 ♕xe7 ♕g1+ 28 ♖xg1 ♘f2# (0-1).

SB27

Mortensen – L. Karlsson

Esbjerg 1988

Mit dem verblüffenden 20...♖xf3 21 ♖xf3 ♘b4!! erzwang Schwarz die sofortige Kapitulation, da es nach 22 axb4 ♗a4 keine Verteidigung gibt.

SB28

Baburin – King

Britische Liga (4NCL) 2003/04

24...♕xd4! gewinnt einen wichtigen Bauern. In der Partie lehnte Weiß das Opfer ab, aber nach 25 ♖e2 ♕f6 gewann Schwarz ein Dutzend Züge später. Die Dame war nicht zu nehmen: 25 exd4 ♖xe1+ 26 ♔g2 ♘e3+ 27 ♔f3 ♗g4+ 28 ♔f4 ♖xf2+ 29 ♔g5 (oder 29 ♔e5 ♘c4#) 29...♖f5+ 30 ♔h4 ♖h5#.

SB29

Cabrera – Schipow

Dos Hermanas

(Internet-K.o.-Turnier) 2003

Der wunderschöne Desperadozug 31 ♕g5!! *(D)* zementiert den Vorteil.

S

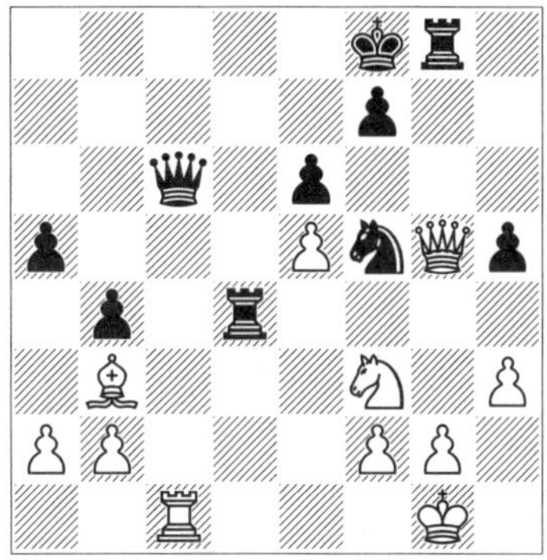

Nach 31...♕b7 gewinnt 32 ♕xh5 einen zweiten Bauern für die Qualität bei anhaltendem Angriff. In der Partie versuchte Schwarz 31...♖xg5, aber nach 32 ♖xc6 ♖g6 33 ♘xd4 ♘xd4 34 ♖c5 trug Weiß am Ende den Sieg davon.

SB30

Van Wely – Acs

Hoogeveen 2002

Schwarz schaltete mit 15...♖e6! den Turm in den Angriff ein und stellte die Drohung 16...♖h6 nebst Matt auf.

16 ♔g1 trifft auf die Erwiderung 16...♕g5+. Weiß könnte auch 16 ♗g6 versuchen, aber dann bringt 16...♖xg6 17 ♘xg6 hxg6 18 ♘f4 g5 die Entscheidung. Stattdessen nahm Van Wely den Turm, aber nach 16 ♘xe6 ♗f5+

17 ♔g1 ♕h2+ 18 ♔f1 zog Schwarz mit 18...♗g3! das Netz zu und bewog Weiß zur Aufgabe.

SB31

King – Emms

London (Staunton-Memorial) 2003

Natürlich will Weiß 31 ♖xf6 spielen. Die Folgen dieses Zuges waren in Zeitnot schwer zu berechnen, aber nach 31...♖xe2 32 ♖f7+ *(D)* gewinnt Weiß:

S

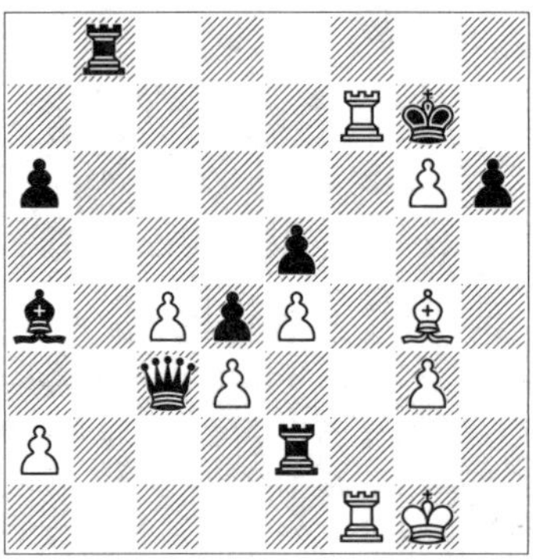

a) 32...♔xg6 33 ♖1f6+ ♔g5 34 ♖f5+ ♔xg4 (34...♔g6 35 ♗h5#) 35 ♖g7+ ♔h3 36 ♖h5# ist Matt.

b) 32...♔g8 33 ♗e6, und Schwarz hat keine Verteidigung; z. B. 33...♖e8 (33...♖b6 34 ♖f8++ ♔g7 35 ♖1f7+ ♔xg6 36 ♖g8+ ♔h5 37 ♗g4#) 34 ♖e7+ ♔h8 35 ♖h7#.

SB32

Lutikow – Gurgenidse

Swerdlowsk 1957

Mit vier Damen auf dem Brett und beiderseitig luftiger Königsstellung kommt dem Angriff höchste Bedeutung zu.

Schwarz fand einen Zugang zum feindlichen König durch 45...♕xb2!! 46 ♖xb2 (auf 46 ♕xf8+ folgt 46...♖xf8 47 ♖xb2 ♕xb2 mit Gewinnstellung, in Anbetracht des Mehrmaterials des Schwarzen) 46...♖a3+ 47 ♔xb4 ♕xb2+ 48 ♕b3 ♖xb3+ 49 axb3 ♕f2 50 ♔a4 g3, und Weiß gab auf.

SB33

Najdorf – Kotow

Mar del Plata 1957

21 ♗c2!! nimmt den Punkt h7 aufs Korn. Nach 21...♖xc2 22 ♗xf6 verliert 22...♗xf6 wegen 23 ♕xh7+ ♔f8 24 ♕xc2. Hartnäckiger ist 22...h6, aber dann bricht Weiß mit 23 ♕h5 ♖f8 (23...♗xf6 24 ♕xf7+ ♔h7 25 ♖xh6+ ♔xh6 26 ♕g6#) 24 ♗xg7! (24 ♕xh6? funktioniert nicht) durch; zum Beispiel 24...♗g5 25 ♗xh6 ♕f6 26 ♕xg5+ ♕xg5 27 ♗xg5 f6 28 ♗h6 usw.

SB34

Aljechin – Werlinski

Odessa 1918

Die Lösung besteht zwar nur aus einem einzigen Zug, den ich aber für sehr schwer zu finden hielt, als ich mir diese Stellung noch einmal ansah. Der Prachtzug 24 ♕d1! verteidigt alles. Nach 24...♕a5 25 ♕xe2 ♕xe5 26 ♖d5 gab Schwarz auf.

SB35

Van Beek – Speelman

Gibraltar 2007

18 ♖xe6!! bricht in die schwarzen Königsflügelbastionen ein. 18...fxe6 (objektiv besser ist 18...♗f8, aber dann hat Weiß einen ganzen Bauern mehr) 19 ♘xg7! (nicht 19 ♘xh6+ gxh6 20 ♗xh6 ♘f8!), und nun:

a) Hier versuchte ich 19...♗f8 und konnte nach 20 ♘xe8 ♖xe8 21 ♕g6+ ♗g7 22 ♗xh6 ♖e7 die Partie mit sehr viel Glück halten: 23 ♗f4 ♘f8 24 ♕g5 ♘8h7 25 ♕g6 ♘f8 26 ♕g5 ♘8h7 27 ♕g6? (27 ♕h4 ♕xc4 28 h6 ♗h8 29 ♕g3+ ♔f8 30 ♗d6 ♔e8 31 ♘e5 ♕xd4 32 ♗xe7 ♔xe7 33 ♘g6+ ♔d7 34 ♘xh8 gewinnt) 27...♘f8 ½-½.

b) Nach 19...♔xg7 lautet die Hauptvariante 20 ♗xh6+ ♔h8 21 ♗g7+!! (auch 21 ♘g5 ♘f8 22 ♘f7+ ♔g8 23 ♕g3+! gewinnt für Weiß) 21...♔xg7 (oder 21...♔g8 22 ♕g6 usw.) 22 ♕g6+ ♔h8 23 ♘g5 ♖f8 24 h6 nebst Matt im nächsten Zug.

SB36

Botwinnik – Smyslow

Weltmeisterschaft (18), Moskau 1958

Botwinnik spielte 23 ♗h3, und nach 23...♘e5 endete die Partie später Remis.

Stattdessen sprengt das äußerst attraktive 23 ♘d4!! die schwarze Verteidigung: 23...♘xd4 (nach 23...cxd4 gewinnt 24 ♗d5+ ♖xd5 25 ♖e8 sofort) 24 ♖e7 ♘e2+ (diesen Zug spielt der Nachziehende am besten sofort; nach 24...♖f7 25 ♗d5 ♘e2+ 26 ♖7xe2 ist es aus) 25 ♖1xe2 ♖f7, und nun steht Weiß nach dem einfachen 26 ♖xc2 ♖d1+ 27 ♗f1 ♖xe7 28 ♖d2 oder 26 ♗f1 ♕xc3 27 ♖xf7 ♔xf7 28 ♕xh7+ ♔f8 29 ♖e7 auf Gewinn.

SB37

Eliskases – Henneberger

Bad Liebwerda 1934

26 ♗d5+ ♕f7! *(D)* (nicht 26...♔f8? 27 ♖f4+ ♖xf4 28 exf4 mit Gewinn; 26...♔g7 ist spielbar, aber nach der Folge 27 ♕xe5+ ♕xe5 28 ♗xe5+ ♔h6 29 ♖h4+ ♔g5 30 ♗f4+ ♔f6 31 ♔h3 g5 32 ♖h6+ ♔g7 33 ♖e6 gxf4 34 gxf4 hat Weiß Endspielvorteil), und nun:

W

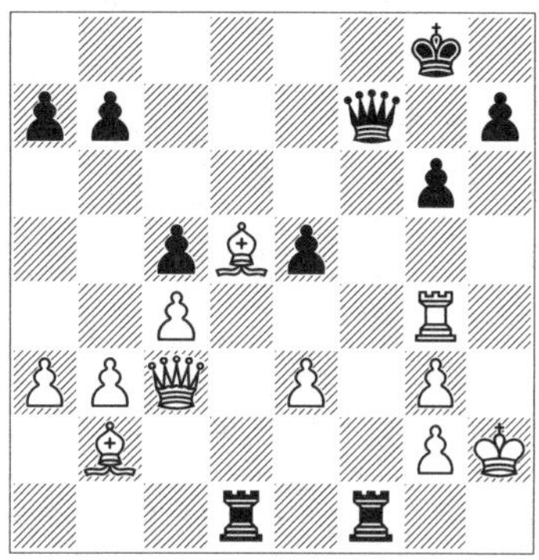

a) Hier spielte Weiß 27 ♗xf7+?? und gab nach 27...♔f8! auf.

b) Der einzige Zug war stattdessen 27 ♖xg6+!, was dem König Luft verschafft. 27...♔f8! (nach 27...hxg6 gewinnt nun 28 ♗xf7+ gefolgt von g4: 28...♔xf7 29 g4) 28 g4 ♕xg6 (nicht 28...♕f2 29 ♖g8+) 29 ♕xe5. Dies ist die Stellung, die zu erreichen war. Nach 29...♕xg4 30 ♕b8+ ♔e7 31 ♕c7+ ♕d7 32 ♕e5+ ♔d8 33 ♕b8+ sollte sich Schwarz ins Dauerschach fügen.

SB38

Topalow – Lutz

Dortmund 2002

27 ♘f6+! gxf6 28 ♖d8+ ♖xd8 29 ♖xd8+ ♔h7 30 ♕f8 *(D)*. In einer Partie könnte man leicht bis hierher kommen und ziemlich zuversichtlich sein, dass Weiß gewinnt, aber noch weiter rechnen wollen, um sicherzugehen.

S

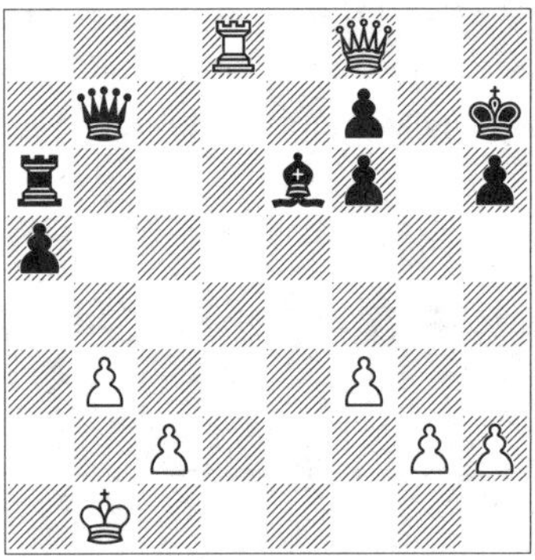

a) Lutz versuchte 30...♔g6 und strich nach 31 ♕g8+ ♔h5 32 ♕g7! f5 (auf 32...♕b4 folgt 33 ♖d5+! ♗xd5 34 g4+ ♔h4 35 ♕xh6#) 33 ♖d4 ♗c8 (33...♗xb3 34 g4+ ♔h4 35 gxf5+) 34 g3! die Segel.

b) Eine plausible Verteidigung ist auch 30...h5, aber nach 31 ♕h8+ ♔g6 32 ♖g8+ ♔f5 33 ♕xh5+ ♔f4 34 ♖d8! ist dem schwarzen König der Fluchtweg abgeschnitten. Es gibt verschiedene Verteidigungsversuche, von denen mir 34...♗xb3 die meisten Sorgen bereiten würde, wonach Weiß unter Schachgeboten Matt setzen kann, aber am praktischsten ist 35 ♕h6+ ♔e5 36 ♕e3+ ♔f5 37 ♕d3+ ♔e5 38 cxb3, wonach die Partie offensichtlich gelaufen ist.

SB39

Short – Stefanowa

Britische Liga (4NCL) 2002/03

14 ♖xf7! ist ziemlich offensichtlich, die Konsequenzen sind es aber sicher nicht. Nach 14...♖xf7 15 ♘xf7 ♘xc3 16 ♘xd8 ♘xd1 17 ♖xd1 hat Weiß einen Bauern gewonnen, aber der Springer sitzt vorläufig fest. Der König kann sich jedoch nicht nähern, da 17...♔f8 mit 18 ♖f1+ nebst 19 ♘f7 beantwortet wird. Außerdem erlaubt 17...♗xh3 die Erwiderung 18 ♘xb7, wohingegen das Turmendspiel nach 17...♗g4 18 hxg4 ♖xd8 sehr unappetitlich aussieht.

Schwarz versuchte nun 17...a5, aber nach 18 ♖f1 a4 19 bxa4 ♖xa4 20 ♖f7! ♖c4 21 c3 b5 22 ♖e7 ♔f8 23 ♖xe4 hatte Short alles unter Kontrolle und gewann später die Partie.

SB40

Kasparow – Kramnik

Nowgorod 1994

Kasparow fand das fantastische 27 h5!!. Danach verlieren die folgenden Abspiele allesamt: 27...♖g7 28 ♕h6; 27...♕a5 28 hxg6 ♕a1+ 29 ♔c2 ♘b4+ 30 cxb4 ♖c8+ 31 ♘c5; 27...♖xg4 28 ♕xg4 ♖g8 29 ♕xg8+ ♔xg8 30 ♖xb6 ♘xb6 31 ♖g3+ ♔h8 32 ♘c5; 27...fxe6 28 hxg6 ♘xf4 29 ♖xh7+ ♔g8 30 ♖xb6; 27...♖xe6 28 hxg6 ♘xf4 29 ♖xh7+ ♔g8 30 gxf7+ ♔f8 31 ♖h8+ ♔xf7 32 ♗xe6+ ♘xe6 33 ♖xb6; oder

27...♖gg8 28 ♖xd5! ♖xe6 29 ♗xe6 ♕xe6 30 ♖d6.

Die Hauptvariante ist 27...♘xf4 und geht weiter mit 28 hxg6 ♕xd6 (auf 28...♘d3+ folgt 29 ♖hxd3! exd3 30 gxf7, und Weiß gewinnt) 29 ♖xh7+ ♔g8 30 gxf7+ ♔xh7 31 fxe8♕ ♘xe6 32 ♗f5+! ♔g7 33 ♕g6+ ♔f8 34 ♕xf6+ ♔e8 35 ♗xe6. Ein Weltklassespieler wie Kasparow könnte gut und gerne aus der Diagrammstellung bis hierher gelangen und würde sicherlich dann mit seinen Berechnungen aufhören, da Weiß einen Bauern mehr hat und keinen Schachgeboten ausgesetzt ist. Kramnik patzte nun mit 35...♕f8? und gab auf, ohne auf 36 ♗d7+ zu warten. Besser ist 35...e3, was aber die Niederlage auch nicht abwenden kann.

SB41

Asauskas – Malisauskas

Litauische Meisterschaft, Wilna 2004

Weiß brach mit dem wunderschönen Zug 19 ♕f6+!! durch, und nach der Folge 19...♗xf6 20 gxf6+ ♔g8 (20...♕xf6 21 exf6+ ♔xf6 22 ♗xc5 mit leichtem Sieg) 21 ♖xh7! ♔xh7 22 ♖h3+ ♔g8 23 ♗h6! ♕c7 24 f4! gab Schwarz auf.

SB42

Geller – Karpow (Variante)

Meisterschaft der UdSSR, Moskau 1976

Diese Stellung ergibt sich nach einem Verbesserungsvorschlag von Garri Kasparow (in *Meine großen Vorkämpfer*) zu Karpows Spiel in der Partie. Der Russe Sergej Sorochtin entdeckte jedoch mit Computerhilfe die folgende überwältigende Variante: 26 ♘g6+!! ♖xg6 27 ♘h7+ ♔e7 28 ♖b1! ♖a7 (ansonsten entscheidet ♖b7+) 29 ♕d6+! ♕xd6 30 exd6+ ♔d7 31 ♖b8! (mit der Drohung 32 ♘f8+ ♔c6 33 ♖b6#) 31...♔c6 32 ♘f8 ♖b7 (oder 32...♖a6 33 d7) 33 ♖c8+ ♔b5 34 c6, und die weißen Bauern sind nicht aufzuhalten.